LA LUZ ENTRE NOSOTROS

LAURA LYNNE JACKSON

LA LUZ ENTRE NOSOTROS

Mensajes desde el cielo.
Lecciones para nuestra vida

ARKANO BOOKS

Título original: *The Light Between Us*

Traducción: Karina Simpson

Diseño de cubierta: equipo Grupo Gaia

© 2015, Laura Lynne Jackson

Publicado por acuerdo con Laura Lynne Jackson LLC a través de William Morris
Endeavor Entertainment, LLC, 11 Madison Ave, 18th floor; Nueva York, EE.UU.

© Distribuciones Alfaomega S.L., Arkano Books, 2024
Alquimia, 6 - 28933 Móstoles (Madrid) - España
Tel.: 91 617 08 67
www.grupogaia.es - E-mail: grupogaia@grupogaia.es

Primera edición: octubre de 2025

Depósito legal: M. 14.172-2025
I.S.B.N.: 978-84-19510-68-6

Impreso en España por:
Artes Gráficas COFÁS, S.A. - Móstoles (Madrid)

A mi madre, Linda Osvald, que me enseñó a confiar en la luz de mi interior y a honrar la luz entre todos nosotros. Mamá, toda la belleza que provenga de mí en este mundo es gracias a ti: tú eres la raíz de todo.

Y a Garret, Ashley, Hayden y Juliet, quienes han llenado mi mundo de luz, alegría y sentido: vosotros sois mi razón para todo.

Y a todos los que estéis leyendo esto: iluminémonos el camino los unos a los otros, siempre.

Solo hay dos maneras de vivir tu vida:
una, como si nada fuera un milagro;
otra, como si todo lo fuera.

Índice

TERCERA PARTE

Introducción

IBA POR LA AUTOPISTA DE JERICHO, hacia el oeste, cuando empezaron a llegar los mensajes. Apreté el volante de mi Honda Pilot, giré a la derecha y entré en el parquin de un Staples. Frené y el coche se detuvo en mitad de una plaza de aparcamiento.

No estaba lista para recibirlos. Apenas un rato antes había estado realizando inspiraciones profundas, intentando mantener la calma. Me sentía muy nerviosa. Muerta de miedo, de hecho. Pronto me encontraría en un lugar repleto de gente sufriendo. Esa tarde, mi papel iba a consistir en intentar aliviar su dolor, y mi temor era que pudiera provocarles más daño.

Iba vestida toda de negro, con una camisa lisa y pantalones. No quería que nadie se distrajera por los patrones de mi blusa o por las flores de mi vestido. Me había saltado la cena porque estaba demasiado ansiosa como para comer. Mi marido, Garrett, aún no había llegado a casa del trabajo, así que le pedí a mi madre que cuidara de mis dos hijos hasta que él regresara. Iba con retraso y traté de ganar un poco de tiempo en la autopista, pero había tráfico.

Entonces, de pronto, empezaron a llegar hasta mí.

Los niños.

Ahí estaban, todos de golpe, como un grupo. Era impresionante, como si en una sala en la que estás tú sola se abriera de pronto la puerta y entrasen diez o quince personas: podrías optar por no verlas o escucharlas, pero aun así sabrías que están ahí, las podrías *sentir.* Y sabrías que ya no estás sola. Así es como me sentí en el interior del coche: sabía que ya no estaba sola.

Después vinieron las palabras y las historias y los nombres y las peticiones y las descripciones y las imágenes y todas las cosas que querían compartir, tantas que tuve que pedirles que se calmaran.

«Un segundo, un segundo», dije en voz alta, mientras buscaba a tientas mi libretita roja y un bolígrafo. Empecé a escribir tan rápido como pude, pero no era capaz de seguir el ritmo de todos los mensajes que llegaban. Me sentí desbordada.

«Diles que aún estoy aquí», pedía uno.

«Diles que todavía soy parte de sus vidas», imploraba otro.

«Diles que los amo y que veo todo lo que pasa».

«Por favor, no lloréis por mí. Estoy bien».

«No estoy muerto. Sigo siendo tu hijo».

«No pienses en mí como si me hubiera ido. No me he ido».

«¡Por favor, diles que no me he ido!».

Me arrellané en el asiento del coche, mal aparcado fuera del Staples, y seguí escribiendo; era una mujer rodeada de niños a quienes nadie más podía ver.

Pasados unos cuantos minutos, guardé la libreta en el bolso, regresé a la autopista y conduje tan rápido como pude rumbo al Hilton de Hamilton, en Broad Hollow Road. Corrí por el vestíbulo del hotel y encontré la sala de conferencias del evento. Afuera, un letrero apenas daba una pista de lo que sucedería esa noche. Decía: «Cómo escuchar cuando tus niños hablan».

La sala de conferencias era común y corriente: cortinas marrones, luces en el techo, moqueta mullida, sillas giratorias. En medio de la sala se encontraba una amplia mesa rectangular, a cuyo alrededor había sentadas, con postura rígida, diecinueve personas. Cuando entré, todos se giraron para mirarme en completo silencio. Sus rostros tenían un semblante triste y agonizante. Me pareció que transcurrió todo un minuto antes de que alguien respirara.

Eran los padres.

Los anfitriones de aquella tarde, Phran y Bob Ginsberg —los directores de la Forever Family Foundation—, se acercaron a mí para aligerar la tensión. Me dieron la bienvenida con un abrazo y me invitaron a tomar asiento, pero rehusé educadamente. Estaba demasiado nerviosa como para sentarme. Entonces, Bob se situó en la parte frontal de la sala y se aclaró la garganta.

—Os presento a Laura Lynne Jackson —dijo con voz dulce—. Laura es una médium certificada por la Forever Family Foundation, y está hoy aquí para ayudarnos a aprender a hablar con nuestros hijos.

Bob se hizo a un lado para darme paso. Respiré profundamente y eché un vistazo a las anotaciones que me había apuntado en la mano. Los padres me observaban, esperando, pero yo no sabía qué decir o cómo empezar. Pasó otro largo momento, y con él un denso y pesado silencio.

Nadie sabía qué iba a ocurrir a continuación, y yo menos que nadie. Por fin, levanté la vista y hablé.

—Vuestros hijos están aquí —dije con torpeza—. Y quieren que sepáis algo.

═══

Mi nombre es Laura Lynne Jackson, soy esposa, madre y profesora de lengua en secundaria.

También soy médium psíquica.

Pero tal vez no sea lo que la mayoría de la gente piensa cuando se imagina a un médium psíquico. No leo hojas de té ni las cartas del tarot, y no trabajo en un consultorio. No leo la fortuna y no tengo una bola de cristal (bueno, está bien, sí que tengo una, diminuta, pero es meramente decorativa y la compré porque no me pude resistir cuando la vi en la tienda). Sencillamente, poseo un don que en mí está más concentrado que en los demás.

Soy clarividente, lo que significa que tengo la habilidad de reunir información acerca de personas y acontecimientos por medios que están más allá de mis cinco sentidos. También soy clariaudiente —puedo percibir sonidos sin necesidad de utilizar mis oídos— y clarisintiente, lo que me permite sentir cosas por medios no humanos.

Por ejemplo, puedo sentarme en la mesa de un restaurante y sentir la energía particular de las personas que han estado sentadas ahí antes que yo, como si hubieran dejado docenas de huellas en relieve. Y si esa energía me golpea de forma negativa, le diré de manera cortés al camarero que prefiero sentarme en otro sitio, o bien, si es la única mesa libre, que debo irme. Es algo que no siempre les encanta a mi marido y a mis hijos, ni tampoco al camarero, claro está.

Más allá de mis habilidades como psíquica, también soy médium, lo que significa que soy capaz de comunicarme con personas que han abandonado esta tierra.

Si tu primera pregunta es cómo llegué a ser así, mi primera respuesta es que no lo sé. Llevo toda la vida tratando de averiguarlo, y en mi búsqueda por encontrar respuestas me he enfrentado a pruebas rigurosas: primero con la Forever Family Foundation, una organización con base científica, sin ánimo de lucro, que ayuda a las personas con su duelo, y más tarde con el Windbridge Institute for Applied Research in Human

Potential, de Arizona. En este último superé un proceso de selección de ocho pasos, un estudio ciego quíntuple realizado por científicos, para convertirme en miembro de un reducido grupo de médiums de investigación certificados.

Y aun así, mientras buscaba respuestas y trataba de encontrar mi verdadero propósito, también me esforzaba por ocultar mis habilidades al resto del mundo, pues todavía no sabía dónde o cómo iban a encajar en mi vida ni qué se suponía que debía hacer con ellas. Durante mucho tiempo, traté de esculpirme un camino que no involucrara ser médium psíquica.

Mi último año de universidad lo cursé en el extranjero, en Oxford, donde estudié a Shakespeare y decidí dedicarme a la investigación. Después de graduarme, me planteé ser abogada y fui aceptada en dos de las mejores escuelas de Derecho, pero decidí seguir mi pasión por la docencia. Durante muchísimo tiempo me imaginé siendo profesora por encima de cualquier otra cosa. Las lecturas del aura y la comunicación con los espíritus no tenían lugar en mi vida académica.

Y así, durante casi veinte años, llevé en secreto una doble vida.

Durante el día les hablaba de *Macbeth* y *Las uvas de la ira* a jóvenes adolescentes, pero, de noche, mientras mi marido cuidaba a los niños en la planta baja, yo estaba arriba, en mi cuarto, manteniendo conversaciones telefónicas con celebridades, atletas, astronautas, políticos, directivos y toda clase de gente, brindándoles un destello de algo que está más allá de los límites aceptados de la experiencia humana.

Pero he aquí lo más importante que descubrí en el transcurso de esta doble vida: caí en la cuenta de que, en realidad, no soy tan distinta a los demás. Aunque mis habilidades me hacían sentir que no era como el resto de la gente, que no era «normal», me di cuenta de que tener el don no era el don en sí mismo.

La hermosa habilidad que me había sido dada —la conciencia de que todos estamos conectados por poderosos hilos de luz y amor, tanto aquí, en la Tierra, como en el más allá— es un don que nos pertenece a todos.

====

Al igual que mi vida, este libro es una travesía desde la oscuridad hacia la luz. Narra la historia del viaje que emprendí para comprender mi verdadero propósito y para conocer las maneras en que estamos conectados con el mundo a nuestro alrededor, y lo que más deseo es que en dicho viaje encuentres algo que resuene en *tu* vida.

Porque, si lo haces, quizás llegues a la misma conclusión que yo: que los poderosos vínculos que nos conectan con nuestros seres queridos, aquí y en el más allá, pueden, si abrimos nuestro corazón y nuestra mente, intensificar sin límites la forma en que vivimos y amamos hoy en día.

Sin embargo, incluso cuando conseguí comprender esto, no pensé en compartirlo con el mundo. Nunca me planteé escribir un libro. Hasta que un día, mientras hacía mis rondas por el pasillo del instituto donde doy clases, sentí una repentina y descomunal descarga de información e intuición proveniente del universo. Fue como un relámpago de claridad instantánea, y la instrucción que me transmitía era sencilla: «Estás destinada a compartir tu historia».

Lo importante no era yo, sino el mensaje. Las lecciones de vida que surgían de las lecturas que realizaba no estaban ahí para a mantenerse en secreto: estaban destinadas a salir al mundo.

No considero que este libro sea un compendio de memorias de mi vida, pero veo mi historia como un medio para compartir algunas de las más profundas y poderosas lecturas que he hecho a lo largo de los años. Lecturas que conectaron a personas con sus seres queridos del Otro Lado y que, en el proceso, les ayudaron a curar viejas heridas, a superar su pasado, a reimaginar sus vidas y, finalmente, a entender su verdadero camino y su propósito en el mundo. Lecturas que, para mí, fueron inmensamente tiernas y reveladoras.

Dichas lecturas, así como la historia de mi vida, en realidad tratan de lo mismo: la incansable y valiente búsqueda de respuestas de la humanidad. Como estudiante de Literatura, siempre me animaron a abordar las preguntas más profundas: «¿Por qué estamos aquí?», «¿Qué significa existir?», «¿Cuál es nuestro propósito en la vida?». No pretendo haber descubierto todas las respuestas; lo único que puedo hacer es contar mi historia y compartir contigo mi creencia de que, si no consideramos, al menos, la posibilidad de que haya una vida después de la muerte —si no prestamos atención a todas las evidencias que han surgido en los últimos años sobre la persistencia de la conciencia—, nos estaremos cerrando a una fuente de gran belleza, consuelo, sanación y amor. En cambio, si nos abrimos a mantener esta conversación, podremos ser más inteligentes, felices y auténticos. Estaremos más cerca de la verdad. Más cerca de nuestro verdadero yo y de la mejor versión de nosotros mismos. La versión que nos permite compartir lo mejor de nosotros con los demás y, de esta forma, cambiar el mundo.

Eso es todo lo que quiero hacer, mantener esta conversación. Deseo abrir la posibilidad a considerar que exista algo más allá de nuestra manera tradicional de ver el mundo. Deseo explorar lo que he visto una y otra vez en mis lecturas: que el universo opera sobre un principio de sincronía, una fuerza invisible que conecta acontecimientos y que dota de significado todo lo que hacemos.

Quiero que comprendas que este libro ha encontrado el camino hasta tus manos por una razón.

Y, sobre todo, quiero hablarte de una verdad asombrosa que se ha hecho evidente para mí a través de mi trabajo: existen unos brillantes hilos de energía luminosa que nos conectan a todos aquí, en la Tierra, y que también nos enlazan con nuestros seres queridos ya fallecidos.

Yo puedo ver esos hilos de luz. Veo la luz entre nosotros.

Y debido a que la luz está ahí, uniéndonos y entrelazando nuestros destinos —porque todos extraemos la fuerza de la misma fuente energética—, sabemos que existe algo más que es verdadero: nadie vive una vida pequeña. Nadie ha sido olvidado por el universo. Todos podemos iluminar el mundo de una manera extraordinaria.

Lo que pasa es que algunos de nosotros todavía no hemos reconocido lo poderosos que somos.

———

No espero que mis ideas sean aceptadas sin oponer resistencia. He sido profesora durante casi dos décadas y no me dejo convencer fácilmente con teorías mal concebidas o argumentos medio lunáticos. Siempre he enseñado a mis alumnos a pensar de manera crítica —para indagar, analizar y cuestionar—, y así es como me he aproximado a mi don. Mis habilidades han sido examinadas por científicos e investigadores, y he dialogado con valientes exploradores e intelectuales. Me he mantenido al día con respecto al desarrollo científico del último cuarto de siglo, que nos ha procurado un impresionante y novedoso conocimiento de las capacidades humanas.

He comprendido por qué tantas situaciones notables de mi vida son coherentes con lo que estamos aprendiendo sobre el poder y la resistencia de la conciencia humana, y de ese modo pueden explicarse.

Aun así, las lecciones más importantes de este libro no proceden de científicos, investigadores o exploradores, y claramente tampoco vienen de mí. Yo no soy ni una profeta ni un oráculo, tan solo soy un canal. *Las lecciones más importantes provienen de equipos de seres de luz que nos tienden la mano desde el Otro Lado.* Como médium psíquica he realizado lecturas para cientos de personas —algunas ricas y famosas, pero no en su mayoría— que las han conectado con seres queridos suyos que ya no están en la Tierra. Esos seres que han partido nos ofrecen una visión milagrosa de la existencia y del universo.

———

El primer paso de nuestro viaje es sencillo: solo necesitamos abrir la mente a la posibilidad de que exista algo más que lo que puede ser captado por nuestros cinco sentidos.

La gran mayoría de nosotros ya lo hace. Muchos creemos en un poder superior, sin importar el nombre que usemos para describirlo. Yo me refiero a este poder superior como «universo», otros lo llaman «Dios». Fui criada para creer en Dios, y aún lo hago, pero para mí todas las religiones son como un gran plato que se hubiera roto en muchas piezas: todas esas piezas son distintas, pero continúan formando parte del mismo plato. Las palabras que usamos para describir nuestras creencias no son tan importantes como las creencias mismas.

Por tanto, ya estamos dispuestos a creer en algo superior a nosotros mismos, algo que no podemos probar ni explicar, ni siquiera entender por completo. No tememos dar ese salto, pero, si damos el *siguiente*, si creemos que nuestra conciencia no termina con la muerte, sino que sobrevive en una travesía mucho mayor, entonces sucederá algo en verdad increíble.

Porque, si podemos creer en una vida después de la muerte, debemos permitir que exista la posibilidad de conectar con ella.

Para ser honesta, si las cosas extraordinarias que me han pasado en la vida no hubieran tenido lugar, no estoy segura de que las creyera posibles. Pero me sucedieron, y por eso sé que no solo son posibles, sino que son reales.

Y también sé que, cuando abrimos la mente a las maneras en que todos estamos entrelazados —siendo parte del mismo todo que incluye pasado, presente y futuro—, comenzamos a ver conexiones, significado y luz donde antes tan solo veíamos oscuridad.

PRIMERA PARTE

1
Pop Pop

EN UNA SOLEADA TARDE de un miércoles de agosto, cuando tenía once años, mi hermana, mi hermano y yo chapoteábamos en la piscinita de un metro de profundidad que había en el patio trasero de nuestra casa en Long Island. Solo quedaban unos pocos días para que empezaran las clases y estábamos tratando de exprimirle las últimas gotas de diversión al verano. Mi madre salió a decirnos que se iba a casa de nuestros abuelos, en Roslyn, que quedaba a unos cincuenta minutos en coche. Durante años la había acompañado a ver a mis abuelos y siempre me había encantado, pero, según iba creciendo, otras actividades se cruzaron en mi camino, así que algunas veces mi madre se iba sola. Aquel hermoso día de verano, ella sabía que no había esperanza de que saliéramos de la piscina.

—Pasadlo bien —nos dijo—. Volveré en un par de horas.

Y eso es lo que debería haber pasado.

Pero de pronto, de la nada, entré en pánico.

Lo sentí en lo más profundo de mis huesos. Era un pánico inexplicable que me heló el esqueleto. Pegué un salto en la piscina y le grité a mi madre:

—¡Espera! —aullé—. ¡Tengo que ir contigo!

Mi madre se rio.

—No te preocupes, quédate —dijo—. Pásalo bien, hace un día estupendo.

Pero yo ya había salido pitando de la piscina, mientras mi hermano y mi hermana me observaban desconcertados, preguntándose qué mosca me había picado.

—¡No! —le grité a mi madre—. ¡Quiero ir contigo! ¡Espérame, por favor!

—Laura, no te preocupes…

—No, mamá, ¡necesito ir contigo!

Mi madre dejó de reírse.

—Está bien. Tranquilízate —dijo—. Entra y cámbiate. Te espero.

Entré en casa corriendo, empapada, me vestí rápidamente, volví a salir y me metí en el coche a medio secar, todavía presa del pánico. Una hora después estábamos aparcando delante de la casa de mis abuelos. Vi a mi abuelo —a quien yo llamaba Pop Pop— que nos saludaba desde el porche trasero. En ese momento, cuando pude verlo y abrazarlo, el pánico disminuyó. Pasé las horas siguientes en el porche con Pop Pop, charlando, riendo, cantando y contando chistes. Cuando llegó el momento de irnos, le di un beso, le abracé y le dije: «Te quiero».

Nunca más volví a verlo con vida.

No sabía que Pop Pop se había estado sintiendo débil y cansado. Los adultos nunca me lo hubieran dicho. Ese día que pasé con él se comportó como siempre: cálido, divertido y juguetón. Probablemente reunió todas sus fuerzas para aparentar estar bien frente a mí. Tres días después de mi visita, fue a ver al médico y le dieron una noticia devastadora: tenía leucemia.

Tres semanas después, Pop Pop había muerto.

———

Cuando mi madre nos sentó a mi hermana, a mi hermano y a mí en el sofá y nos dijo con dulzura que Pop Pop había fallecido, sentí un bombardeo de emociones: *shock*, confusión, incredulidad, ira, tristeza y una melancolía honda y terrible. Le echaba de menos.

Pero lo peor de todo fue una sensación de culpa espantosa y aplastante.

El instante en el que supe que mi abuelo se había ido, entendí a la perfección por qué había entrado en pánico para ir a verle. Sabía que iba a morir.

Por supuesto que, en realidad, no pude *saber*. Ni siquiera sabía que estaba enfermo. Y, sin embargo, *sí sabía*. ¿Por qué, si no, había exigido ir a verle?

No obstante, si en efecto sabía que iba a morir, ¿por qué no se lo había dicho a Pop Pop, a mi madre o incluso a mí misma? No había tenido un pensamiento claro, ni siquiera un indicio de que a mi abuelo le sucedía algo, y no había ido a visitarlo porque supiera que era la última vez que lo vería. Todo cuanto tenía era una misteriosa sensación de saberlo. No lo entendía en absoluto, pero me hizo sentir en extremo incómoda, como si yo fuera cómplice del fallecimiento de Pop Pop. Sentí que tenía una cierta conexión con las crueles fuerzas que le habían quitado la vida, y eso me hizo sentir culpable de una manera inimaginable.

Empecé a pensar que algo en mí debía estar seriamente mal. Nunca había sabido de nadie que sintiera cuándo alguien iba a morir, y ahora que me había pasado a mí, no estaba cerca de empezar a comprenderlo. Solo entendía que era horrible saberlo. Me convencí de que yo no era normal: estaba maldita.

—————

Una semana después tuve un sueño.

En el sueño yo era actriz, ya adulta, y vivía en Australia. Llevaba un vestido del siglo XIX, largo y colorido, y me sentía hermosa. De pronto, me entró una paralizante preocupación por mi familia, la de la vida real. En el sueño sentí cómo dejaba de respirar y me desplomaba sobre el suelo. Era consciente de que me estaba muriendo. Sin embargo, no me desperté; el sueño continuó. Sentí cómo abandonaba mi cuerpo físico y me convertía en una consciencia que volaba con libertad, capaz de observar todo lo que sucedía a mi alrededor. Vi a mi familia reunida alrededor de mi cuerpo, en la habitación donde me había caído. Todos lloraban. Estaba tan alterada por verlos sufrir que intenté hablarles: «¡No os preocupéis, estoy viva! ¡La muerte no existe!», dije. Pero no sirvió de nada, porque ya no tenía voz y no me escuchaban. Lo único que podía hacer era proyectar mis pensamientos hacia ellos. Después empecé a alejarme, como un globo de helio que alguien suelta, y me fui flotando, por encima de ellos, hacia una oscuridad: una densa y pacífica oscuridad repleta de hermosas luces tintineantes. Me bañaba una fuerte sensación de calma y alegría.

Y justo en ese momento vi algo maravilloso: vi a Pop Pop. Estaba ahí, en el espacio frente a mí, pero no en su cuerpo físico, sino más bien en espíritu: un espíritu que era hermosa y enteramente suyo, eso era innegable. Casi al instante, mi conciencia reconoció a la suya. Él era un punto de luz, como una estrella brillante en el cielo oscuro de la noche, pero la luz era poderosa y magnética y me atraía hacia ella, me llenaba de amor. Era como si estuviera viendo el verdadero yo de Pop Pop; no su cuerpo terrestre, sino esa luz interior que él era en realidad. Estaba observando la energía de su alma. Entendí que Pop Pop estaba a salvo y que se encontraba en un lugar precioso y lleno de amor. Comprendí que estaba en casa, y en ese mismo instante también supe que aquel era el lugar del que todos venimos y al que todos pertenecemos. Él había regresado al lugar del que provenía.

Al darme cuenta de que ese era Pop Pop y de que, de alguna manera, todavía existía, me sentí menos triste. Experimenté un gran amor, un gran consuelo y, al reconocerlo, una gran felicidad. Y justo antes de dirigirme hacia Pop Pop, noté que algo se cerraba a mi alrededor y me tiraba hacia atrás.

En ese momento me desperté.

Me senté en la cama y me di cuenta de que tenía el rostro empapado en llanto. Pero no me sentía triste, eran lágrimas de felicidad. ¡Estaba llorando porque había visto a Pop Pop!

Me recosté sobre la cama y lloré un buen rato. Me había sido mostrado que morir no significa perder a los seres amados, y ahora sabía que Pop Pop todavía estaba presente en mi vida. Qué agradecida me sentí por aquel sueño.

———

Hasta muchos años después del fallecimiento de Pop Pop no fui capaz de reunir la suficiente experiencia para entender lo que aquel suceso y los acontecimientos que lo rodearon significaron en mi vida.

Lo que sentí en aquella piscina fue el principio del viaje del alma de Pop Pop hacia otro lugar. Como lo quería tanto porque estaba conectada a él de una manera muy poderosa, mi alma fue capaz de percibir que la suya estaba a punto de emprender un viaje. Y sentir eso no fue en absoluto una maldición, porque me permitió pasar aquella última tarde mágica con Pop Pop. Si eso no era un regalo, ¿qué era?

¿Y el sueño?

El sueño me convenció de una cosa: Pop Pop no se había ido, solo se encontraba en otro lugar. ¿Pero dónde? ¿Dónde estaba exactamente?

No pude responder a eso cuando tenía once años, pero, con el paso del tiempo, entendí que Pop Pop estaba al Otro Lado.

¿A qué me refiero con el Otro Lado?

Tengo esta sencilla analogía para explicarlo. Piensa en tu cuerpo como en un coche: al principio es nuevo, después se vuelve un poco más viejo y al final es muy viejo. ¿Qué les pasa a los coches cuando son muy viejos? Se desechan.

Pero a nosotros, los humanos, no nos desechan junto con el coche. Nosotros nos movemos. Seguimos adelante. Somos mucho más que el coche, y nunca estuvimos definidos por él. Lo que nos define es lo que nos llevamos con nosotros una vez que dejamos el coche atrás. Nosotros perduramos más allá del coche.

Todo en mi experiencia me dice que sobrevivimos a nuestros cuerpos. Nos movemos. Seguimos adelante. Somos mucho más que nuestros cuerpos. Lo que nos define es lo que nos llevamos con nosotros una vez que dejamos nuestro cuerpo: nuestras alegrías, nuestros sueños, nuestros amores, nuestra conciencia.

No somos cuerpos con almas. *Somos almas con cuerpos.*

Nuestras almas perduran. Nuestra conciencia perdura. La energía que nos potencia perdura. El Otro Lado, entonces, es el lugar al que nuestras almas van cuando nuestros cuerpos se rinden.

Eso despierta muchas preguntas: ¿el Otro Lado es un lugar?, ¿es una esfera?, ¿un reino?, ¿es material o espiritual?, ¿es una parada en el camino o se trata del destino final?, ¿qué aspecto tiene?, ¿qué se siente allí?

¿Está repleto de nubes de oro y puertas de perlas? ¿Hay ángeles?

¿Dios está ahí? ¿El Otro Lado es el cielo?

Logré comprender el Otro Lado poco a poco, e incluso hoy día estoy segura de que conozco solo una pequeña parte de lo que hay que saber al respecto. Pero no necesitamos entender y vislumbrar por completo el Otro Lado para estar cómodos con él. De hecho, muchos de nosotros creemos que nuestros seres queridos ya fallecidos aún están con nosotros; en espíritu, en nuestros corazones, llamados de vuelta a nuestras vidas por los recuerdos. Y esa creencia nos nutre de forma interminable.

Sin embargo, la realidad de lo que sucede cuando nuestros seres amados fallecen es infinitamente más reconfortante de lo que la mayoría de la gente percibe, porque las almas que se van están mucho más cerca de lo que pensamos.

He aquí las primeras dos verdades que he aprendido gracias a mi don:

1. Nuestras almas perduran y regresan a un lugar al que llamamos el Otro Lado.
2. El Otro Lado está muy cerca.

¿Cómo de cerca? Prueba a hacer esto: coge una hoja de papel cualquiera y levántala frente a tus ojos, como si estuvieras leyendo en ella. Fíjate en cómo la hoja se vuelve un borde que divide con claridad el espacio que ocupa. Puede ser sutil y delgado, unas pocas fibras de pequeñas pulpas encordadas juntas, pero no deja de ser un borde. De hecho, divide una gran cantidad de moléculas, átomos y partículas subatómicas. Cuando lo levantas frente a ti, tanto tú como millones de cosas se quedan a un lado, y billones de otras (sillas y ventanas y coches y gente y parques y montañas y océanos), al otro.

Y aun así, desde tu lado del papel, puedes ver, escuchar y acceder al otro lado fácilmente: de hecho, algunos de tus dedos ya están ahí, sujetando el papel. Los lados podrán estar separados, pero, hablando de manera práctica, son uno y el mismo. El otro lado del papel está *justo ahí*.

Cuando a lo largo del libro te encuentres con el término «Otro Lado», mantén en mente esa hoja de papel. Pregúntate lo siguiente: ¿y si la frontera entre nuestra vida terrenal y la vida después de la muerte fuera tan delgada y permeable como una simple hoja de papel?

¿Y si el Otro Lado estuviera justo ahí?

2
La chica del supermercado

MUCHO ANTES DEL INCIDENTE de la piscina, yo ya era una niña extraña.

Era hiperactiva y volátil. Tenía reacciones extremas ante situaciones ordinarias. «Cuando Laura está feliz, es la niña más feliz que he visto —escribió mi madre en mi libro de bebé cuando tenía un año—, pero, cuando está triste, es la niña más triste».

Muchos niños son nerviosos y enérgicos, pero dentro de mí había un motor en constante turbulencia que no tenía manera de apagar. En mi primera semana de primero de primaria, mi madre recibió una llamada de la enfermera de la escuela: «Le daré las buenas noticias primero —dijo la enfermera—. Pudimos detener el sangrado».

Me había chocado contra una escalera en el patio y me había abierto la frente. Mi madre me llevó al médico y me dieron siete puntos.

La semana siguiente tuve un berrinche terrible en mi habitación porque el vecino había invitado a mi hermana a bañarse en su piscina, pero no me había invitado a mí. Tiré la pesada escalera de madera de la litera y me golpeé en la parte de atrás de la cabeza; mi madre me volvió a llevar al médico, que esta vez me dio tres puntos y le hizo a mi madre un montón de preguntas difíciles.

Yo era una cosa diminuta, pequeña y delgada como un palo, una niñita rubia con flequillo, pero podía ser tremenda. Para conseguir vestirme, mi madre me sujetaba a la fuerza de un brazo o una pierna; si me soltaba un segundo, yo desaparecía. Me estrellaba contra cosas constantemente —puertas, paredes, buzones, coches aparcados—. Si mi madre me quitaba la vista de encima un momento, de inmediato escuchaba el estruendo de un golpe. Al principio me abrazaba y me consolaba, pero después de un tiempo se volvió costumbre: «Ah, Laura Lynne se ha vuelto a estrellar contra una pared».

Cuando me enfadaba con mi hermana mayor, Christine, empezaba a patalear, agachaba la cabeza y arremetía contra ella como un toro. A veces me estrellaba contra ella y la tumbaba, y otras, ellas se apartaba y yo salía volando.

«Vete a tu cuarto —me decía mi madre—y no salgas hasta que puedas volver a ser humana».

Sin embargo, el peor castigo de todos era que me obligara a sentarme y a quedarme quieta. Las veces que me portaba especialmente mal, mi madre me obligaba a sentarme en una silla sin poder moverme, pero no durante una hora, ni siquiera diez minutos —mi madre sabía que eso no funcionaría—: mi castigo consistía en sentarme y estar quieta durante un minuto.

Pero incluso eso era demasiado tiempo. Nunca lo logré.

―――

Pensamos en nosotros mismos como seres físicos, sólidos y estables, pero no lo somos.

Como todo en el universo, estamos compuestos por átomos y moléculas que vibran constantemente con energía, moviéndose sin cesar. Estos átomos y moléculas vibran en diferentes intensidades. Cuando vemos una silla de madera maciza, no parece que los átomos y moléculas que la componen se estén moviendo en absoluto, pero sí lo hacen. Toda la materia, toda la creación, toda la vida está definida por este movimiento vibracional. No somos tan sólidos como pensamos; en esencia, somos energía, así que supongo que por aquel entonces mis movimientos vibracionales eran un poco más intensos que los de otros niños.

Sin embargo, al margen de eso, tuve una infancia bastante normal. Crecí en un bello y frondoso pueblo de clase media llamado Greenlawn, en Long Island. Mi padre era un inmigrante húngaro de primera generación que daba clases de francés en secundaria, y mi madre, cuyos padres habían venido de Alemania, era profesora de lengua también en secundaria. Al principio se quedó en casa para criar a sus tres hijos, y después volvió a trabajar.

No éramos pobres, pero el dinero apenas nos alcanzaba. Yo tenía que esperar para cortarme el pelo y heredaba la ropa de mi hermana mayor. Mi madre se dedicó a darnos la infancia más maravillosa posible. Si no podía comprarnos juguetes nuevos, construía coches, trenes y pueblos maravillosos con cartón pintado. Todos los días dibujaba pequeñas escenas y personajes en el papel marrón de nuestras bolsas del almuerzo. En vacaciones y en los cumpleaños decoraba toda la casa, y unas navidades hizo sombreritos de fiesta para ella y todos sus amigos. Nos mantuvo alejados de la televisión y nos alentó a ser creativos. Christina y yo dibujábamos y pintábamos, incluso abrimos nuestra pequeña galería propia (vendíamos cada obra maestra a diez céntimos). Mi madre me hizo sentir que mi infancia era mágica.

Aun así, no puedo negar que yo era difícil y distinta.

Un día, cuando tenía seis años, mi madre me llevó al supermercado. Mientras esperábamos en la cola de la caja, de súbito me invadió la emoción y quise echarme a llorar. Era como si estuviera de pie en una playa y una gigantesca ola irrumpiera dentro de mí y me derribara, así de poderosa e inquietante fue la sensación. Yo estaba de pie, sintiéndome insoportablemente triste y confundida, pero no le dije nada a mi madre. Entonces, mi atención se dirigió a la cajera. Era joven, tendría unos veinte años, y no llamaba la atención por nada. No lloraba ni parecía irritada; se la veía aburrida, pero yo era consciente de que no era solo eso. Sabía que ella era el origen de esa horrible tristeza que yo estaba sintiendo. No tenía dudas de que estaba absorbiendo la tristeza de la cajera. Desconocía qué significaba ni por qué me estaba pasando, ni siquiera si aquello era algo extraño. Todo lo que sabía era que sentía su tristeza, que era muy confuso e incómodo y que no tenía manera de dejar de sentirlo.

En adelante, tuve muchas más experiencias como esa. A veces caminaba junto a un extraño por la calle y de pronto me golpeaba una poderosa carga de enfado o ansiedad. En otras ocasiones, absorbía las emociones de mis amigos y compañeros de clase. La mayoría de las veces eran sensaciones difíciles e infelices, pero también podía sentir emociones felices.

Cuando estaba rodeada de alguien particularmente feliz, me sentía eufórica. Era como si no solo me transfirieran las emociones, sino que también se intensificaran por el camino. Había momentos en que experimentaba una alegría pura y desenfrenada en situaciones que sin duda no eran acordes a una respuesta tan exaltada. Los momentos simples y felices —compartir un helado con los amigos, nadar un día de verano, sentarme con mi sonriente madre— podían desbordarme de euforia y exaltar mi ánimo.

Todavía hoy puedo evocar esos momentos de dicha, y todavía tiendo a responder con euforia. A veces tan solo escuchar una canción, leer un poema u observar un cuadro, o incluso darle un mordisco a algo delicioso, me hace sentir una explosión de alegría y bienestar. Es como si, en esos momentos sencillos, sintiera de manera más aguda mi conexión con el mundo.

Cuando era niña, esto significaba ir de una felicidad extrema a una tristeza terrible, dependiendo de quién estuviera cerca. Caía en picado para después subir hasta el cielo, a lo que seguía una nueva caída —una montaña rusa de estados de ánimo—, de modo que empecé a acostumbrarme a esos locos cambios emocionales y aprendí a mantenerlos a raya hasta poder recuperar el equilibrio.

Para mí fue un gran paso comprender que absorbía los sentimientos de otras personas, y así darme cuenta de por qué mis emociones eran tan volátiles. Sin embargo, pasaron años hasta que entendí que esa extraña habilidad no era tan rara y que, de hecho, tenía un nombre: empatía.

La empatía describe nuestra capacidad de entender las emociones de otros. Existen experimentos científicos innovadores, realizados en particular por dos neurólogos, Giacomo Rizzolatti y Marco Iacoboni, que demuestran que el cerebro de algunos animales —y de casi todos los humanos— contiene células llamadas *neuronas espejo*. Las neuronas espejo se activan tanto en la ejecución como en la percepción de una actividad. «Cuando me ves ahogarme de angustia emocional, las neuronas espejo de tu cerebro simulan mi ansiedad —explicó Iacoboni—. Tú sabes cómo me siento porque, de hecho, estás sintiendo lo mismo que yo».

La empatía es una de las maneras de interconectarnos profundamente como seres humanos. Es la razón por la que experimentamos alegría cuando nuestro equipo favorito gana —porque, aunque no estemos jugando nosotros, absorbemos felices el júbilo de los jugadores—. Es el motivo por el que donamos dinero para las víctimas de tragedias que acontecen a kilómetros de distancia —porque nos ponemos en los zapatos de un desconocido y sentimos su angustia—.

En otras palabras, los seres humanos estamos conectados a los demás de una forma crucial y significativa. Hay senderos reales y vitales entre nosotros.

Al principio experimenté esos senderos como tristeza y felicidad compartidas; después vi hilos de luz uniéndonos. Mi entendimiento de que todos estamos conectados comenzó aquel día en el supermercado, y cada experiencia que he tenido ha hecho que comprendiera esa luz entre nosotros de una manera más profunda.

3
Australia

CUANDO POP POP FALLECIÓ, yo era consciente de que poseía una poderosa conexión con la gente a mi alrededor, tan poderosa que no podía escapar de sus sentimientos y emociones. Sin embargo, después de que Pop Pop muriera y apareciera en mi sueño, me empecé a dar cuenta de que, de alguna manera, también estaba conectada con las personas que habían cruzado al Otro Lado.

Todo esto era muy confuso. Aunque ver otra vez a Pop Pop fue un regalo, todavía sentía que mis habilidades eran más una maldición que una bendición, pues me confundían y a veces me abrumaban. ¿Qué significaban estas conexiones y por qué podía percibirlas? ¿Era simplemente porque yo era rara y diferente o sucedía algo más? Necesitaba encontrar un nombre para lo que me aquejaba. Fue entonces cuando, sin saber qué significaba la palabra, encontré un diagnóstico. Un día me acerqué a mi madre mientras ponía el lavavajillas y le dije: «Mamá, creo que soy psíquica».

No recuerdo cuándo o dónde aprendí qué era un psíquico. Tal vez lo vi en un programa de televisión o lo leí en un libro, aunque estaba claro que no entendía de verdad qué significaba. Para mí era suficiente con saber que un psíquico podía ver el futuro. ¿No era eso lo que yo podía hacer?

Mi madre dejó el lavavajillas y me miró. De pronto, me permití hablar sin censuras y se lo conté todo: que yo sabía que Pop Pop se iba a morir y que me lo había encontrado en un sueño. También le hablé sobre mi miedo y mi culpa. Y mientras lo hacía, sentí que las lágrimas me empezaban a correr por las mejillas.

—¿Qué problema tengo? —le pregunté—. ¿Soy mala por haber sabido eso? ¿Fue culpa mía que muriera? ¿Estoy maldita? ¿Por qué no puedo ser normal?

Mi madre posó su mano sobre mi hombro y me sentó en la mesa de la cocina. Entonces tomó mis manos entre las suyas.

—Escúchame —me dijo—. No es culpa tuya que Pop Pop muriera. No estás maldita. No tienes nada por lo que sentirte culpable. Tan solo tienes una habilidad extra, eso es todo.

Fue la primera que vez que escuché que mi condición era considerada una habilidad.

—Es solo una parte de ti, y cada parte de ti es hermosa —dijo mi madre—. Es algo natural, no le tengas miedo. El universo es más grande de lo que pensamos.

Entonces mi madre me dijo algo que lo cambió todo: al parecer, las habilidades que tenía habían estado en su familia durante generaciones.

Babette, su madre, a quien yo conocía como Omi, se crio junto a sus nueve hermanos en un pueblo diminuto enclavado en las montañas de Baviera. Cuando Omi era joven, potentes tormentas eléctricas se quedaban atrapadas entre las montañas y desataban su furia sobre el valle. A menudo los padres de mi abuela la despertaban en medio de la noche y la vestían para que estuviera lista para huir si un relámpago caía sobre la casa.

Vivir en aquel pueblo limitó el contacto de Omi con el mundo exterior. Como no había teléfono ni radio, Omi creció rodeada de leyendas, folklore y supersticiones. Le enseñaron que ver una araña antes del desayuno significaba que tendría todo un día de mala suerte. Que pasar por el lado izquierdo de una oveja traía buena suerte, pero pasar por el derecho no tanto. Le enseñaron que nunca debía poner sus zapatos sobre la mesa, para no invocar malas noticias, y que, si encendía las luces durante el día, cuando no era necesario, haría llorar a los ángeles. Si olvidaba algo en casa, tenía que girar sobre sí misma tres veces, sentarse y contar hasta diez antes de reanudar su camino una vez recuperado el objeto olvidado.

Lo peor de todo era encontrarse un pájaro dentro de casa: eso significaba muerte segura para alguien cercano.

Desde pequeña, Omi aprendió a confiar en el poder de los sueños. Descubrió que algunas veces una presencia aparecía en los suyos, una figura oscura que estampaba el rostro contra la ventana y levantaba tres dedos. Ella odiaba esos sueños. A la mañana siguiente después de tenerlos, Omi anunciaba que algo malo iba a pasar en tres días, y casi siempre tenía razón: un contratiempo, un accidente, una muerte.

«Estaba esperando que eso sucediera —solía decir Omi—. Por lo menos ahora ya pasó».

Años más tarde, Omi se mudó a América, donde se casó y formó una familia que incluía a mi madre, Linda, y a mi tía Marianna. Pero sus sueños la siguieron al otro lado del océano. Una noche se despertó por un sueño aterrador en el que un amigo cercano de Alemania moría. Anotó la fecha y la hora. Poco después, Omi recibió una carta con un sello alemán en la que le comunicaban la muerte de esta persona, que había muerto el mismo día y a la misma hora que Omi había registrado.

Otra mañana, Omi estaba sentada en la cocina trenzando el cabello de Marianna, que tenía nueve años; mi madre tenía siete. De pronto, sonó el teléfono.

Antes de que Omi contestara, Marianna dijo de pronto:

—Te llaman desde Alemania para decirte que el tío Karl ha muerto.

—¡Shhh! —la regañó Omi—. Es horrible que digas algo así.

Contestó el teléfono y escuchó durante un minuto, después se puso pálida. La llamada era de Alemania. Karl, el hermano de Omi, había muerto.

Mi madre se preguntó cómo Marianna había podido saber esto, dado que ella y su hermana ni siquiera sabían que tenían un tío llamado Karl. Sin embargo, no se volvió a hablar de aquella predicción. Además, Omi tenía una baraja especial que mantenía escondida. Era alemana y muy vieja, con unas cartas parecidas a las del tarot. De vez en cuando, habitualmente en las tardes de domingo, alguien venía de visita y le pedía que sacara las cartas; entonces Omi las colocaba sobre la mesa y las interpretaba para descubrir la fortuna de esa persona, ya fuera buena o mala.

Sin embargo, cada vez que sacaba las cartas lanzaba una severa advertencia: las cartas no podían ser tomadas a la ligera, porque cada vez que las usabas tus ángeles guardianes te abandonaban durante los tres días siguientes.

Mi abuela creía que la comunicación con energías y sueños más allá de este mundo eran reales; casi sin excepción, los mensajes que le llegaban hablaban de muertes, enfermedad o problemas. Debido a que se trataba de advertencias de cosas malas que estaban por suceder, no eran bienvenidas o celebradas, tan solo se aceptaban.

Años después, cuando le anuncié a mi madre que yo era psíquica, ella me habló de sus propios sueños. Una vez, estando en la universidad, se acababa de meter en la cama y estaba a punto de quedarse dormida cuando escuchó a su padre —de forma clara y nítida— llamar a su madre por su nombre, pero con un tono que comunicaba cierto tipo de alarma. ¡Estaba claro que algo andaba mal! Mi madre se sentó en la cama, nerviosa y confundida. Nunca le había pasado algo así. Era demasiado tarde para llamar a casa esa noche, pero a la mañana siguiente, bien temprano, llamó para preguntar: «¿Papá está bien?». Su padre había estado terminando de reformar el sótano y, para colocar un revestimiento de madera, había empleado una potente sierra de mesa con la que cortar las piezas necesarias; la noche anterior, mientras deslizaba un tablón a través de la sierra, se resbaló y se hizo un corte profundo en el dedo: en ese momento llamó a gritos a mi abuela para que lo ayudara; estaba bien, pero el corte era espantoso.

Unos años después, mi madre soñó que un vecino sufría una caída terrible en el supermercado. Cuando se despertó, sintió la necesidad de llamarle para saber si estaba bien, pero no lo hizo. Más tarde, ese mismo día, se enteró de que el vecino se había caído y había muerto.

———

Mi madre también tuvo otro sueño sobre un teléfono rojo. «En mi sueño, ese teléfono rojo sonaba muy fuerte y parecía que era urgente. Yo intentaba desesperadamente contestar, pero no podía —me contó—. Al día siguiente, me enteré de que el tío de tu padre había muerto en Hungría. Hungría era un país comunista, y el comunismo está asociado al color rojo, por eso el teléfono de mi sueño era rojo». Según me explicó, en los sueños psíquicos y en las visiones suele abundar el simbolismo.

La tía Marianna también tenía sus propias historias, que compartió conmigo después de mi confesión. Me contó que, a veces, le llegaban destellos de visiones justo antes de Navidad, y así sabía exactamente lo que le iban a regalar. Una vez tuvo una visión de una alfombra con forma de girasol, y tres días después, eso fue justo lo que se encontró debajo del árbol.

Marianna tenía intuiciones intensas de presagios, lo que le permitía saber que algo malo iba a pasar. El hecho era que unos días después sus intuiciones se materializaban, y entonces decía lo mismo que Omi: «Gracias a Dios que ya pasó». Pero también tenía visiones positivas. Poco después de que Omi falleciera, Marianna vio una mariquita y la reconoció como un mensaje de su madre; a lo largo de los años, cuando necesitaba sentir el amor de su madre, una mariquita aparecía mágicamente. Mi madre también suele verlas y también cree que son señales de su madre. Por ejemplo, vio una mariquita volando dentro de la habitación justo antes de que llevaran a mi tía al hospital para practicarle una cirugía, y la Navidad pasada se encontró una mariquita caminando por el suelo de la cocina, lo cual es sorprendente, porque no se ven muchas en pleno invierno en Nueva York. Así pues, tanto mi madre como mi tía aprendieron a aceptar que los seres queridos que han cruzado al más allá están todo el tiempo a nuestro alrededor, acompañándonos.

La larga carrera de mi tía como enfermera reforzó su creencia en que los seres queridos que están en el Otro Lado nos cuidan y nos consuelan. A menudo sus pacientes enfermos le decían: «Mi madre está sentada conmigo ahora», o directamente los escuchaba en su habitación, hablándoles a personas que nadie más veía y que habían muerto unos años antes. Marianna siempre supo lo que eso significaba: que el paciente cruzaría pronto. Nada en esas visiones le parecía extraño, al contrario: le parecían consoladoras, una validación de que nuestros seres queridos a veces vienen para ayudarnos a cruzar al Otro Lado. Por eso, cuando los pacientes decían que un pariente estaba ahí, mi tía solo les decía: «Salúdalos y dales la bienvenida».

Cada vez que mi tía o mi madre compartían una de estas historias conmigo, se llenaban de alegría. No eran escépticas en lo más mínimo acerca de estos sueños, visiones y mensajes, y por eso mi madre aceptó tan bien mi premonición sobre Pop Pop.

Años más tarde, siendo yo adolescente, mi madre y mi tía me dieron un regalo que venía en una vieja bolsita gris de joyero. Metí la mano en ella y saqué una baraja: eran las cartas especiales de Omi.

Estaban decoradas con colores vibrantes, y sus dibujos resultaban mágicos. Había espadas y escudos, reyes y elefantes, un querubín sosteniendo un tarro de cerveza, un jabalí cargando con un perro. Me fascinó lo únicas y vívidas que eran aquellas imágenes. Cuando me senté con mi tía para que me explicara el significado simbólico de cada carta, entendí que estaba sosteniendo en mis manos un nuevo lenguaje, una manera de encontrar un sentido que hasta entonces no estaba ahí.

Apenas usé las cartas en aquel entonces, y sigo sin hacerlo, porque tengo mi propia conexión con el Otro Lado. Sin embargo, las cartas son una herramienta válida para algunas personas, ya que pueden silenciar la mente, ayudar a que nos concentremos en un nuevo lenguaje de percepción y ser así capaces de recibir información. Yo creo que así es como Omi las usaba.

Al regalarme las cartas, mi madre y mi tía, en esencia, me estaban alentando a explorar lo que hay ahí fuera, nadar en ello y buscar su significado. Y de esa manera me dieron a entender que yo no era anormal ni me ocurría nada malo, sino que tenía algo arraigado profundamente en mí como fruto de la historia de mi familia.

—Cada parte de ti es legítima —me dijo una vez mi madre—. Cada parte de ti merece ser explorada. No tengas miedo de tu habilidad, porque es real y forma parte de quien eres.

———

El día que terminé sexto año, nueve meses después de que Pop Pop muriera, mi madre me entregó otro pequeño regalo.

—Esto es de Pop Pop —me dijo.

Me quedé helada. ¿Qué quería decir, que el regalo era de Pop Pop? Yo sabía que cuando estaba vivo se enorgullecía de comprarnos hermosos regalos para ocasiones especiales. Siempre estaba celebrando la vida de alguna manera, pero ¿cómo podía provenir este regalo de él?

Mi madre vio la expresión de mi rostro y me explicó que mi abuelo lo había comprado antes de morir. Había planeado dármelo cuando terminara la primaria.

Sostuve el regalo entre mis manos. Era una pequeña y delicada caja, envuelta en un papel liso de color café con un cordón alrededor: así era como Pop Pop lo envolvía todo, amorosamente. Me senté y lo abrí con cuidado.

Y cuando vi lo que era, me quedé boquiabierta.

Era un precioso brazalete de plata con varios abalorios, y en cada uno de ellos estaba escrito el nombre de una ciudad de Australia.

Deslicé el brazalete por mi muñeca y toqué los nombres de las ciudades con los dedos. ¿Era solo una coincidencia que tanto el brazalete como mi sueño sobre Pop Pop tuvieran que ver con Australia? ¿O había un significado más profundo al respecto? Después de todo, ninguno de nosotros había estado nunca allí, parecía completamente fortuito. Y sin embargo, ahí estaba la coincidencia, conectándonos incluso después de su muerte.

¿Acaso era la manera de Pop Pop de decirme «Todavía estoy contigo»?

Todos estos años después aún sueño con Pop Pop. Son sueños especialmente reales, como si en verdad estuvieran sucediendo; yo los llamo *sueños 3D*. Y en estos sueños me siento ligera como el aire, como si ya no formara parte de mi cuerpo. Pop Pop siempre está ahí, tan radiante de alegría y de luz como siempre. Nos visitamos, charlamos y pasamos el rato, y aunque no suelo acordarme de lo que hablamos, recuerdo con claridad que estar con él es maravilloso.

Y siempre, cuando despierto de estos sueños, estoy llorando. Un poco por tristeza, porque todavía lo extraño, pero sobre todo por alegría, amor y felicidad, porque sé que Pop Pop y yo seguimos estando conectados.

4
El enamoramiento

C UANDO TENÍA DOCE AÑOS, Arlene, una amiga de mi madre, nos visitó. Arlene me caía bien: era divertida y alegre, y siempre parecía feliz de verme. Corrí a la puerta a saludarla, como siempre, pero ese día, cuando entró, me desconcerté.

En el instante en que la vi escuché un sonido muy distintivo: un suave y placentero tintineo, como una campana de cristal que bailara con el viento. Sin embargo, no había ninguna campana en casa, y tampoco hacía viento. Entonces, cuando escuché a Arlene decirme «Hola», vi una hermosa mezcla de colores brillantes bailando a su alrededor.

No tenía ni idea de qué estaba observando ni escuchando.

Cuando mi madre y Arlene se sentaron, les conté lo que había pasado.

—Ah —dijo Arlene con una sonrisa—, tú eres muy psíquica, ¿verdad?

Y eso fue todo. Las dos siguieron hablando y riendo. No sé si no me creyeron o si pensaron que no era algo importante, pero para mí lo era, porque ahora ya no solo sentía la energía de otras personas, sino que también la escuchaba y la veía.

De ahí en adelante adquirí la habilidad de ver a la gente en colores. No me sucedía siempre, pero sí con la suficiente regularidad como para terminar acostumbrándome. Hay un nombre técnico para este fenómeno: sinestesia. De acuerdo con *Scientific America*, la sinestesia es «una mezcla anómala de los sentidos en que la simulación de una modalidad produce simultáneamente la sensación de una diferente modalidad». Por ejemplo, algunos sinestésicos escuchan colores, otros sienten sonidos y otros saborean formas.

Según algunas estimaciones es un fenómeno extraño, presente en solo una de cada veinte mil personas, pero algunos científicos creen que es mucho más común y que puede presentarse en una de cada doscientas personas. Un sinestésico puede escuchar una nota musical y saborear brócoli, o leer una línea de números en blanco y negro y verlos en colores distintos. Yo no sabía nada sobre la sinestesia cuando tenía doce años, solo sentía que tenía otra habilidad extraña.

De alguna manera, mi cerebro estaba superponiendo los colores sobre la realidad física. Era como si estuviera viendo un objeto a través de una ventana teñida: el color estaba en el vidrio, no en el objeto. Los colores tampoco permanecían: aparecían como un *flash* y desaparecían tan de improviso como habían aparecido. La habilidad era inofensiva y, a veces, incluso entretenida. «Esa persona es azul», me diría entre risas, o bien: «¿Esta mujer sabe que es morada?».

Con el tiempo descubrí que era más propensa a acercarme a alguien azul, llamémoslo así, que a alguien rojo. Los colores azules me transmitían paz y felicidad, mientras que los rojos me provocaban una sensación de enfado y negatividad. Y de esta manera empecé a darme cuenta de que los colores me ofrecían una manera rápida y conveniente de leer a la gente, pues medía su energía y decidía si quería estar cerca o no. Era como tener un sentido extra que me ayudaba a navegar por el mundo. Después de todo, yo decidía qué suéter ponerme basándome en su color, es algo que hacemos todos. Ciertos colores nos hacen sentir bien y otros no.

La única diferencia para mí era que, además de los suéteres, las personas también tenían colores.

———

En esa época me enamoré de un chico por primera vez. Su nombre era Brian y estaba en mi clase de sexto. Siempre que estaba cerca de él me daba cuenta de que en verdad me gustaba su energía: era un sentimiento nuevo y emocionante. Mi enamoramiento se mantuvo en secreto durante un tiempo, hasta que se lo conté a mis amigos, y luego ellos se lo contaron a los amigos de Brian, y después de eso asumí que él lo sabía. Pero entonces, a través de la misma red, corrió el rumor de que yo no le gustaba a Brian; a él le gustaba mi amiga Lisa. Me quedé hecha polvo.

También estaba muy confundida. Para mí no tenía sentido que me sintiera tan atraída por él y que él no sintiera lo mismo por mí. «Pero, con lo que me gusta su energía —me decía a mí misma—, ¿cómo es posible que eso no signifique algo?». La decepción y la frustración eran muy dolorosas. Sé que todos los enamoramientos no correspondidos son devastadores para chicos y chicas de esa edad, pero lo que yo sentía iba más allá del simple hecho de que alguien me gustara: me sentía conectada a Brian.

Con el tiempo superé a Brian, y en primero de secundaria me enamoré con la misma intensidad de un compañero de clase llamado Roy. Una vez más corrió el rumor de que a Roy le gustaba mi amiga Leslie, y no yo. Esta vez la confusión y la decepción fueron insoportables, yo no podía comprender por qué esa atracción que sentía no me estaba llevando a nada. ¿Cómo podía sentirme tan conectada a Roy si no estaba destinada a estar con él? Noche tras noche me sentaba en la oscuridad de mi habitación y trataba de silenciar mis sentimientos, pero no podía. Solo deseaba desaparecer para no seguir sintiendo de un modo tan intenso.

A medida que fui creciendo, la intensidad de esos sentimientos comenzó a funcionar en ambos lados. Si yo le gustaba a un chico, pero él a mí no me gustaba, me sentía completamente miserable. Es una situación incómoda para cualquiera, pero para mí iba más allá de saber que le gustaba a un chico, porque sentía su energía y absorbía su tristeza. No podía darme el lujo de quitarle importancia a nada, pues esas típicas interacciones adolescentes me absorbían y, en ocasiones, incluso llegaban a bloquearme por completo.

Y así, mientras entraba en mis años de adolescencia y construía relaciones más allá de los miembros de mi familia, mis habilidades se volvieron todavía más confusas. Aunque no siempre fueron negativas. En mi primer día de octavo curso, en clase de Arte, de pronto sentí que mi atención se movía a través del aula hacia una chica de cabello negro y ojos verdes. Fue como si alguien o algo estuviera tirando de mí. El nombre de la chica era Gwen, y hasta entonces no me había sentido inclinada a acercarme a ella. Estaba absorta en una conversación con su amiga Margie y tenía el ceño fruncido. Aun así, sentí un clic, como si nuestras energías se conectaran, así que me levanté, me acerqué a ella y le dije: «Hola». Ella me miró desconcertada, como pensando «¿Quién eres tú y por qué me estás hablando?». Pero no cedí.

Pronto Gwen y yo nos convertimos en las mejores amigas. Y nuestra amistad prosiguió durante toda la secundaria y más allá.

Actualmente, es mi amiga más antigua y cada una seguimos formando parte de la vida de la otra. Nos animamos y consolamos cuando las cosas no van bien. Nos gusta decir que somos «tal para cual».

―――

Cuando tenía quince años, mi familia hizo un viaje para esquiar a Mt. Sutton, en Quebec, que queda a nueve horas en coche desde nuestra casa. Estaban allí algunos amigos de la familia: el Sr. Smith, un profesor de lengua que trabajaba con mi padre (lo llamábamos el tío Lee), su esposa, Nancy, y sus hijos, Damon y Derek, además de Kevin, un amigo de Derek. Kevin tenía dos años más que yo y era un chico rubio y delgado, de uno ochenta de estatura. Al instante me enamoré de su energía. Era feliz, modesto, cálido, amable y seguro. Sentí como si ya lo conociera, aunque apenas nos hubiéramos visto.

Nos hospedábamos en un apartamento cerca de la pista de esquí, y una tarde fuimos todos a un pequeño restaurante que había al lado. Kevin y yo nos sentamos juntos y empezamos a hablar. Mientras lo hacíamos, de pronto todo a nuestro alrededor se quedó en silencio y sentí una increíble fusión de energía. Tuve la sensación de que algo acababa de decidirse. La energía del espacio entre nosotros se desplazó y nos vinculó, y percibí algo parecido a una atracción magnética. Era impresionante, nunca antes había experimentado nada así.

Cuando llegó el momento de irnos, sentí que la energía giraba enloquecida alrededor y dentro de mí, pero traté de encontrar el equilibrio y relajarme. En la puerta, como si estuviéramos a punto de salir al frío, Kevin se giró, sonrió suavemente, se inclinó y me besó en los labios.

Fue mi primer beso. Y mi mundo explotó.

Aquel beso me dio permiso para tirarme de cabeza al campo de energía de Kevin, pues era una invitación a aventurarme en él. Nunca me había sucedido algo así. Las emociones de otras personas eran siempre un fardo con el que debía pelear o quitarme de encima, pero con Kevin no era así, de modo que les di la bienvenida. La sensación era muy estimulante y me enamoré perdidamente.

Pasamos muchos meses felices juntos siendo novios. Sin embargo, a pesar de nuestra intensa conexión, mi fácil acceso a la interioridad de Kevin reveló algo inesperado: Kevin y yo no estábamos hechos para seguir juntos. Desde muy pronto, sentí que ese camino de la vida me esquivaría de manera inevitable. Yo estaba enamorándome de los libros y la lectura, mientras que a Kevin le gustaba reparar coches y aparatos electrónicos. Aunque le quería y sabía que era un alma hermosa y bondadosa, sabía que estábamos destinados a transitar caminos diferentes.

Tal vez esto es algo que muchas personas pueden sentir incluso cuando tienen una relación amorosa, pero en mi caso no solo lo sentía: lo sabía con absoluta certeza.

Mi ruptura con Kevin no fue particularmente dramática, y a día de hoy todavía le quiero por la persona que es. Fue mi primer amor, y por ese simple hecho es alguien muy especial para mí.

Mi romance adolescente también me trajo una lección muy importante: amar a alguien y sentir que él o ella es tu alma gemela no significa que vuestro destino sea estar juntos para siempre.

Podemos amar el alma de alguien y al mismo tiempo entender que no tenemos por qué estar con esa persona. A veces, el final de una relación en absoluto es un fracaso, sino más bien una liberación de ambos para continuar por su verdadero camino. Algunas relaciones solo surgen para enseñarnos algo sobre el amor.

También aprendí que podemos dejar que la gente continúe su camino sin dejar de desearle amor; no es necesaria la amargura, la culpa o la ira. Con el paso de los años me he encontrado con Kevin algunas veces, y me alegra mucho saber que está felizmente casado y que es padre de tres niños preciosos. Kevin tiene una vida que adora, y eso es todo lo que yo deseaba que encontrara.

───

No mucho después de romper con Kevin, volví a enamorarme. Su nombre era Johnny y estaba en mi clase de cuarto de secundaria en el instituto John Glenn, de Long Island. Johnny era el chico más maravilloso de la clase. Medía uno ochenta, tenía la piel clara, el cabello moreno y los ojos azules. Era un bromista, siempre estaba riéndose y contando chistes, pero también era rudo y se metía en muchas peleas. Parecía tener más confianza y ser más vivaz y más osado que la mayoría de los chicos de su edad, por eso todos se sentían atraídos hacia él.

La primera vez que hablamos fue una noche de Halloween. Yo estaba con un grupo amigos en un lugar que llamábamos «El Streets», en la esquina de Elmundo y Elkhart, y no llevaba ningún disfraz, tal vez creyéndome demasiado guay para eso. Johnny iba vestido con una chaqueta de cuero negro. Nuestras miradas se cruzaron, se acercó y nos pusimos a hablar, y mientras conversábamos sentí que me inundaba su poderosa energía positiva. Antes de que me diera cuenta, estaba perdida en ella por completo. Johnny ni siquiera tenía que besarme para abrir mis puertas, todo lo que tenía que hacer era ponerse a mi lado.

Al explorar su campo energético, me di cuenta de que las emociones de Johnny se me presentaban desnudas, de una manera que nunca antes había experimentado: las podía leer, como reza el dicho, como un libro abierto. Se podría decir que debajo de su máscara hipermasculina, Johnny protegía unas heridas muy profundas. Me enteré de que sus padres se habían divorciado cuando él era pequeño y que había crecido con muy poca atención por parte de ambos. Había sido abandonado por todos los adultos de su vida y se sentía desesperado por sentirse amado.

Enseguida pude ver lo que había detrás de su máscara de chico malo. Cuando Johnny se dio cuenta de lo sintonizada que yo estaba con quien él era realmente en su interior, lo derramó todo sobre mí: su pasado, sus miedos, sus sueños. No es de extrañar que nos enamorásemos.

Mi relación con Johnny reveló otra faceta problemática de mis habilidades: debido a que veía su dolor y su daño con tanta claridad, sentí una poderosa urgencia por repararlos. Cuando le dije a mi madre, que era profesora de lengua en mi instituto, que estaba saliendo con Johnny, me dijo: «¿Ese chico? Ni se te ocurra salir con él. Una vez me hizo una peineta mientras yo vigilaba en el autobús».

Sin embargo, cuando llevé a Johnny a casa y mi madre habló con él, empezó a quererlo enseguida. Ella vio, al igual que yo, al cervatillo herido que había dentro de él —esa parte que estaba sola y maltrecha— y quiso ayudarme a apoyarlo cuanto pudiera. Durante los años siguientes, Johnny se convirtió en un miembro más de la familia. Nuestra relación duró un par de años, pero, como les sucedió a muchas parejas del instituto, fue una experiencia ajetreada. Lo que me atraía de él —su dolor y su tormento enterrados— era también lo que hacía que todo fuera volátil. Rompíamos, volvíamos, después rompíamos otra vez: esa era la naturaleza de nuestra relación. Ni siquiera nuestra conexión íntima fue suficiente para salvarnos.

Con el tiempo me di cuenta de que estaba tan enchufada al intenso paisaje emocional de Johnny que nuestra relación siempre sería intolerablemente complicada. Sabía que no teníamos una oportunidad real de encajar de verdad, y comprendí que nuestro tiempo juntos había terminado.

Todavía pienso en Johnny con amor. El tiempo que pasamos juntos amplió mi conciencia de que las personas aparecen en nuestro camino por una razón. Siempre hay algo que enseñar y aprender, ya sea para uno o para ambos. Y me hace feliz poder decir que su camino lo llevó a ser un padre de dos niños y tener un matrimonio feliz. A mi corazón le llena de alegría saber eso.

Mis habilidades no hicieron que mis años de citas fueran más fáciles de navegar, pero sí me ayudaron a ver con mayor claridad. Poco a poco comencé a diseñar una especie de inventario de mis habilidades: no sabía cómo nombrarlas y no entendía bien lo que significaban o cómo usarlas, pero, cada vez que descubría una nueva, la conciencia sobre mí crecía. Por alguna razón era capaz de leer la energía de las personas y absorber sus emociones. Veía colores alrededor de la gente y los usaba para comprender el mundo a mi alrededor. Tenía la habilidad de entrar en la vida de las personas y saber cosas de ellas, como cuántos hermanos tenían o si sus padres estaban divorciados. Tenía sueños que eran demasiado vívidos y estaban repletos de mensajes con significado para mí en el mundo real.

Todas estas habilidades tienen nombres que ahora conozco, pero en esa época para mí únicamente eran cosas que le daban a mi vida una intensidad confusa y abrumadora. Ni siquiera sabía si eran solo mías o si toda la gente las experimentaba.

Lo innegable era que, cuanto más entraba en la adolescencia, la energía dentro de mí crecía con mayor intensidad. Buscaba maneras de bajar el ritmo de mi imparable motor interior, pero nada parecía funcionar. Sospecho que esa energía habría consumido cada faceta de mi vida si no hubiera encontrado una salida inverosímil para ella: el fútbol.

Cuando estaba en cuarto de primaria empecé a jugar al fútbol, y enseguida se convirtió en mi salvación: estaba en medio de un gigantesco campo y tenía que correr todo lo que pudiera. Eso me daba una sensación de apertura y libertad y, en el proceso, me permitía quemar un poco de mi enloquecida energía.

Me volví bastante buena. Jugué en una liga de fútbol itinerante, y en la secundaria entré en el equipo titular de la escuela. Aunque era más bajita que las demás, me defendía bien. El fútbol significaba para mí algo más que para el resto de las chicas porque no era solo un pasatiempo; no me quedaba otra alternativa que darlo todo en el terreno de juego. Pero contaba con una ventaja en el campo: mis habilidades.

Aprendí que podía leer la energía de las jugadoras del equipo contrario. Me alineaba en la banda derecha o izquierda, le echaba un vistazo a la defensa que estaba más cerca de mí y en un instante sabía algo sobre ella que me ayudaría a decidir mi siguiente movimiento. «Esa chica es muy agresiva —pensaba—. Voy a arremeter sobre ella y a engañarla, ella caerá en la trampa y yo pasaré de largo». O veía a una defensa que yo sentía que era más pasiva y pensaba: «Ve directa a ella y no podrá seguirte». A veces, toda la mitad izquierda del campo parecía estar abierta, abierta a mí, así que regateaba con el balón por todo el extremo izquierdo y llegaba hasta la portera con facilidad. Anotaba un montón de goles.

¿Hacía trampa? Algunas veces sentía que sí, pero, a fin de cuentas, no podía hacer nada al respecto. Sabía lo que sabía, y eso era todo. No podía apagar mis habilidades, de modo que ¿por qué no usarlas para algo constructivo? Me volví tan buena que incluso escribían sobre mí en el diario local.

«Laura corrió de un extremo al otro del campo hoy —decía el artículo—. Su energía es imparable».

Y yo pensaba: «¡Si ellos supieran…!».

5
John Moncello

GRACIAS AL FÚTBOL, logré salir adelante en la escuela. Aún no sabía cómo controlar mis habilidades, pero fui aprendiendo a esconderlas. Nadie sabía nada de la inundación de emociones, de los extraños colores ni de mis sueños intensos, y me esforcé mucho para mantener todo aquello en secreto.

Me inscribí en la universidad de Binghamton, una escuela estatal de primera categoría a unos trescientos kilómetros al noroeste de Nueva York. Ir a la universidad implicaba que por primera vez viviría lejos de casa, y eso me emocionaba y me atemorizaba a partes iguales. Estaba triste por dejar a mis padres, pero también sentía que abandonar el hogar era una oportunidad para establecer una identidad libre de todas las rarezas de mi infancia.

Lo que no imaginaba era cómo me afectaría estar en la universidad. Al haber tantos estudiantes reunidos en un espacio tan pequeño, sentía como si estuviera atrapada en un torbellino de nuevas ideas, emociones y energías. Cada vez que iba del dormitorio al baño común me cruzaba con cinco nuevas personas, cada una vibrando y repleta de una nueva energía. Inclinaba la cabeza para saludar, pero al mismo tiempo me sentía turbada por lo que fuera que ellas sintieran en ese momento. Un momento después me volvía a sentir arrollada por otro estudiante que cruzaba. Miedo, ansiedad, tristeza, expectación, soledad: era un bombardeo de emociones que no se parecía a nada que hubiera vivido antes. Me sentía como un diapasón humano gigante, vibrando con la energía colectiva de cientos y cientos de jóvenes con turbulencia emocional.

También estaba expuesta a obras de arte extraordinarias, historia, pensamiento político —una hermosa pieza musical, una pintura clásica, una clase dinámica, un poema alucinante—. Todo eso elevaba mi ánimo a alturas sin precedente, lo que iba seguido de una inmensa y desenfrenada alegría acerca de algo, tan grande que debía acordarme de respirar. Y de pronto salía de la clase y, al cruzarme con un estudiante deprimido, caía de las alturas y me lanzaba a un abismo. Era como vadear en un arroyo con corrientes y temperaturas en constante cambio: en un momento dado el agua está agitada y fría, y al siguiente está hirviendo. No entendía qué estaba pasando, y sin duda no era capaz de detener su ritmo. Lo único que podía hacer era quedarme en el agua y evitar ahogarme.

En las vacaciones de invierno regresé a casa, a Long Island, y me reencontré con algunos amigos del instituto. Varios de nosotros alquilamos una habitación en el hotel donde habíamos celebrado la fiesta de graduación y allí pasamos el rato, bebiendo y hablando de nuestras experiencias en la universidad. Gravité hacia un buen amigo llamado John Moncello. John era uno de los seres humanos más dinámicos y hermosos que he tratado. Nos conocíamos desde el día en el que, en cuarto curso, metió una nota en mi mochila donde me decía que le gustaba y me invitaba a patinar. Nunca salimos, pero siempre consideré que éramos grandes amigos, y me sentía atraída y conectada a su energía. Era una energía maravillosa, salvajemente positiva. John era uno de los chicos más listos de la escuela, y una de esas personas que te hacen sentir cómodo siendo tú mismo. Todos considerábamos a John el líder de nuestro pequeño grupo.

Esa noche durante las vacaciones de invierno, John y yo nos sentamos en un rincón de la habitación e intercambiamos historias sobre Binghamton y Berkeley, donde él cursaba primer año. La noche fue transcurriendo y poco a poco todos se fueron quedando dormidos, pero John y yo permanecimos hablando hasta tarde. Siempre había sucedido eso entre nosotros: de pronto estábamos absortos en increíbles y profundas conversaciones, el tipo de charlas que nunca he tenido con otros amigos. Hablamos de la naturaleza de la existencia cuando, de pronto, John se quedó en silencio y miró hacia el cielo oscuro.

—¿Qué crees que pasa cuando nos morimos? —me preguntó.

—Bueno —dije—, yo sé que hay un cielo.

—¿Cómo lo sabes?

—Simplemente lo sé —respondí—. Sé que hay vida después de la muerte. Y sé que ahí es adonde vamos cuando morimos.

John me miró y frunció el entrecejo. Sentí la urgencia de hablarle sobre mi sueño en Australia, y sobre ver a Pop Pop, y sobre todas las demás cosas extrañas que me sucedían, pero me contuve. John sonrió y se echó a reír.

—Laura, tal vez crea en eso cuando sea viejo —dijo—, pero soy joven, así que no tengo que preocuparme de ello todavía. Por ahora, no creo en la vida después de la muerte.

No dije nada para intentar convencerlo de lo contrario. Yo no estaba en ninguna posición para hacerlo, de modo que lo dejamos así. Unos días después volvimos a la universidad.

Un mes después de regresar al campus, tuve otro sueño intenso y sumamente vívido.

En el sueño yo estaba en la universidad, pero no en Binghamton, sino en otro lugar, y me convertía en otra persona y sentía que estaba a punto de perder el conocimiento. Traté de pedir ayuda, pero no salía ninguna palabra de mi boca. Tenía la horrible sensación de que, si no podía conseguir ayuda, me moriría. Y daba igual lo que intentara hacer, no podía parar de deslizarme hacia fuera.

De pronto, como si nada hubiera pasado, era yo otra vez y veía a unos cuantos amigos del instituto caminando lúgubremente fuera de mi dormitorio. Lloraban y cargaban algo sobre los hombros, una especie de caja. La caja estaba cerrada y no podía ver qué había adentro, pero no era necesario porque sabía que allí había una persona. Un chico. Un chico al que queríamos mucho. Nuestro líder.

Mientras me mantenía de pie y observaba a la procesión acercándose, sentí puro y absoluto terror, ya que sabía que, si no hacía algo —o, más bien, si no deshacía algo—, mis amigos sufrirían ante el hecho de que el chico al que tanto queríamos ya no estaba.

Entonces me desperté.

Me puse de pie, respirando con dificultad y pánico, y miré el reloj digital de mi mesilla: decía que eran las doce en punto de la noche. Entonces cogí el teléfono y, frenética, llamé a mi madre.

—Mamá, ¿se ha muerto alguien? —pregunté, medio histérica.

—¿Qué? No. ¿De qué hablas?

Le conté mi sueño, apresurándome y con el mismo tipo de culpa y pesar que había sentido cuando me enteré de que mi abuelo había muerto.

—Laura, más despacio, todo está bien —dijo mi madre.

—¡No, mamá, no está bien! —grité y empecé a llorar—. ¡Alguien ha muerto o va a hacerlo! ¡Por favor, no salgas de casa! ¡No vayas a ninguna parte!

Estaba aterrorizada. Conocía muy bien estos sueños vívidos y sabía que eran reales. Mi madre me tranquilizó y me aseguró que todos en la familia estaban bien. Me pasé el resto del día rezando para que mi teléfono no sonara, y según fueron transcurriendo las horas sin que recibiera malas noticias, mi ansiedad bajó un poco.

A las ocho de la tarde sonó el teléfono: era uno de mis amigos del instituto.

—Laura, tengo algo terrible que contarte —me dijo—. John Moncello ha muerto.

———

John aspiraba a entrar a una fraternidad en Berkeley y la noche anterior había estado bebiendo bastante. En la madrugada, alrededor de las tres, algunos hermanos de la fraternidad lo llamaron y le pidieron que fuera a la casa de la fraternidad enseguida. «Tienes que limpiar el lugar, aspirante», le dijeron. John protestó diciendo que estaba demasiado borracho para ir, pero los hermanos insistieron, así que John se vistió y caminó tambaleándose hacia la casa.

Dio lo mejor de sí para limpiar el lugar, y cuando terminó trepó por una ventana que daba a la salida de incendios, por donde los muchachos de la fraternidad solían salir. Pero John todavía estaba borracho, se resbaló y se cayó. La altura era de tres pisos y aterrizó sobre la entrada del aparcamiento.

Nadie lo vio caer. Nadie sabía que estaba ahí, así que se quedó tirado sobre el asfalto, inconsciente y sangrando. Alguien lo encontró unas horas después, pero para entonces ya estaba muerto.

El informe del forense decía que John se desangró hasta morir por traumatismo cerebral. No murió por la caída, sino por la pérdida de sangre. Su cuerpo fue descubierto justo a las nueve de la mañana, hora del Pacífico, que son las doce de la noche en Nueva York, la hora en la que me desperté de mi sueño.

El forense también informó de que probablemente John había estado perdiendo y recobrando la conciencia durante un buen rato. O bien no pudo pedir ayuda, o bien lo hizo, pero nadie lo escuchó.

Yo sí lo hice.

———

Estaba devastada. Perdí la compostura por completo con el amigo que me llamó para contármelo y le confesé mi sueño sin pensarlo. Esta era la confirmación de que, fuera lo que fuera lo que estaba mal en mí —la causa de mis habilidades—, tenía que ser algo malo.

¿Cómo podía tener esa información sobre mi amigo John y, sin embargo, no ser capaz de cambiar el resultado? ¿Por qué tener el sueño, pero no poder usar esa información para salvarle la vida a alguien? ¿Qué clase de habilidad enferma, horrible e impotente era esta?

Al día siguiente de enterarme de la muerte de John, abandoné Binghamton y conduje de regreso a mi casa en Long Island. Me reuní con algunos amigos del instituto y fuimos a la casa de John para darle el pésame a su madre.

La mujer estaba desconsolada, conmocionada. Había apilado en el salón todas las cosas que John tenía en la universidad, y nos dijo que podíamos llevarnos lo que quisiéramos. Observé a algunos de mis amigos abalanzarse sobre sus cosas —camisetas, libros, discos, zapatillas— y me dio náuseas. «¡Por favor, parad!», quise gritar. Pero no dije nada. Me mantuve al margen y me sentí incluso más aislada.

El día siguiente fue confuso. Durante la procesión, el coche fúnebre que llevaba el cuerpo de John pasó despacio frente a su casa, el lugar donde sus esperanzas y sueños habían tomado forma. La misa del funeral me pareció surrealista, era como si estuviera viendo una película. Los discursos acerca de la gran persona que John había sido no lograron apaciguar mi pena, más bien magnificaron la rotundidad de su fallecimiento. John se había ido y no volvería. Y entre este devastado grupo de personas que lo había amado, tal vez solo había una que supo que su vida se estaba apagando justo antes de que muriera. ¿Por qué no había podido salvarlo?

La enorme pena que sentí fue la última razón por la que decidí empezar a hablar de mi sueño. Supongo que esperaba descubrir que alguien más también lo había «sabido». En conversaciones separadas les conté a tres o cuatro amigos mi sueño, y todos escucharon con amabilidad, pero estaba claro que para ellos no significaba nada. Al final, era solo un sueño, ¿y qué tienen que ver los sueños con la realidad de la vida y la muerte?

Después de aquello dejé totalmente de hablar de mis sueños e internalicé todo lo que sentía. Tal vez era así como se suponía que tenía que ser. Tal vez esa era mi penitencia por no haber salvado a John.

———

Todos tenemos que averiguar quiénes somos y cómo podemos integrarnos en este mundo. Hubo momentos en mi adolescencia en los que empecé a pensar que quizá mis habilidades eran inseparables de mi propósito en la vida y esenciales para él. No podía escapar de ellas ni detenerlas, así que jugué con la idea de que mi propósito podría ser encontrar una manera de controlarlas y ponerlas al servicio de algo bueno.

Pero la muerte de John y mi sueño al respecto lo cambiaron todo. No había ningún propósito en la vida que pudiera estar relacionado con algo tan doloroso, difícil y torturador como aquello. Ese tipo de «saber» solo podía ser algo malo.

Prometí darle la espalda a mi supuesto don. No lo quería. No lo necesitaba. Viviría mi vida sin él.

6
Litany Burns

Después del funeral de John, y antes de regresar a Binghamton, concerté una cita para ver al pastor de mi iglesia en Long Island. Necesitaba hablar con alguien y él era una buena opción: un hombre dulce y bueno al que conocía desde que era pequeña. Era delgado, con barba, y me recordaba a Jesús; tal vez por eso confiaba tanto en él. Lo encontré en su despacho, en la parte trasera de la iglesia, y en cuanto tomé asiento me eché a llorar. Entre sollozos y tratando de recuperar el aliento, le conté al pastor todo sobre mi sueño y la muerte de John. Le hablé de mi abuelo y del extraño impulso que me conminó a ir a verlo por última vez. Observé el rostro del pastor, tratando de encontrar algún signo de juicio o displicencia, pero no vi ninguno. Solo se sentó, escuchó y me permitió contar mi historia. Al final, cuando terminé, él tomó la palabra.

—Laura, ¿qué clases das en la universidad? —me preguntó.

Le recité mi horario al pastor: Literatura, Historia, Filosofía…

—¿Vas a clases de filosofía?

—Sí, Introducción a la Filosofía.

—Bueno, entonces es eso —dijo de manera tajante—: los sueños, cómo los interpretas…, todo tiene que ver con tu clase de filosofía. Es un producto de todas las ideas y teorías nuevas que están llegando a tu mente. Fue la clase la que te provocó ese sueño.

Escuché mientras hablaba y sentí que se me secaban las lágrimas. Respiré profundamente, di las gracias al pastor por su tiempo, le estreché la mano y salí. No tenía malas intenciones, y seguro que sentía de corazón que me estaba ayudando, pero al instante me quedó muy claro que lo que me decía no era cierto. Después de todo, ya tenía mis habilidades desde mucho antes de inscribirme en Introducción a la Filosofía.

Me dije que no encontraría respuesta alguna en esa iglesia ni en ninguna otra. Creía en Dios y en que él tenía las respuestas, pero, después de hablar con el pastor, también creí que Dios era mucho más grande y poderoso que aquella pequeña iglesia de ladrillo y argamasa. Las respuestas estaban ahí fuera, en otro lugar.

De regreso en Binghamton traté de recuperar el ritmo de la vida universitaria. No le dije a nadie lo desconsolada y desequilibrada que me sentía, ni tampoco me atreví a confiarle mis habilidades a nadie. Traté de ser una estudiante normal: fui a fiestas, estudié mucho, salí con algunos chicos…, pero no podía quitarme de la cabeza el sueño de John, así que me sumí en una gran depresión.

Mi amiga Maureen vino a rescatarme.

Como era mi mejor amiga en la universidad, a ella sí le había hablado un poco sobre mis habilidades. Un día mencionó que había escuchado hablar sobre una mujer que vivía en la pequeña comunidad de la ribera de Nyack, justo al norte de Nueva York, de donde era Maureen.

—Se llama Litany Burns y es psíquica —me dijo—. Trabajó en el caso del Hijo de Sam hace algunos años. Tal vez pueda darte algunas respuestas.

No me demoré ni un momento. Concerté una cita con Litany Burns para vernos en una sesión de una hora. Ella era clarividente, canalizadora y curandera, y en 1977 había sido invitada por el fiscal de distrito de Manhattan para trabajar en el infame caso del Hijo de Sam en la ciudad de Nueva York. No anunciaba sus servicios; su fama corría de boca en boca.

Una semana después, un fresco día de marzo, Maureen y yo condujimos tres horas hasta Nyack en su descapotable rojo. Nyack es un pueblo pequeño y bonito que parecía haberse quedado fijado en otro siglo. La consulta de Litany estaba en un modesto edificio de ladrillo de dos pisos, en una esquina pintoresca sobre la calle principal. Cuando encontramos un sitio donde aparcar, Maureen me deseó suerte y se fue de compras. Yo estaba nerviosa, emocionada y un poco asustada. Me dirigí hacia la puerta principal, pero dudé antes de tocar el timbre... Tenía el estómago revuelto. Por fin, respiré profundamente y llamé. Litany me abrió.

Me recibió en la puerta de su consulta. Tenía unos treinta años, el cabello rubio a la altura de los hombros y unos ojos verdes y amables. Su energía radiante me tranquilizó al instante. Percibí un color azul a su alrededor, un azul cálido y sanador. Estar cerca de ella era como acercarse a un radiador un día helado. Mi nerviosismo desapareció por completo.

Tras darnos la mano, me indicó que me sentara en un sillón y ella se sentó en una silla frente a mí. Su consulta, con las paredes de color lavanda, era pequeña, cálida y sencilla, sin cristales colgando ni nada por el estilo, solo un sillón, una silla y un escritorio. Era un lugar seguro y confortable. Al principio, Litany se mantuvo callada, mirándome a mí y a mi alrededor, como si me estuviera midiendo. Al rato, apareció una sonrisa en su rostro.

—Bueno —dijo con una voz suave y reconfortante—, veo que eres de los nuestros.

No se andaba con rodeos, era como una enfermera diciéndole a un niño que tiene fiebre. En cuanto a mí, me quedé ahí sentada, incrédula.

—¿Lo sabes? —me preguntó Litany—. ¿Sabes que eres psíquica?

—No —le respondí—. No entiendo nada de eso. Solo pienso que soy un bicho raro.

Litany sonrió.

—¿Sientes cosas acerca de las personas? —me preguntó. Yo asentí—. ¿Lees sus energías? —Asentí de nuevo—. ¿Ves y escuchas cosas que otros no pueden ver ni escuchar? —Respondí que sí a todo—. Eres clarividente y clariaudiente —sentenció Litany—. Tienes un don, y con el tiempo entenderás cómo usarlo, pero el primer paso es no tenerle miedo. No te sientas maldita ni avergonzada, no eres un bicho raro. Tu don es hermoso.

Con esas pocas palabras, Litany Burns empezó a darle sentido a mi vida. Era como si a una ventana gigante le quitaran de encima una pesada cortina negra y eso dejara entrar una corriente de luz gloriosa. Por primera vez en mi vida sentí que había conocido a alguien que me entendía, pero no de manera superficial, sino desde dentro hacia fuera.

—Tienes un hermano —dijo Litany—. Y una hermana mayor. Tu padre tiene muchas emociones y le resulta difícil mostrarlas. Tu madre es una fuerza poderosa en tu vida.

A los pocos minutos de conocerla ya parecía saberlo todo sobre mi familia, pero entonces escarbó más profundo.

—Eres una persona sensible, con un don natural para sanar —dijo—, y muy a menudo te atraen personas que no lo están pasando bien. Quieres ayudarlos a mejorar. Veo que recibes a muchos a través de los sueños. Te conectas con el Otro Lado por medio de ellos.

Mientras hablaba sentí un inmenso alivio, pero no solo eso: era casi la sensación de ser perdonada. De repente me asaltó la idea de que había escuchado a John en mi sueño simplemente porque *podía*. No porque estuviera maldita, sino porque estaba abierta al Otro Lado y, por lo tanto, abierta a escucharlo. Tal vez había soñado con John mientras moría no porque tuviera que intervenir o salvarlo, sino para escucharlo despedirse.

Litany continuó:

—También tienes una sensibilidad mediúmnica: sientes lo que los demás sienten, aunque ni siquiera ellos sepan que lo están sintiendo.

Me quedé en silencio, aferrándome a cada palabra. Hacía solo unos minutos podía oír el ruido de los coches y camiones en la calle principal, pero ahora solo escuchaba la voz de Litany. Era como si el resto del mundo se hubiera desvanecido por completo.

—Siempre has sabido, desde que eras pequeña, que estás aquí para hacer algo —me explicó—, que tienes un propósito. Y este es el año en que empiezas a entenderlo, por eso sientes este impulso tan fuerte en este momento. Has venido para ayudar a la gente. No tengas miedo de tu poder. Se trata de que te sientas lo suficientemente cómoda con tu capacidad de amar y sanar como para experimentarla de verdad, y luego actuar en consecuencia.

———

Hacia el final de la sesión, Litany me preguntó si tenía alguna duda. Cogí mi bolso y saqué una foto de John. No estaba segura de por qué había traído la foto, pero en ese momento supe que debía enseñársela.

—Es un chico… —dije, con voz apenas audible—. Era un amigo. He traído esta foto suya, y su muerte… Se cayó… No se sabe bien qué sucedió.

Litany sostuvo la fotografía durante un minuto antes de dejarla sobre la mesa.

—Fue un accidente —dijo—. Nadie lo empujó ni nada por el estilo. Tal vez hubo alcohol de por medio, pero fue cosa suya. No hubo ninguna mala intención.

Entonces Litany se detuvo. Algo cambió en ella, sutil pero perceptiblemente: su rostro, su mirada, su actitud. Parecía estar en otra parte. Yo no tenía ni idea de qué estaba pasando. Entonces se inclinó hacia delante.

—John quiere que saludes a sus amigos de su parte —dijo al fin—. Está diciendo: «Estoy aquí, estoy bien. Solo quiero que mi madre lo supere. Voy a verla para hablar con ella y ayudarla, pero ella no me escucha».

¿Qué estaba pasando? Litany me estaba hablando *como John*. En cierta forma, incluso sonaba como él. Sus gestos también parecían los suyos. ¿Cómo podía ser?

—Aquí todo está muy claro —continuó—. Puedo observar a todos y ver cómo están. Físicamente, extraño a la gente, pero realmente no siento que esté lejos de nadie porque sigo aquí. Todavía estoy aquí. Quiero que sepas que estoy cerca. Sé que me sientes. Y seguiré volviendo para que puedas sentirme y sepas que estoy aquí. Y quién sabe, tal vez algún día vuelva como el hijo de alguien.

Entonces Litany soltó una carcajada. Pero no era su risa, era la de John. Y esa broma sobre volver como el hijo de alguien era exactamente el tipo de broma que John haría. Litany nunca lo había conocido, pero lo estaba trayendo de vuelta a la vida allí mismo, en su pequeña consulta de Nyack. Yo podía sentir su presencia, sabía que él estaba ahí.

—Está bien —dijo Litany—. Tiene la misma personalidad bromista que tenía aquí. Se siente bien, sólido. Quiere que todos sepáis que está bien y, sobre todo, que sigue queriéndoos.

Bajé la cabeza y empecé a llorar. Más que nada, sentí un profundo sentimiento de alivio.

Me aliviaba saber que John estaba bien, pero también que eso que había presenciado —Litany, de algún modo, trayendo a John desde dondequiera que estuviera— no era en absoluto algo oscuro y perturbador, sino algo bueno, sanador, lleno de amor y perdón. ¡Era hermoso!

En ese momento algo hizo clic, algo *cambió*. Supe al instante que aquello estaba marcando un antes y un después en mi vida.

Y en lugar de sentir miedo, por primera vez me sentí llena de esperanza.

Antes de irme, Litany me hizo otro regalo, un libro que había escrito hacía unos años. Se llamaba *Develop Your Psychic Abilities* («Desarrolla tus habilidades psíquicas»).

—Te explicará muchas cosas —me dijo. Sentí ganas de abrazarla y no soltarla, pero solo le estreché la mano y le di las gracias amablemente.

Bajé corriendo las escaleras, me encontré a Maureen y le conté lo que me acababa de pasar. Estaba eufórica, exultante. Me sentía libre como hacía años que no me sentía… Tal vez como nunca.

En cuanto llegamos a Binghamton comencé a leer el libro de Litany. Con cada página sentía olas de reconocimiento. «¡Dios mío, esto soy yo!», gritaba al aire mientras leía. «¡Hay otros como yo! ¡Esto tiene un nombre!».

Acabé el libro de Litany en poco tiempo y fui a la librería a buscar otro parecido. No sabía qué quería, pero en la tienda me llamó la atención un libro en particular: *Eres psíquico: el método del alma libre*, de Pete A. Sanders Jr. Lo curioso era que su autor era un especialista en química biomédica y neurociencia del Instituto Tecnológico de Massachusetts. «Cuando termines de leer este libro —decía uno de los primeros pasajes—, la capacidad para evaluar el temperamento y la personalidad de otra gente, así como la habilidad para sentir, escuchar y ver eventos antes de que sucedan, podrán ser habilidades cotidianas para ti».

Seguí leyendo —devorando— capítulo tras capítulo, cada uno más iluminador que el anterior. Incluso había uno titulado «Cuatro sentidos psíquicos», el primero de los cuales era la intuición psíquica o, como el autor lo llamaba, el *saber*.

¡Saber! ¡Exactamente como yo lo llamaba! «*Saber* es un conocimiento interior, no confirmado por ninguna sensación interna o estímulo externo en particular. ¡Es algo que simplemente sabes!».

Mi sesión con Litany marcó un punto de inflexión en mi vida. Gracias a aquel encuentro, en lugar de reprimir mis habilidades y tratar de ignorarlas, empecé a aceptarlas. Trabajé para desarrollarlas y comprendí que eran parte de mí, y que de alguna manera debían formar parte de mi camino.

Litany me hizo sentir menos aislada, menos extraña, y eso ya era un milagro. Comenzaba a encontrar respuestas, a encajar las piezas del puzle. Empezaba a ver dónde y cómo podía encajar yo.

Pero sabía que mi sesión con Litany no había sido solo para hacerme sentir mejor conmigo misma. No se trataba de mi pasado, sino de mi futuro.

«Usa tus talentos —me dijo Litany cuando me iba—. Lee a la gente. Tu instinto será un gran aliado, así que confía en él tanto como puedas. Síguelo, utilízalo, practica con él. Y, cuando lo hagas, estarás en tu verdadero camino».

7
El camino por delante

MI TIEMPO CON LITANY no fue el final de mi búsqueda de respuestas. En cierto sentido, fue tan solo el comienzo. Todo lo que me dijo y lo que descubrí en los libros transmitía el mismo poderoso mensaje: «Mantente abierta». Abierta a nuevas ideas, a nuevos canales de información, a nuevas posibilidades. Quizá ya comprendía mis habilidades un poco mejor, pero todavía no sabía cómo usarlas. Así que seguí investigando.

En mi segundo año de universidad volví a casa de visita y fui a saludar a Arlene, la amiga de mi madre a quien había visto rodeada de colores. Siempre me había sentido atraída por su energía abierta. A Arlene le interesaba la astrología. Yo no sabía mucho al respecto, pero, cuando me propuso hacerme una lectura de la carta astral, acepté la idea.

La carta representaba la posición de los planetas, la Luna y el Sol en el momento exacto de mi nacimiento. Arlene me explicó que, al ver estas posiciones en el contexto de los doce signos zodiacales, ella podría obtener información sobre mi camino y mi propósito de vida.

Nos sentamos en la mesa de su cocina e hizo sus juicios rápidamente y con seguridad. Muchas de sus percepciones me parecieron acertadas: que no me gustaba que me dijeran qué hacer, que era introvertida y extrovertida al mismo tiempo y que me resultaba difícil contener toda mi energía. Pero, de pronto, Arlene dijo algo que no tenía sentido.

—Tu Sol está en semisextil y tú eres Saturno. La gente confía en ti y te responde. Dime, ¿estás pensando en ser profesora?

¿Profesora? No, no quería ser profesora. Tenía planes más ambiciosos. Quería ser abogada.

Mi hermana mayor, Christine, había sido una brillante estudiante en la Universidad de Princeton y después fue a Harvard para titularse en Derecho. Había puesto el listón muy alto en la familia. Yo pensaba que podía ser abogada o médica, pero, como odiaba las matemáticas, ser abogada me parecía mejor opción.

Le conté a Arlene mis planes y ella prosiguió con la lectura. Pero solo unos minutos después levantó la vista y dijo:

—Veo un enfoque claro en la enseñanza. Es parte de tu camino. En algún momento de tu vida, la enseñanza y la educación serán parte de lo que hagas.

«La carta debe estar equivocada —pensé—, porque eso no va a suceder». Le repetí a Arlene que me acababa de declarar como aspirante a abogada.

—Bueno —dijo por fin—, si es eso verdad, entonces enseñarás derecho, porque la enseñanza es lo que está establecido en tu camino.

Sin embargo, lo más claro de la lectura era que estaba destinada a desempeñar un papel en el mundo que aún no podía ver o siquiera entender.

—Vas a servir a la humanidad —dijo Arlene—. Será algo nuevo, algo que la gente buscará y encontrará útil. Tienes un don que necesitas compartir con el mundo, aunque tomará un tiempo, no ocurrirá enseguida.

Arlene incluso sabía cuánto tiempo tardaría: dieciséis años para «recolectar lo que necesitas del universo», y otros ocho años después de eso para «mover tus fichas».

Me gustaba la idea de tener un propósito mayor en el mundo, pero veinticuatro años me parecían algo muy lejano como para emocionarme demasiado.

Cuando la lectura estaba llegando a su fin, Arlene me propuso algo.

—Deja que tu mente divague —me recomendó—. Absorbe todo lo que sea necesario para tu aprendizaje. Espera lo inesperado. Al hacer eso, estarás echando raíces.

Sentí una oleada de emoción. Las palabras de Arlene eran parecidas a lo que Litany me había recomendado: «Usa tus talentos. Lee a la gente. Sigue tu instinto». Ahora era Arlene quien me alentaba a explorar mis habilidades. Me estaba confirmando que mi búsqueda de respuestas no era un error, sino un paso necesario para descubrir mi verdadero camino.

Abracé a Arlene. En la puerta de entrada, me sonrió y me dijo: «¡Feliz aventura!».

———

De regreso en Binghamton, desarrollé una nueva manera de lidiar con mis habilidades. Aunque ya no sentía que debía esconderlas, tampoco deseaba exhibirlas. No quería convertirme en la «chica psíquica», así que decidí que no iba permitir que mis habilidades psíquicas me definieran; solo serían parte de mí. Eran simplemente algo que podía hacer, como hablar francés o jugar al fútbol.

Me encantaba la sensación de ser honesta sobre mis habilidades. Era increíblemente liberador. Estaba aprendiendo a integrarlas en mi vida cotidiana.

Sin embargo, tratar mis habilidades con tanta naturalidad tuvo una consecuencia inesperada: sin darme cuenta, terminé faltándole al respeto a ese don y usándolo de manera irresponsable.

Una noche estaba tomando algo con unos amigos en un bar del campus llamado The Rat. Había descubierto que después de beber alcohol mis habilidades se abrían, era como una fórmula mágica. Tenía sentido, porque el alcohol apaga la mente analítica, lo que hacía que la información psíquica me llegara con más facilidad. Después de un par de copas, la información sobre otras personas sencillamente fluía hacia mí.

En The Rat, después de mi segunda copa, miré al otro lado del bar y mi vista se encontró con un chico guapo. Estaba apoyado contra la pared y tenía el cabello castaño y rizado asomando bajo una gorra de béisbol roja. Su energía era relajada y masculina —seguro de sí mismo, pero sin ser arrogante—. Medía alrededor de un metro ochenta, tenía un físico atlético, los ojos verdes y una sonrisa fácil y despreocupada. Le dije a mi amiga que me iba a acercar a hablar con él.

—Buena suerte con el chico de la gorra roja —me dijo.

Me abrí camino hasta él y sentí cómo su aura me atraía aún más.

—Hola —le dije—. Tu nombre empieza por jota, ¿verdad?

—Eh…, sí —me dijo—. Jeremy.

Entonces me empezó a llegar más información.

—Tienes un hermano mayor, ¿no es así? ¿Dos años mayor? Y tienes otro hermano que tiene qué, ¿siete años?

La sonrisa relajada de Jeremy empezó a desvanecerse.

—Oh, y eres luterano, ¿verdad? Toda tu familia es luterana. Tu padre no está físicamente presente en tu vida, pero tu madre tiene una energía muy fuerte disponible para ti. Estás muy unido a ella. Siempre lo has estado, pero ahora lo estás aún más.

Seguí hablando, dándole a Jeremy detalles específicos sobre él y su familia. Su mandíbula se abrió como cinco centímetros.

—¿Cómo…? —murmuró—. ¿Eres una acosadora?

—No —le respondí—. Es que soy psíquica.

Le expliqué a Jeremy cómo recibía información sobre la gente, y él, en lugar de asustarse, se mostró receptivo.

Había utilizado mis habilidades para ligar con un chico.

Estaba tratando de encontrar la manera de que mis habilidades fueran divertidas, útiles y productivas, y no algo oscuro y complicado.

Veía cómo mi don podía ser útil e incluso convertirse en un truco para una fiesta. Hubo algunas ocasiones —no muchas, pero algunas— en las que, después de discutir con alguien, buscaba información sobre esa persona y, si encontraba algo negativo, me reconfortaba saberlo. «Ni siquiera se da cuenta de que su novio va a romper con ella en tres meses», pensaba con una satisfacción un tanto mezquina. Y si alguno de mis amigos se peleaba con alguien, yo «miraba» dentro de esa persona y le decía: «Sí, bueno, sus padres están a punto de divorciarse».

Ahora, al recordarlo, me estremezco al pensar en cómo llegué a usar mis habilidades de manera tan inapropiada en ciertos momentos. Para ser honesta, no quería ser cruel, solo tenía diecinueve años y estaba tratando de entender mi vida, como cualquier otra chica de mi edad. Si fui imprudente con mi don era porque todavía no apreciaba lo especial que era.

———

Estaba creciendo, aprendiendo, evolucionando. En la secundaria, en realidad nunca me esforcé demasiado en los estudios ni les di mucha importancia. Sacaba buenas notas, pero no era porque les dedicara un gran esfuerzo. En Binghamton, en cambio, me tomé mis estudios mucho más en serio.

Tuve un profesor de literatura inglesa llamado David Bosnick que se convirtió en un mentor para mí. Su energía era inmensa: en cuanto entraba en el aula, me quedaba cautivada. Cuando estaba cerca de él, me sentía emocionada de estar viva. En mi tercer año, me pidió que fuera su adjunta. Me sentí honrada y acepté de inmediato.

Una vez a la semana lo ayudaba a diseñar tareas y a corregir trabajos, y descubrí que se me daba bastante bien el ámbito académico. Yo dirigía mi propia sección de discusión, de más o menos veinticinco alumnos, e incluso calificaba los trabajos de estudiantes que conocía, incluyendo algunos mayores que estaban un año por delante de mí. En cada paso, a veces de manera sutil y otras no tanto, el profesor Bosnick estimulaba mi interés por la enseñanza.

—El mundo ya tiene suficientes abogados —gruñía—. ¡Enseña! ¡Enseña! *¡Enseña!*

Yo seguía con la idea de estudiar Derecho, pero decidí solicitar una plaza para cursar un semestre en Oxford. «Será tu último año. Vete a otra parte —me decían mis amigos—. ¡Diviértete, sal de fiesta!». Pero el profesor Bosnick había encendido en mí la pasión por seguir aprendiendo, por estar abierta a nuevas ideas, por exigirme más a nivel académico. Yo no quería irme de fiesta, lo que quería era estudiar en Oxford.

8
Oxford

OXFORD ERA UNA MÁQUINA del tiempo de la historia de la energía y el pensamiento humano. Sentía esa energía a mi alrededor, en todas partes. Aquí era donde algunas de las mentes más intrépidas habían buscado la verdad y la sabiduría. El autor T. S. Eliot, el gran científico Linus Pauling y docenas de otros premios nobel habían estudiado en este lugar. Albergaba miles de artefactos fascinantes: antiguos relojes de sol, telescopios primitivos, un astrolabio gótico del siglo XV, un globo celeste de 1318, el manuscrito original de *Frankenstein*, de Mary Shelley, y cuatro copias de la Carta Magna de 1215. También estaba la estupenda y venerada Biblioteca Bodleiana en Broad Street, una de las más antiguas que existen. La «Bod», como se la ha llamado durante siglos, es magnífica. En mi primera visita me impresionó traspasar el umbral, un arco gigantesco hecho de piedra tallada con los escudos de armas de varios colegios de Oxford. Una vez dentro, me quedé abrumada por el olor a humedad, los altos techos abovedados, los relucientes escritorios de caoba y las interminables estanterías de madera repletas de libros antiguos encuadernados en cuero.

¡Los libros! Once millones en total, cada uno impregnado con el poder y la energía de su creador. El escritor Ezra Pound afirmó una vez: «Un hombre que lee debería ser un hombre intensamente vivo. El libro debería ser una bola de luz en sus manos». Exactamente así me sentí la primera vez que entré en la Bod: me envolvió el centelleante torbellino de un millón de bolas de luz que bailaban a mi alrededor, embriagando mi espíritu. No sentí que estuviera en la Bod por primera vez; sentí que volvía a un lugar al que ya pertenecía.

———

Muy pronto me acostumbré a una cómoda rutina. Me asignaron un pequeño apartamento blanco en el número 66 de Vicarage Road. Mi cuarto daba a un pequeño jardín que tenía un aire mágico, como de cuento de hadas.

Cada mañana me montaba en una oxidada bicicleta azul que había alquilado y pedaleaba hasta la Bod. Me pasaba horas escribiendo, leyendo e investigando sobre Shakespeare y Jane Austen, mis dos áreas de estudio. Por las noches, me reunía con amigos en el pub local para tomar una *cider and black*.

El programa académico era riguroso y la responsabilidad de organizar el estudio recaía por completo en los estudiantes. Me reunía con mis dos profesores una vez a la semana. Durante esos breves encuentros hablábamos sobre mi ritmo de estudio y mis avances. El resto del tiempo iba por mi cuenta. Debía entregar un ensayo al final de cada semana. No había concesiones ni palabras de ánimo. Era un entorno exigente, donde solo había dos opciones: mantenerse a flote o hundirse. Y me encantaba. Mi estancia en Oxford también tuvo un profundo efecto en mi autoestima académica. No importaba que tuviera mis extrañas habilidades, Oxford me confirmó que tenía un gran potencial para lograr cosas importantes a nivel académico. Trabajé más duro que nunca y me enfrenté a desafíos que jamás había experimentado. Pasé casi todo el tiempo sumergida en el estudio y los libros. Y descubrí que, en lugar de hundirme, nadaba. De hecho, volaba. Al final, mis calificaciones se tradujeron en un 10 en Shakespeare y un 9,5 en Jane Austen. De vuelta en Binghamton, concluí mi último semestre con un promedio de sobresaliente. Mis días en Oxford fueron de los más felices de mi vida. Me llenaban en un sentido profundamente espiritual. Sentía que mi mente se ampliaba, y era muy estimulante. Viajar me había abierto la mente y el corazón, y me había llenado de energía. Mi percepción de quién era yo había cambiado por completo.

Aunque mi periodo en Oxford fue maravilloso, no me distrajo de mis planes de convertirme en abogada. Había sido aceptada en la facultado de Derecho y estaba en un camino legítimo hacia el éxito. Sin embargo…, tenía que admitir que una parte de mí no estaba tan segura. «Siempre has sabido, desde que eras niña, que estás aquí para algo», me había dicho Litany Burns. «Tienes un propósito… Estás aquí para ayudar a la gente». ¿Encajaba ser abogada en esa descripción? De alguna manera, supongo que sí. Pero ¿era ese mi verdadero propósito? ¿Era el mejor camino para mí, el que me permitiría compartir mis dones únicos con el mundo?

Justo antes de graduarme, Ann, una de mis compañeras de la fraternidad Phi Sigma Sigma, me pidió una lectura. No éramos muy cercanas, pero había oído hablar sobre mis habilidades y, aunque fue muy educada al pedírmelo, también parecía desesperada. No quería un truco de fiesta, sino ayuda de verdad. Esto nunca me había pasado. Siempre me había esforzado por mantener mis encuentros psíquicos con la gente de manera ligera y casual. Pero Ann necesitaba respuestas.

Nos sentamos en la mesa de la cocina de mi casa. Ann fue directa.

—Necesito saber algo —dijo—. Necesito saber si seguiré con mi novio en el futuro.

Ann llevaba saliendo un par de años con un buen chico. Y, como muchas chicas con novios en la universidad, se preguntaba si había encontrado a su compañero de vida o si la relación era tan pasajera y finita como la etapa universitaria. Sentí su preocupación y su ansiedad. Estaba sentada frente a ella y experimenté algo que nunca había percibido al usar mis habilidades: un sentido de responsabilidad.

—Quiero decir, le quiero, de verdad —continuó Ann—, pero necesito saber si mi destino es estar con él toda la vida. ¿Puedes decirme si vamos a estar juntos para siempre? ¿Puedes decirme eso?

No estaba segura de qué información aparecería, si es que surgía alguna, pero me sentí aliviada cuando de inmediato recibí una imagen. Vi a Ann con un vestido blanco.

—Sí —solté de golpe—. Sí, seguiréis juntos. Os casaréis, compraréis una casa y tendréis hijos. Más de uno, dos o tres. Ese es el camino que estáis recorriendo juntos. Vas a construir una vida con él y serás feliz.

Vi cómo la ansiedad se esfumaba de su rostro. Se sonrojó y una gran sonrisa iluminó todo su ser. La envolvió una oleada de calma, transformándola desde dentro hacia fuera. Fue una de las transformaciones más poderosas y hermosas que había visto. En un nivel muy profundo, aquella lectura llenó a Ann de paz, alegría y seguridad.

Pero la suya no fue la única transformación ese día. Mientras leía para Ann, también sentí que algo comenzaba a cambiar en mi interior. Como decía, Ann y yo no éramos especialmente cercanas, pero, durante la lectura y después de ella, me sentí increíblemente unida a ella.

Algo en ese intercambio —yo recibiendo su energía, interpretándola y devolviéndosela en forma de detalles significativos específicos— había forjado una conexión entre nosotras. No hubo juicios, ni una sensación incómoda de invasión, ni la impresión de que aquello fuera algo trivial: solo existía un sentimiento de amor, conexión y propósito. Por primera vez, me sentí invitada a algo profundo y significativo, algo más grande que Ann o que yo misma. Sentí autoridad. Me apropié de mi don.

Ann terminó casándose con su novio y tuvieron hijos. Lo último que supe de ella fue que seguían felices, juntos, en su viaje por la vida.

9
Sedona

DEBERÍA HABERME SENTIDO EMOCIONADA después de graduarme, pero, por alguna extraña razón, me pareció decepcionante. Mi familia asistió a la ceremonia y eso fue maravilloso, pero a mis ojos todo parecía innecesario. No percibí la graduación como un capítulo de mi vida que se cerraba, sino más bien como una expansión.

Durante la ceremonia me sentí saturada, desequilibrada y vulnerable mientras recibía la energía colectiva de la euforia general, mezclada con una fuerte corriente de ansiedad y tristeza. Ese torrente emocional irradiado por miles de personas era abrumador. Nunca había estado en una multitud de ese tamaño donde los sentimientos de todos estuvieran tan alineados y fueran tan intensos, y me sentí noqueada por aquel tremendo movimiento energético a mi alrededor. No fue una sensación agradable.

Caí en la cuenta de que necesitaba encontrar una manera de protegerme de la energía y las emociones ajenas. Había estado lidiando con esto durante años, pero, ahora que iba a salir al mundo, la tarea se volvía aún más urgente. Me concentré intensamente en cómo bloquear la energía de otras personas para evitar sentirme saturada. Necesitaba un escudo. Empecé a imaginar una especie de campo energético alrededor de mi cuerpo; visualicé una luz blanca descendiendo sobre mi cabeza, encapsulando mi cuerpo y sellando mi energía mientras bajaba al suelo. Y me sentí protegida.

Después de la graduación, mi amiga Gwen y yo nos fuimos a Arizona; era un viaje que llevábamos planeando desde hacía tiempo. Aterrizamos en Phoenix, nos alquilamos un descapotable rojo y condujimos hasta Sedona con la capota bajada. Las vastas y sobrecogedoras formaciones de arenisca —las famosas rojas rocas— cambiaban de color, pasando del rojo intenso al ámbar resplandeciente dependiendo de la luz. Los paisajes, los aromas y la energía del lugar eran embriagadores. Sedona elevó mi espíritu.

El primer día entramos en una tienda que vendía cristales. Al instante algo en el mostrador captó mi atención: no era un cristal ni un amuleto, era una tarjeta de presentación. La tomé y leí: «Ron Elgas, psíquico».

Gwen y yo reservamos cita con él. Mi sesión con Litany Burns había sido reveladora, pero sentía curiosidad por saber si sus percepciones eran específicas para mí o si cualquier persona que visitara a un psíquico recibiría una lectura parecida. Después de nuestras sesiones, Gwen y yo compararíamos nuestras notas.

La esposa de Ron nos recibió en la puerta de su casa. Vestía un peto, llevaba trenzas y nos dio la bienvenida con una gran sonrisa. La casa era amplia y tenía una luz muy bella. Cuando Ron entró en la habitación, sentí su energía al instante. Era cálida y reconfortante. Llevaba el cabello claro recogido en una coleta, y la expresión de su rostro era amigable y relajada. Se sentó en una silla, y yo, en un sillón frente a él.

La lectura comenzó. Ron me miró y las primeras palabras en salir de su boca fueron: «Energía brillante». Después hizo una larga pausa.

—Sostienes tu energía de una manera particular —dijo por fin—. Se llama *fuego divino*. Tiene que ver con tu compromiso con tu yo superior. Hagas lo que hagas en la vida, siempre estará relacionado con el espíritu. Aprenderás las lecciones que necesites en el camino hacia tu propósito final.

Ron prosiguió:

—Toda esta luz y energía que veo a tu alrededor… no es normal. Veo haces de luz saliendo de tu cuerpo en todas direcciones. Hay una conexión con el espíritu infinito, y esa conexión está preprogramada en ti. Es una decisión que ya has tomado. Es tu destino.

«¿Cuál es mi destino? —pensé—. ¿Qué significa todo eso?».

—Veo que estás conectada con un amplio consorcio de individuos, un consorcio de seres de luz —me explicó Ron—. Trabajan *a través* de ti. Pueden mover poderes a través de ti. Hay una gigantesca red de poder a tu alrededor y estás conectada a ella. No sé cómo la vas a usar, pero ese es tu destino. Vas a generar muchos cambios y despertares a tu alrededor.

Ron continuó hablándome. Hacía largas pausas, como si escuchara con atención, y después hablaba rápido y seguro. Podía ver que aún me incomodaba obtener información sobre la gente, y me dio un consejo útil:

—No te esfuerces tanto por escucharla. Vendrá a ti con facilidad. Cuando veas o escuches algo, no actúes con miedo o inseguridad. Solo haz lo que sabes hacer, y obtendrás resultados.

También me dijo que no encontraría mi verdadero propósito de inmediato. Me acercaría a él y después retrocedería. Me abriría y luego me replegaría. Sería una lucha. Además, me vio casándome y teniendo tres hijos: dos niñas y un niño. Todo eso sucedería antes de que abrazara mi verdadero camino.

—Y después, un día, te verás frente a un público. Enseñando, hablando… Tratando asuntos espirituales. Abrirás puertas energéticas para los demás. Harás algo parecido a lo que yo hago. Cambiarás la energía de la gente, porque estás aquí para ayudar a las personas a alcanzar niveles más elevados de conciencia. Enseñarás y ayudarás a las personas a ver ese nivel. Harás otras cosas primero, tendrás una familia y otras actividades, pero en tu interior estará teniendo lugar una expansión, una conexión de enlaces que te moverán hacia tu destino. Y ahí entrarás en él. Ayudarás a enseñar a la humanidad.

Enseñar otra vez. No podía escapar de ello.

—Todavía estás observando y buscando —continuó Ron—. Aún no lo has encontrado, no has descubierto lo que quieres. Pero está ahí. No está fuera de ti, está dentro. El universo entero está *dentro de ti*. Mantente en silencio, escúchate y muévete con suavidad dentro de esa energía. No sé cuándo lo encontrarás, pero ya está ahí. Laura, tienes una misión.

Después, ya en el coche, le pregunté a Gwen sobre su lectura, pero no se parecía en nada a la mía. No hablaron de luz, de destino ni de conexión con seres espirituales superiores. Su lectura había sido más concreta, más enfocada en los retos a los que se enfrentaría y en su camino inmediato.

Gwen y yo absorbimos toda la belleza y el poder de Sedona que pudimos. Meditamos en los cañones con un chamán y nadamos en un río cerca de un derrumbamiento natural de rocas. Después, partimos hacia el Gran Cañón. Cuando llegamos, salimos del coche, miramos a nuestro alrededor y dijimos: «Oh». Pero la grandeza del cañón no podía competir con la increíble energía y el magnetismo de Sedona, así que al día siguiente nos subimos al descapotable y regresamos allí.

De vuelta en Nueva York, llegó el momento de pagar la cuota que me aseguraría tener una plaza en la facultad de Derecho cuando llegara el otoño. Sostuve el cheque en la mano durante un buen rato. Todo parecía estar mal.

Algo estaba cambiando. Empezó con Litany Burns y continuó con Arlene y Ron. Había sido estimulado por el profesor Bosnick, después en Oxford y por último en Sedona. No me encontraba en un punto de partida, como había pensado; estaba en una encrucijada. Y muy dentro de mí ya sabía qué camino elegir.

Me encontré a mi madre en la cocina.

—Mamá, no quiero ir a la facultad de Derecho. Quiero enseñar.

Mi madre me miró y sonrió. Había algo en su sonrisa que parecía saberlo. Después se acercó y me abrazó.

—Bien —dijo simplemente—. Me parece maravilloso.

———

A los veintidós años, obtuve un máster en enseñanza de lengua inglesa en secundaria.

Mientras buscaba trabajo como profesora, trabajé en el departamento de educación de una organización sin fines de lucro. Salía con un chico llamado Sean, y estábamos enamorados. Él era músico y su energía era hermosa, artística y apasionada; escucharle tocar y cantar las canciones que había compuesto me llenaba de alegría. Nos fuimos a vivir juntos a un apartamento creado a partir de un garaje en Huntington Village, en Long Island. Tenía un salón espacioso y un baño pequeño pegado a una habitación en la parte trasera; había una cocina diminuta en un rincón y un dormitorio minúsculo separado por un tabique. Para mí, aquello era el cielo.

Tenía un novio, un máster, un apartamento acogedor e incluso un pequeño terrier llamado Quincy. Era todo lo que siempre había deseado. Por fin, mi vida tenía sentido. Me sentí más conectada a mis habilidades y menos ansiosa con respecto a ellas.

Puse un anuncio en el periódico local, el *Pennysaver:*

LECTURAS PSÍQUICAS

LLAME A LAURA

10
Perturbación

LA PRIMERA PERSONA que respondió a mi anuncio fue una mujer mayor que vivía en Lloyd Neck, no muy lejos de donde crecí. Se llamaba Delores. Acordamos el día y la hora para vernos y le di mi dirección. El día de la lectura yo estaba tan nerviosa que me costaba respirar. Nunca había hecho una lectura formal a alguien que no fuera un amigo o un conocido, y no tenía ningún plan o protocolo establecido. En realidad, ni siquiera sabía qué era una lectura. ¿Y si mi don fallaba?

Sonó el timbre. Ya no había vuelta atrás. Abrí la puerta y vi a Delores, tan nerviosa como yo. Tenía la espalda encorvada, parecía reservada y se veía frágil. La hice pasar y nos sentamos en la mesa de la cocina. Las luces eran tenues y había encendido una vela. Me miró con ojos tristes y suplicantes. No estaba segura de cómo empezar.

Por suerte, Dolores rompió el silencio y comenzó a contarme por qué estaba allí.

—Tengo sesenta años y quiero adoptar un niño. Creo que es lo correcto para mí, pero quiero estar segura.

Cualquier persona sentada frente a esta mujer se habría dado cuenta de que estaba sola y, de algún modo, rota. Pero yo sabía algo más sobre ella: comprendí que su marido acababa de morir. Lo supe porque lo vi o, mejor dicho, vi un punto de luz brillante que reconocí como él, en el campo de visión justo sobre mis ojos. Y supe que estaba en otro lugar, que no estaba con ella.

Tan pronto como entendí esto, me llegó más información sobre Delores. Vi que estaba completamente perdida sin su marido, y que buscaba con desesperación algún tipo de apoyo, dirección, consuelo. Estaba desequilibrada, confundida y sin rumbo. No sabía a dónde ir ni qué hacer.

Sin embargo, lo que aparecía con mayor claridad era su dolor. Un dolor abrasador, profundo, que le llegaba hasta el alma. El tipo de dolor que nos paraliza y confunde, que reclama respuestas. Lo sentí del mismo modo que había sentido el dolor y la tristeza de otras personas durante gran parte de mi vida, solo que ahora era más intenso, más focalizado. Esta vez lo invité a entrar.

Y mientras lo sentía también comprendí lo que Delores intentaba hacer. Para ella, la forma de responder a su dolor era traer a alguien nuevo a su vida. Quería adoptar un niño para llenar el terrible vacío que la muerte de su marido le había dejado, no por un deseo de cuidar y guiar a un alma joven.

Lo que percibí con más claridad aún fue que adoptar un niño, a su edad y en su situación, sería un error terrible. Yo estaba segura de que esa idea no provenía de mí: me estaba siendo transmitida. Adoptar no era parte de su camino.

Antes de que pudiera pensar en qué quería decirle, ya estaba hablando. Las palabras simplemente salieron. No recuerdo haber formulado pensamientos ni haber organizado ideas, más bien fue un flujo continuo de comprensión. Casi sentí que estaba traduciendo para alguien más.

—No puedes cometer el error de entrelazar tu camino con el de otra persona. No puedes llenar tu vacío interior con alguien más. Debes enfrentarte a tu soledad. Y necesitas encontrar otra manera de sentirte conectada con el universo de nuevo. Hay otro camino para ti. Puedes unirte a un club de lectura, conocer gente nueva, traer a un animal a tu vida... Un animal que necesite tu amor, tu protección y tu consuelo. Un animal que esté destinado a cruzar su camino con el tuyo.

Delores escuchó con atención. Solo después me di cuenta de que mi debut como psíquica profesional había consistido en sugerirle a una mujer mayor y sola que adoptara una mascota.

La lectura duró aproximadamente una hora. Cuando se fue, traté de evaluar qué impacto había tenido sobre ella, si es que había habido alguno. Por lo que pude notar, parecía aliviada, no tan tensa, menos abatida, como si algo dentro de ella se hubiera aligerado. Quizá, en el fondo, ya sabía que adoptar sería una mala idea, si no imposible, y solo necesitaba escucharlo de otra persona. No podía decir con certeza si realmente había ayudado a Delores, pero creía en lo que le había dicho; sabía que era real, verdadero y significativo. Nunca volví a hablar con ella, así que no puedo decir si mi primera lectura profesional fue un éxito o un fracaso.

Sin embargo, me sentí lo suficientemente bien con ella como para continuar.

———

Las respuestas a mi anuncio siguieron llegando, muchas más de las que esperaba, docenas de ellas. Incluso recibí la llamada de una mujer en Virginia que me preguntó si podía hacerle una lectura por teléfono.

—No lo sé —le respondí—, nunca lo he hecho.

—Bueno, ¿puedes intentarlo y vemos qué pasa?

Así que realicé mi primera lectura telefónica. Una vez más, no tenía ningún protocolo, ni un sistema, ni una estructura. Estaba improvisando. Pero, para mi sorpresa y alivio, la lectura por teléfono funcionó. Me llegó tanta información como si hubiéramos estado sentadas cara a cara.

Unas semanas después recibí una llamada de un hombre llamado Paul. Estaba ansioso por que le hiciera una lectura, así que concertamos una cita. Se presentó en mi apartamento y tomó asiento en la mesa de la cocina. Tenía poco menos de treinta años y, en general, su energía parecía alegre y confiada, aunque ese día estaba un poco nervioso. En cuanto empezamos, la información comenzó a fluir de inmediato, y gran parte tenía que ver con su novia, Amy, a quien estaba claro que quería mucho. Casi de inmediato la lectura y la información que recibía se centraron en ella y en su relación con Paul.

Pero de pronto algo cambió. Por primera vez en una lectura sentí una presencia detrás de mí, a la derecha. Hasta ese momento, en otras lecturas todo parecía estar siempre frente a mí. Nunca me había parado a pensar en cómo veía exactamente la información, pero sabía que nunca la había sentido detrás de mí. Era como cuando tienes un pensamiento en la mente: no aparece por el lado derecho o el izquierdo, simplemente está ahí.

Sin embargo, en ese momento me di cuenta de que mi campo de visión era más grande y más amplio de lo que pensaba. Había más de una dirección desde la que podía recibir información: un nuevo portal, claramente distinto, se había abierto. Y lo que vino a través de él, desde mi lado derecho, ligeramente por detrás y después avanzando frente a mí, era nítido y vívido, una presencia fuerte y firme. Escuché un nombre. ¿Quién era? ¿Qué pasaba? No lo sabía. Simplemente dejé salir todo lo que estaba viendo y escuchando.

—Estoy recibiendo a alguien llamado Chris, relacionado con Amy —le dije a Paul—. Me está dando detalles sobre Amy.

Era impresionante lo específicos que eran aquellos detalles: su talla de calzado, el bolso que le gustaba, su sombrero favorito y otras cosas íntimas. Paul escuchaba en silencio mientras yo seguía compartiendo la información. Pero, cuanto más hablaba, más confundida estaba: ¿por qué la lectura de Paul giraba completamente en torno a Amy y no a él? Empecé a sentirme incómoda por él, y después de un rato, me obligué a parar.

—Paul, lo siento mucho. Sé que esto no es lo que viniste a escuchar. No sé por qué tu lectura trata completamente sobre Amy y Chris.

—Está bien —respondió Paul con calma. No parecía molesto ni incómodo—. Todo lo que me estás diciendo es cien por cien cierto. Todo lo que dices es verdad.

Me sentí aliviada de escuchar eso, pero seguía sin entender qué estaba sucediendo. Paul respiró hondo y me lo explicó.

—Chris está muerto —dijo suavemente—. Murió en un accidente de coche cuando salía con Amy. Ella iba con él en el coche cuando se estrellaron.

Un escalofrío recorrió todo mi cuerpo. ¿Qué me estaba diciendo Paul, que Chris estaba viniendo a mí desde el más allá? ¿Que estaba escuchando a una persona muerta con la misma claridad con la que escucharía a alguien sentado en mi apartamento?

En ese momento, me sentí sobrecogida. Estaba aprendiendo a aceptar mi habilidad psíquica, mi capacidad para percibir la energía del alma de una persona y su camino de vida. Pero nunca había considerado la posibilidad de que también pudiera ser médium, alguien capaz de comunicarse con el Otro Lado. Y, sin embargo, en aquella lectura estaba recibiendo detalles claros y específicos de alguien que había cruzado. No tuve que buscar la información ni esforzarme en sacarla, simplemente llegó, como agua fluyendo de un grifo abierto.

Reaccioné con miedo. «Esto es un punto de no retorno —pensé—. Es demasiado extraño. Es demasiada responsabilidad. No estoy lista para esto».

Tenía apenas veintitrés años, no contaba con ninguna preparación para afrontar algo así. No entendía lo que significaba comunicarse con alguien que había fallecido, aquello me aterraba. No veía belleza ni gracia alguna en ello, más bien sentía que era inquietante y que estaba mal. De pronto, todos los sentimientos negativos que alguna vez había tenido sobre mi don volvieron de golpe.

Con el permiso de Paul, continué la lectura. Chris estaba ahí y era insistente, quería hablar de Amy. La información que llegaba era que ella y Paul estaban destinados a estar juntos, a crecer juntos en sus respectivos caminos. En algún momento, se casarían y tendrían dos hijos.

Cuando la lectura terminó, me despedí de Paul y le deseé lo mejor. Parecía satisfecho con la información que le había dado, en absoluto asustado por el hecho de que el exnovio muerto de su novia estuviera velando por ellos. Pero yo me quedé desconcertada, preguntándome cómo la lectura afectaría a mi camino en el futuro, ahora que sabía que podía conectar con gente que había cruzado al Otro Lado. Lo que aún no comprendía del todo era que yo era responsable no solo de transmitir información del Otro Lado, sino también de *interpretarla*.

Ahora, mirando hacia atrás, puedo ver lo que Chris intentaba hacer: estaba tratando de darle a Paul su bendición. Estaba validando su propio vínculo con Amy y, al hacerlo, dejando claro que le deseaba un gran amor y felicidad con Paul. Chris no irrumpió a través del portal para apoderarse de la lectura de Paul y provocarle celos o complicar su relación; el Otro Lado no funciona con negatividad. Todo lo que viene del Otro Lado, como aprendería más tarde, está sustentado en el amor.

Pero en aquel entonces no sabía nada de eso. Lo único que sabía era que mi lectura con Paul me había asustado. Esa noche le conté a Sean lo que me había sucedido.

—No entiendo lo que pasó. Creo que no me siento bien al respecto. No estoy segura de querer seguir haciendo esto.

Sin embargo, la gente seguía llamando. Mi anuncio ya ni siquiera estaba publicado, pero la gente oía hablar de mí a sus amigos y todos querían una lectura. Una tarde oí que tocaban el timbre, pero, cuando abrí, no había nadie. Solo encontré una nota pegada a la puerta.

«Necesito hablar contigo —ponía en la nota—. Necesito una lectura. Llámame, por favor».

Cerré la puerta, arrugué la nota y la tiré. Me sentí vulnerable e invadida. No estaba lista para asumir esa responsabilidad.

La tarde del 17 de julio de 1996 me encontraba sola en casa. Sean estaba en el trabajo, pero volvería pronto, y yo estaba relajada, leyendo un libro; era una tarde sin nada fuera de lo común. De pronto, poco después de las ocho, mi cuerpo se estremeció involuntariamente y se tensó.

Me incorporé de golpe y me aferré a una sensación repentina de pavor absoluto. No era como las oleadas de tristeza que a veces sentía cuando estaba cerca de personas que sufrían, esto era diferente: era una sensación profunda, existencial, de terror, de caos y de ruptura, como si el mundo se estuviera derrumbando. No sabía qué era ni qué lo estaba causando, pero sí que algo terrible acababa de suceder. Sabía que se había producido una alteración en el universo, y saberlo era horrible, insoportable, paralizante. De repente, sentí que no podía respirar. Presa del pánico, llamé a Sean.

—¿Está todo bien? —le pregunté, con la respiración entrecortada.

—Sí, todo bien —respondió.

Pero yo no sentía que nada estuviera bien. Mi voz subió de tono mientras trataba de contener las lágrimas que ahogaban mis palabras.

—*Por favor*, ven a casa —le rogué—, y, por favor, conduce con cuidado. Te necesito aquí, algo anda mal.

Encendí la televisión mientras lo esperaba y en la pantalla apareció un boletín especial de noticias. Algo acerca de un avión, un accidente. Imágenes de destellos ardientes en un cielo negro. Me senté e intenté despejar mi mente para prestar atención, pero ya sabía todo lo que necesitaba saber.

Había sucedido una tragedia, y esa tragedia me había sido revelada.

Cuando Sean llegó y aparcó en la entrada, yo era un mar de lágrimas.

—¿Qué me pasa? —le pregunté—. ¿Por qué tengo que sentir estas cosas? ¿Por qué puedo saberlo, pero no puedo cambiarlo? ¿Por qué tengo estas habilidades?

Una sensación familiar se apoderó de mí: la sensación de estar maldita. Los detalles del desastre se difundieron en los días siguientes. El vuelo TWA 800, un Boeing 747-100 que volaba desde el aeropuerto JFK de Nueva York hacia Roma, había explotado en pleno vuelo y caído al océano Atlántico, cerca de East Moriches, en Long Island. La explosión y el impacto habían ocurrido a unos 65 kilómetros de donde vivía. Las doscientas treinta personas que iban a bordo murieron.

La magnitud de la tragedia y el hecho de que hubiera sentido la alteración antes de conocer la noticia me destrozaron. Ese hecho borró de un golpe todo el progreso que había hecho para aceptar mi don. Una vez más, simplemente no quería tener ese conocimiento. Me aterraba la posibilidad de escuchar a personas que habían muerto y que me pidieran que transmitiera sus mensajes. Era una responsabilidad demasiado grande, así que lo detuve todo. Dejé de contestar llamadas. Dejé de abrir la puerta cuando llamaban. Dejé de pensar en mí misma como una psíquica. Me juré que nunca más volvería a hacer una lectura.

Todo desapareció, las llamadas, los timbrazos en la puerta, las lecturas, e intenté vivir mi vida como una persona normal. El universo me dejó en paz por un tiempo. El Otro Lado dejó de manifestarse, y mi misterioso campo de visión se apagó, como si las fuerzas que me guiaban hubieran decidido abandonarme. No estaba preparada.

SEGUNDA PARTE

11
Seguir abierta

Pocos meses después de dejar de hacer lecturas, conseguí mi primer trabajo como profesora. El instituto estaba solo a media hora de donde había crecido, pero el vecindario no podía ser más distinto. Estaba marcado por la delincuencia y las drogas. En el centro, varios guardias de seguridad patrullaban los pasillos. La mayoría de los alumnos provenían de familias desestructuradas, muchos tenían un solo progenitor, algunos solo contaban con un tío o una tía, y otros ni siquiera eso.

El primer día en el aula, me di cuenta enseguida de lo difícil que sería. Los estudiantes estaban distraídos y se mostraban desafiantes. En una de mis clases de Lengua de último curso, a mitad de la clase, una alumna llamada Yvette se levantó, caminó hacia la ventana, la abrió y escupió. Luego volvió a su silla con total tranquilidad. Toda la clase se giró y me miró, esperando mi reacción.

Lo dejé pasar. Lo dejé pasar porque sabía la razón por la cual Yvette había hecho aquello: para retarme, para llamar mi atención.

Mi capacidad para leer la energía de la gente me permitía comprender lo que realmente les ocurría a mis alumnos. No eran chicos malos, eran chicos necesitados. Anhelaban atención, cuidado y amor. Estaban perdidos, confundidos y desesperados por encontrar una guía, pero, para protegerse, actuaban con dureza y agresividad. Estaban acostumbrados a no ser vistos por lo que realmente eran.

Podía sentir su enfado y su frustración, veía cómo su energía estaba bloqueada. Pero, sobre todo, percibía su dolor, que los envolvía como una nube oscura. No tenían lo que necesitaban para ser buenos estudiantes. Y lo que necesitaban era amor.

El hecho de no reaccionar cuando Yvette escupió por la ventana marcaría un punto de inflexión en mi camino como profesora. Sabía que podía salir mal, que los alumnos me podrían ver como alguien a quien podían pisotear. Pero yo debía seguir mi instinto, y mi instinto no me decía que me enfadara, sino que me sumergiera en su dolor.

Después de clase, me acerqué a Yvette.

—Cariño, ¿cómo estás? —le pregunté—. ¿No te encuentras bien?

Yvette parecía estupefacta.

—Estoy bien —murmuró, y después se alejó lentamente.

Desde aquel día, Yvette empezó a abrirse un poco más conmigo cada día. Hablábamos de su vida y la ayudaba con sus estudios. La conexión entre nosotras se volvió más profunda. Cuando estaba conmigo, no necesitaba fingir y no tenía que esforzarse para llamar mi atención, porque ya la tenía.

En ese primer encuentro con Yvette nació mi filosofía de la enseñanza. Me encantaban los libros y el aprendizaje, pero también me gustaban los chicos. Ser profesora no era solo preparar a alumnos para los exámenes; se trataba de establecer una conexión con ellos, ayudarlos a ver su propia luz y a alcanzar su verdadero potencial. Se trataba de hacerles saber que importaban en este mundo.

Quería que comprendieran que también sus ideas y su energía eran importantes en el aula. Si un estudiante se saltaba mi clase, le pedía a alguien que vigilara el grupo mientras yo iba a buscarlo a la cafetería. «¡Ey! —le decía—. Vamos, ven conmigo, tienes que venir a clase. ¡Va a ser emocionante!». Al principio me miraban como si estuviera loca, pero después me seguían. No se enfadaban ni se irritaban, ¡estaban felices! Felices porque alguien se preocupaba por ellos.

Al final del semestre, Yvette me entregó una carta decorada con pegatinas de corazones. Había escrito en ella: «Muchas gracias, te echaré de menos y te recordaré siempre».

La nota de Yvette borró cualquier duda que todavía albergara sobre mi decisión de no dedicarme al derecho.

Yo era profesora. Enseñar era mi camino.

———

Para entonces, Sean y yo llevábamos juntos aproximadamente un año y estábamos muy enamorados. Me había pedido que me casara con él y yo le había dicho que sí. Pero, incluso así, me sentía incómoda respecto a nuestra relación. La noche que Sean y yo nos comprometimos, tuve un sueño vívido en tres dimensiones: el diamante de mi anillo de compromiso estaba hecho de azúcar, y, al lavarme las manos, lo vi disolverse bajo la corriente de agua. Me desperté sabiendo lo que significaba, pero no estaba preparada para admitirlo.

Además, teníamos horarios completamente distintos. Yo me despertaba a las cinco de la mañana para ir al instituto, mientras que muchas noches Sean se quedaba hasta las cuatro de la mañana tocando con su banda. Cada vez nos veíamos menos y discutíamos más. Después de un tiempo, se formó en mi mente una imagen: me veía en un bote alejándome de la costa…, alejándome de Sean; podía empezar a remar de vuelta hacia él o simplemente seguir avanzando mar adentro.

Elegí seguir avanzando.

Dejé nuestro apartamento en aquel garaje y volví a casa de mis padres. La ruptura fue dolorosa. Yo estaba destrozada y me encerré en mí. Cuando no estaba dando clase, leía, escribía poesía y frecuentaba la librería del barrio.

Una noche, mi amiga Jill me llamó.

—Laura, necesitas volver al mundo.

Me propuso salir con ella, su novio, Chris, y uno de los amigos de Chris.

—No me interesa —respondí.

—Laura, tienes que venir. Solo ven, te lo pasarás bien.

—De verdad, gracias, pero no. Lo último que necesito es que me organicen una cita.

Jill era insistente.

—No es una cita. Es solo un grupo de amigos pasándolo bien.

—A mí me suena a una cita a ciegas.

—Bueno, a ver qué te parece esto —siguió Jill—: le diré a Chris que traiga a dos amigos. Así no seréis solo un chico y tú.

Me lo pensé. Mientras no fuera una cita a ciegas, ¿qué podía perder? Lo peor que podía suceder era que pasara una noche aburrida.

—Está bien —acepté—, pero asegúrate de que traiga a dos amigos.

Unos días después tomé el tren a Manhattan con Jill y Chris. Estaba de mal humor y me arrepentía de haber aceptado la invitación.

Nos encontramos con los amigos de Chris en la sala de espera del tranvía de Long Island. Uno de ellos era un tipo bajito y extrovertido llamado Rich, que se abalanzó sobre mí y no me dejó tranquila en toda la noche. El otro era alto y reservado. Chris nos presentó y, cuando nos dimos la mano, algo dentro de mí cambió.

Fue un impacto agudo y repentino, como si hubiera metido los dedos bajo un grifo que pasara de agua fría a caliente de golpe. No puedo decir que fuese algo romántico, ni siquiera era un sentimiento. Escuché una voz interior abrirse paso entre el clamor de Penn Station que me decía: «Mantente abierta». Esas dos palabras fueron suficientes para neutralizar mis pensamientos negativos. «No tienes que hacer nada —pensé—. Solo tienes que estar abierta».

—Hola —me dijo—. Soy Garrett.

====

No sabía nada sobre él, salvo que estudiaba Derecho en Brooklyn. Durante la mayor parte de la noche apenas tuvimos oportunidad de hablar, porque Rich no se apartaba de mi lado. Hacia la medianoche decidimos ir a un último bar. Era un local diminuto, oscuro y lleno de humo, con un par de mesas al fondo. Cuando Rich se fue al baño, Garrett yo nos encontramos sentados uno al lado del otro.

—Entonces —dijo Garrett con naturalidad—, dime, ¿cuál es tu historia?

Le conté a Garrett mi historia. Toda mi historia.

Me abrí por completo con él en aquel pequeño bar lleno de humo. Le hablé de mi infancia, de mis miedos, de mi reciente ruptura. Sin adornos, sin edulcorar nada, simplemente todo. Garrett fue tan honesto como yo y me contó lo doloroso que había sido para él el divorcio de sus padres. Me dijo que su última relación había terminado mal hacía apenas unos meses. Nos confesamos cosas que nadie compartiría en una especie de cita a ciegas.

Cuando llegó el momento de marcharnos, Garrett me pidió mi número de teléfono.

====

En nuestra primera cita oficial, en un elegante restaurante de marisco en Manhattan, volví a caer en el mismo patrón:

contarle absolutamente todo. No había artificios ni máscaras, nada que se interpusiera entre nosotros. Reuní el valor para hablarle a Garrett sobre mis habilidades. Él se mostró curioso, quizá incluso fascinado, pero en absoluto sorprendido.

No hubo un periodo de cortejo. A los cuatro meses de conocernos, ya estábamos hablando de matrimonio.

12
La llegada

S UCEDIÓ EN UN CÁLIDO DOMINGO DE VERANO, en los cielos sobre Jones Beach en Nueva York.

Garrett trabajaba a tiempo completo mientras estudiaba Derecho por la noche. Sus horarios eran una locura; entre el trabajo, las clases y el estudio, apenas le quedaba tiempo para estar conmigo. Un día, cuando ya llevábamos un año juntos, yo estaba en el parque de Jones Beach con mi madre. Mi hermano competía en un triatlón y habíamos ido a animarlo. Jones Beach se encuentra en una de las estrechas islas barrera de la costa sur de Long Island, y siempre me ha parecido un lugar espiritual y maravilloso. Al mirar allí hacia el horizonte infinito, me siento conectada con el universo.

Pero aquel día sentí como si algo oscureciera el sol. Miré hacia arriba y vi un velo oscuro y reluciente dibujándose a lo largo del cielo. Cuando mis ojos se adaptaron, pude ver que no era negro en absoluto, sino de un ámbar intenso y radiante. Y se movía, temblaba, estaba vivo de algún modo, dejando pasar haces de luz y deslizándose a lo largo de toda la playa. Me quedé inmóvil sobre la arena, fascinada ante aquella presencia rara y poderosa que flotaba en el aire.

Mientras la observaba, me di cuenta de que no estaba viendo una cosa, sino miles, decenas de miles de cosas: miles de mariposas monarca. Estábamos presenciando una migración. Enormes enjambres de monarcas, con su alas naranja brillante de bordes negros, emprendían su valiente travesía de Canadá a México, escapando del frío invierno que las mataría. Parecían ocupar cada centímetro del cielo; algunas de ellas se atrevían a descender y posarse sobre un brazo o un hombro antes de volver a emprender el vuelo. Fue mágico. Sentí una oleada de amor y ternura por aquellas mariposas, no solo porque aquello era un espectáculo inesperado, sino porque para mí era una señal. Cuando era pequeña, mi abuelo tenía una mariposa blanca y marrón que siempre lo «visitaba» cuando se sentaba en el porche. Después de que falleciera, una mariposa blanca y marrón «visitaba» a mi familia de vez en cuando; la llamábamos la mariposa de Pop Pop. Cuando crecí, decidí pedirle a mis guías y seres queridos del Otro Lado una señal propia, algo que me permitiera saber que estaban cerca. Escogí una mariposa monarca porque el naranja es mi color favorito. Y, sin falta, antes de un examen importante o de tomar una gran decisión, las mariposas monarca aparecen para hacerme saber que están ahí, que no estoy sola.

Y ahora, literalmente de la nada, ¡ahí estaban! Me volví hacia mi madre y la agarré del brazo.

—Es esto —le dije—. El universo me está diciendo algo. ¡Las monarcas están de celebración! ¡Va a pasar algo milagroso!

Miré a las monarcas hasta que solo quedaron como una mancha en el cielo lejano. «¿Qué estarán anunciando? —me pregunté—. ¿Qué está tratando de decirme el universo?».

Al día siguiente me enteré de que estaba embarazada.

En el instante en que supe que estaba embarazada, todo cobró sentido. En ese momento sentí un amor abrumador, inconmensurable e incondicional por mi hija aún no nacida. Era una sensación profunda e inquebrantable. Me sentí conectada con algo mucho más grande y significativo que mi pequeña vida. Yo era parte de algo vasto, maravilloso, milagroso. ¡Ahora yo era la puerta a través de la cual una nueva vida entraría en el mundo! Me sentí honrada y en paz. Mi hija sería criada con amor, y crecería para ser valiente y fuerte, ¡para cambiar el mundo! De pronto, ya no importaba que Garrett y yo discutiéramos a veces. Lo hacíamos porque aún teníamos que crecer, cambiar y mejorar, pero estábamos destinados a crecer, cambiar y mejorar juntos. Sería un trabajo duro, pero nos ayudaríamos mutuamente para convertirnos en las personas —y los padres— que estábamos destinados a ser. Este no era solo mi camino, era nuestro.

———

Nos casamos en una iglesia luterana de Long Island y nos acomodamos en nuestra vida de casados. Tres semanas antes de mi fecha de parto, empezaron las contracciones. En la sala de partos del hospital de Huntington nació nuestra preciosa hija.

Se llamó Ashley. Era diminuta, rosada y rechoncha, y sus ojitos estaban tan hinchados que no los podía abrir. Cuando la sostuve en brazos, no sentí que la estuviera viendo por primera vez, sino que ya la conocía, era como si siempre hubiera sido parte de mí. Y ahora que estaba aquí, percibí que la energía de mi alma se duplicaba. Me sentí más grande de lo que era. Mi amor incondicional por Ashley ya me estaba transformando: estaba creciendo y ascendiendo a otro nivel. Gracias al milagro de Ashley, mi vida nunca volvería a ser la misma.

———

El accidente del vuelo TWA 800 le había puesto fin a mis lecturas psíquicas, y durante casi tres años había apagado mi don. Seguía percibiendo la energía de la gente, no podía evitarlo, pero el portal al Otro Lado se había cerrado.

Sin embargo, unos días antes de saber que estaba embarazada, comencé a sentir una energía extraña. A veces sentía tanta energía acumulada que tenía que ponerme las zapatillas y salir a correr. Me recordaba a mis años de fútbol, cuando lo único que podía calmarme era pasar horas corriendo sin parar. No sabía de dónde venía toda esa energía, solo salía a correr largas distancias hasta agotarla.

Sin embargo, después de descubrir que estaba embarazada, mi energía se intensificó aún más. También comencé a recibir destellos de información —palabras, imágenes, sonidos, escenas—, tal y como me sucedía durante las lecturas. Eso continuó durante todo el embarazo, pero después del nacimiento de Ashley traté de no pensar en ello y seguí con mi vida cotidiana. No quería volver a abrir la puerta al Otro Lado.

Pronto me di cuenta de lo que sucedía: el nacimiento de Ashley había abierto un portal de luz entre el mundo del que había venido y este. Y una vez que aquel portal se abrió, ya no hubo manera de cerrarlo; el Otro Lado irrumpió con fuerza. La llegada de Ashley me llenó de un enorme y poderoso amor, y me hizo sentirme conectada con la humanidad de una manera hermosa y profunda.

Una mañana antes de irme a trabajar le dije a Garrett: «Creo que tengo que empezar a hacer lecturas otra vez».

Era una recién casada que se estrenaba en la maternidad. También acaba de conseguir un puesto con posibilidad de permanencia en un nuevo instituto. Garrett trabajaba a tiempo completo y estudiaba Derecho por la noche. ¿Por qué querría volver a abrir la puerta al Otro Lado y permitir que eso entrara en nuestras ya ocupadas vidas? Pero no tenía alternativa.

—Podrías estar poniendo en peligro tu trabajo como profesora —me dijo Garrett.

—Entonces lo haré de forma anónima —respondí.

Simplemente, no podía apagar el torrente de información que recibía. No podía ignorar la llamada.

Esta vez puse un anuncio en eBay. Solo usé mi segundo nombre, Lynne, y me presenté como clarividente. Fijé un precio inicial de cinco dólares por lectura. No sabía si alguien se interesaría, pero en menos de un día pujaron varias personas. El precio final fue de 75 dólares, que pagó un agente de policía de mediana edad procedente de Arizona. Acordamos una hora para hacer la lectura.

El día de la cita sentí la ansiedad de siempre: no estaba segura de si alguien o algo se presentaría.

Llamé al agente a la hora acordada y, de inmediato, aparecieron dos figuras: su madre y su padre. Estaban ahí para calmar y consolar a su hijo. Le dijeron que estaban bien, en paz y orgullosos de él. Su madre le habló de todo lo que él había hecho por ella antes de que cruzara. Su padre indicó que había fallecido de un infarto y que no habían podido despedirse. Le dijeron que soltara su culpa por las cosas que no había podido decir. Cuando terminó la lectura, la voz del policía había cambiado. Sonaba aliviado, incluso feliz. Comprendí que la lectura había sido un evento profundamente sanador para él. Cuando colgué, yo estaba agotada y eufórica a la vez.

Ashley no solo había abierto la puerta: la había hecho desaparecer.

—————

Yo era consciente de que Garrett no estaba muy cómodo con lo que yo hacía. Siempre había estado abierto a mi don y me había apoyado, pero, cuando vio que esas lecturas serían una parte importante de mi vida, se preocupó.

—¿Cómo sabes que no estás conectando con el lado oscuro? —me preguntó—. ¿Cómo sabes que no te estás comunicando con el diablo?

Eran preguntas válidas, y mi única respuesta era que simplemente lo sabía. Lo sabía porque todo lo que aparecía en mis lecturas era hermoso y estaba basado en el amor. Aun así, en ese momento todavía no había realizado muchas. A mí me parecían buenas y correctas, pero ¿y si no lo eran?

¿Qué era lo que estaba dejando entrar en mi casa y en mi familia?

No tenía una respuesta clara.

Entonces, un día le hice una lectura a una mujer de mi edad que, como yo, tenía una hija, con la diferencia de que la suya, Hailey, había muerto a los tres años.

En la lectura sentí una tristeza abrumadora y supe que aquella madre estaba atrapada en ella. Su dolor tenía capas y capas de culpa, porque sentía que le había fallado a Hailey por no haber podido salvarla. Se había enclaustrado, rara vez salía de casa, no se iba de vacaciones, evitaba a sus amigos y sufría cada hora del día. Su vida, su corazón y su alma estaban terriblemente rotos. Me encontraba hablando con alguien que ya no sabía cómo vivir.

Al inicio de la lectura apareció una figura diminuta y supe que era una niña. Me habló de su madre, de cómo se culpaba por haberle fallado y de que se había paralizado por el dolor. Después se llevó la mano al estómago y supe lo que trataba de comunicar.

—Está apareciendo —le dije a la madre—. Dice que murió por una enfermedad hepática y que no había nada que pudieras hacer para evitarlo. Dice que no estaba destinada a permanecer mucho tiempo en este mundo. Vino para experimentar el amor incondicional, pero no para quedarse. Dice que no debes confundir tristeza con culpa. Tienes que dejar ir la culpa. Crees que le fallaste como madre porque no pudiste salvarla, pero no era eso lo que debías hacer. Tu cometido era amarla.

Se produjo un largo silencio al otro lado del teléfono, interrumpido solo por breves sollozos ahogados. Que aquella niña hermosa y valiente estuviera viniendo a consolar a su madre, que estuviera tan decidida a ayudarla a sanar, fue algo realmente conmovedor no solo para su madre, sino también para mí.

Unos días después, recibí un paquete de la madre por correo. Me decía que nuestra lectura había disipado la nube de miseria que la envolvía y le había permitido respirar de nuevo. Saber que su hija seguía con ella lo había cambiado todo. Por primera vez en mucho tiempo, había salido de su casa y había visto a sus amigas. Su hija le había salvado la vida.

Junto con la carta venía algo cuidadosamente envuelto en papel de burbujas. Era una figurita de cerámica: un ángel diminuto. La madre me explicaba que lo había comprado antes de que su hija enfermara porque se parecía a su pequeña. Después de que falleciera, el ángel de cerámica se había convertido en su posesión más preciada, el único vínculo, según creía ella, con la hermosa alma que la muerte le había arrebatado.

Pero ahora, escribía, quería que yo lo tuviera. Aún lo adoraba, pero decía que ya no lo necesitaba tanto.

Le mostré la carta y el ángel a Garrett. Él la leyó y salió a dar una vuelta. Al rato volvió y se sentó a mi lado en el salón, con el angelito en la mano.

—Tu lectura le ha cambiado la vida a esa mujer —dijo Garrett—. Estaba paralizada por el dolor, se encontraba atrapada en su casa y no quería vivir, y después de hablar contigo se ha dado cuenta de que deseaba seguir viviendo. Todo lo que dice en esta carta es puro, positivo y hermoso. Todo está relacionado con la sanación. Lo que estás haciendo tiene que ver con sanar a las personas.

La convicción de Garrett fortaleció la mía. Después de toda una vida luchando contra mi don, ahora sabía que estaba destinada a aceptarlo. No sé si hubiera podido llegar a ese punto sin Garrett. Al final, llegamos juntos.

13
La pantalla

CUANDO COMENCÉ A HACER LECTURAS, mientras vivía con Sean, en realidad no entendía del todo en qué consistía una lectura. Sabía que podía acceder y leer la energía de una persona, y que esto me proporcionaba fragmentos de información sobre su camino y su propósito en la vida. Con el tiempo, me di cuenta de que también podía conectar con personas que habían cruzado al Otro Lado. Podía ser una «intermediaria» entre la gente de este mundo y aquellos que habían partido. Aprendí que mi responsabilidad era interpretar todo lo que me llegara, que debía ser una especie de traductora. Al principio fue difícil, como aprender otro idioma, pero con el tiempo fui mejorando. Empecé a comprender lo que significaban ciertos símbolos: era como un juego de adivinanzas psíquicas, y cada vez lo hacía mejor.

Aun así, nunca había desarrollado un método para alternar entre mis distintas habilidades sin que todo se volviera confuso. Sin embargo, después de que Ashley naciera, cuando la información del Otro Lado comenzó a llegar con más claridad y fuerza, tuve que encontrar una manera más organizada de comunicarme con el Otro Lado. En poco tiempo, desarrollé un método de lectura. Al igual que había hecho con mi trabajo como profesora y la gestión del aula, ideé un sistema que me permitió conectar con los fallecidos de una forma mucho más eficiente.

Primero, me di cuenta de que me siento más cómoda haciendo lecturas por teléfono porque me puedo concentrar por completo. Eso no significa que no pueda leer con eficacia en un encuentro cara a cara o frente a grupos amplios; es solo que hacerlo a distancia me permite desaparecer, por así decirlo, y convertirme en un instrumento.

Para empezar, voy a mi habitación, cierro la puerta y bajo las luces. Me siento en posición de meditación y me quito los calcetines. Puede sonar extraño, pero, cuando las plantas de mis pies descalzos se tocan, siento que crean un circuito por el que la energía fluye por mi cuerpo sin interrupciones.

Entonces cierro los ojos y me concentro en la respiración. Cuando me siento lista, me coloco los auriculares y contacto con la persona a la que vaya a leer, a quien llamo el consultante. Después vuelvo a cerrar los ojos y los mantengo así durante toda la lectura, solo los abro cuando siento que la energía del Otro Lado se retira y mi propia energía cambia.

Cuando el consultante está al teléfono, le explico brevemente lo que voy a hacer y el papel que desempeñará en la lectura. Le explico que, cuando leo, pienso en una especie de triángulo de luz, con mi energía conectándose a la suya y a la de su ser querido en el Otro Lado. También le pido que guarde sus preguntas hasta el final de la lectura, porque mi esperanza es que el Otro Lado responda espontáneamente lo que el consultante quiere saber. Explico que una lectura es como un juego de adivinanzas psíquicas, donde surgen palabras, números, nombres, fechas, símbolos, imágenes… Mi labor consiste en interpretar la información y transmitirla. Si algo de lo que digo no tiene sentido, le pido al consultante que me lo diga en lugar de intentar que encaje a la fuerza.

Por ejemplo, el Otro Lado puede mostrarme una manzana gigante para indicarme que el consultante es profesor, pero yo podría tergiversarlo y decir:

—¿Te gusta hacer tartas de manzana?

Si el consultante me dice que eso no tiene sentido, puedo dar un paso atrás y reinterpretar la imagen. Pero, si por cortesía trata de hacer que encaje, puedo perder el mensaje real. También le digo que no importa si yo no entiendo el mensaje, mientras él o ella sí lo comprenda. Esto ocurre con frecuencia: su ser querido transmite un mensaje y el consultante lo entiende perfectamente, aunque para mí no tenga sentido. Después, al final de la lectura o en un correo electrónico, el consultante suele explicarme su significado, y por lo general es algo muy específico o incluso una broma privada. Siempre me impresiona cómo el Otro Lado consigue enviar mensajes tan íntimos a través de mí sin que yo sepa lo que significan.

Durante la lectura, cuando estoy conectada por completo, emerge un campo de visión. En mi mente se forma un campo rectangular vacío, un área que llamo mi pantalla. No es coincidencia que mi pantalla se parezca mucho a una pizarra de clase. Es algo que he moldeado y organizado con el tiempo para facilitar la comunicación con el Otro Lado. En mi pantalla aparecen fotografías, símbolos, imágenes e incluso breves fragmentos de películas.

Con la práctica, también fui capaz de dividir mi pantalla en dos. En el lado izquierdo se manifiesta la actividad psíquica. Aquí es donde siempre empiezo una lectura, porque me ayuda a alinear y conectar mi energía con la del consultante. Ahí es donde veo su aura central, el mapa de colores del camino de su alma. Por ejemplo, si el color de una persona es naranja, sé que está marcada por el arte y que su propósito está ligado a la creación artística; si es azul, indica que es un

alma avanzada, profundamente intuitiva, y que está aquí para
sanar y enseñar.

A menudo veo más de un color en el aura central de un
consultante. También puedo ver una segunda aura separada,
más inmediata, que refleja su camino actual. Esta segunda
aura aparece en forma de línea y me da una imagen rápida de
la energía de la que el consultante está saliendo y la energía
en la que se encuentra en la actualidad. También me ofrece
un mapa de lo que le depara el futuro. Por ejemplo, si veo el
color amarillo a la izquierda de mi pantalla, seguido de verde
en el centro y naranja a la derecha, sé que significa que esa
persona ha salido de un periodo de enfermedad, depresión o
baja energía, y que se encuentra en plena transformación y
crecimiento, a punto de entrar en una etapa de gran creatividad y plenitud.

El lado izquierdo de la pantalla es también donde aparecen los guías espirituales del consultante en forma de puntos
de luz. Los guías espirituales son seres evolucionados que actúan como mentores y nos orientan en nuestro camino en
este plano. Todos tenemos guías, normalmente dos o tres.

El lado izquierdo también me muestra una línea de tiempo horizontal de la vida del consultante. Estas líneas temporales se parecen a las que salen en los libros de historia, con
pequeñas marcas verticales en ciertas edades que señalan
eventos significativos en su camino de vida, tanto del pasado
como del futuro.

Me mantengo en el lado izquierdo de la pantalla —leyen-
do auras, evaluando energías, examinando líneas temporales— hasta que veo y siento a alguien «empujando» desde el
lado derecho de mi pantalla. La mitad derecha de la pantalla
se divide después en tres niveles: superior, medio e inferior, y
en esos niveles es donde observo pequeños pero brillantes
puntos de luz. Estas luces son la energía de nuestros visitan-

tes del Otro Lado. Reservo la parte superior derecha de la
pantalla para los seres queridos de la rama materna, y la parte
inferior derecha para los de la paterna. Los amigos, primos y
compañeros suelen aparecer más cerca del centro de la pantalla.
Una vez que aparecen los puntos de luz, suelen mostrarme
letras, palabras, nombres e imágenes. Voy identificando estas
señales, determino de dónde vienen, las interpreto lo mejor
posible y se las transmito al consultante. También puedo «escuchar» a los visitantes —lo que se conoce como clariaudiencia—,
pero esta escucha se produce dentro de mi cuerpo, de la misma
manera en que se «escucha» un pensamiento.

Además de mi pantalla, el Otro Lado también utiliza mi
cuerpo para transmitir información: a esto se le llama clari-
sentencia. Durante una lectura puedo sentir cosas en mi propio cuerpo, como presión, congestión y dolor. Puedo notar un
peso sobre el pecho, como si alguien estuviera sentado sobre
mí, o que me falta el aliento, un repentino pinchazo en el
pecho o una sensación de ardor; también puedo percibir olo-
res, como humo, o sentir calor u otras docenas de sensaciones.
Cada una de estas señales tiene un significado específico. Puedo decir qué elemento va a usar el Otro Lado para comunicar
un infarto —el pinchazo repentino en el pecho— o un fallo
cardíaco progresivo —la sensación de que mis pulmones se
llenan de líquido—.

Estas sensaciones forman parte del vocabulario de una
lectura. Tal vez sea por mi faceta de profesora, pero este sistema de comunicación me ayuda a que mis lecturas sean orga-
nizadas y eficaces. Sin él estaría completamente a la merced
de las almas, que pueden ser tan indomables como un grupo de
adolescentes un viernes por la tarde. Y a pesar de mi método,
¡a veces todavía lo son! Siempre les explico a los consultantes
que cada lectura es distinta, porque los seres queridos que
cada quien tiene al Otro Lado también lo son. Durante algu-

nas lecturas, estos seres queridos vienen de uno en uno, comparten su mensaje y le ceden el turno al siguiente. Otras veces es un caos total, como una reunión familiar en la que todos hablan al mismo tiempo y se interrumpen entre sí. Pero, sea como sea, siempre parecen felices de tener mi atención y la del consultante.

Si me preguntas cómo saben los seres queridos del Otro Lado usar mi pantalla, mi cuerpo o incluso cómo encontrarme, mi respuesta es que, simplemente, lo saben. Todos estamos unidos a las personas que hemos amado mediante hilos de luz. Esos hilos nunca se rompen. Piensa en ellos como si fueran sedales de amor: si tiras de un extremo, el otro lo siente. Y los seres del Otro Lado siempre están atentos a cualquier apertura entre los dos mundos. Saben cómo encontrar el portal que necesitan.

Lo más importante que necesita saber un consultante es que no necesita un médium para comunicarse con un ser querido que haya fallecido. Si abrimos nuestra mente y nuestro corazón, comenzaremos a notar las señales y los mensajes que nos envían para que sintamos su presencia en nuestra vida cotidiana.

14
Amar y perdonar

Una vez que establecí mi sistema de comunicación con el Otro Lado, mis lecturas se volvieron más claras y poderosas. Una de ellas fue con una mujer de mediana edad llamada Joann. Había oído hablar de mí a través de una amiga y me contactó para una lectura. Nunca antes le habían hecho ninguna.

Cuando nos pusimos al teléfono, el padre de Joann apareció de inmediato. Me dijo que había cruzado hacía treinta años. Se había suicidado. Se disculpó con Joann y le explicó que no estaba en su sano juicio cuando lo hizo. Joann me dijo que sabía que eso era cierto, y que ya había entendido y perdonado a su padre hacía años.

Entonces su padre me mostró una pequeña criatura, una gatita que estaba con él, a sus pies. El padre de Joann me dijo que era importante que su hija supiera esto.

—Joann, esto te puede sonar extraño, pero tu padre me está mostrando una gatita que está ahí con él y me dice que es muy importante que sepas que la gatita está bien.

Joann se quedó en silencio. Pasaron unos instantes antes de que hablara.

—Sé exactamente de qué está hablando —me dijo—. Nunca le he dicho esto a nadie, pero te lo contaré a ti.

Cuando Joann era niña, escuchó decir a alguien que los gatos siempre caen de pie. Ella quiso ver con sus propios ojos si aquello era cierto, así que tomó a la gatita de la familia, una cosa diminuta llamada Bristle, la llevó hasta una ventana abierta en el quinto piso del edificio donde vivían y la tiró al vacío. La gatita cayó contra la acera y murió.

Durante los siguientes cincuenta años, Joann albergó una culpa profunda y desgarradora por lo que había hecho. Nunca logró liberarse de la idea de que, en el fondo, era una persona horrible. Nunca se perdonó el haber matado a aquella gatita, y por ello su vida fue más difícil y oscura de lo que debería haber sido.

Ahora, en la lectura, su padre aparecía y le decía: «Déjalo ir. Suéltalo. La culpa con la que cargas no te pertenece. Perdónate y déjala ir».

El intercambio entre Joann y su padre fue muy conmovedor para ella y también para mí. Después de la lectura, Joann inició el proceso de soltar la culpa. Pasó menos tiempo estancada en los errores. Con el tiempo cambió su visión fundamental de sí misma, pasando de verse como una persona horrible y sin sentimientos a reconocerse como una mujer buena, cariñosa y amable. Se encaminó hacia la luz y se convirtió en un versión más clara de sí misma, una versión mejorada.

Nuestra capacidad de amar y perdonar —de aceptar las fallas en los demás y en nosotros mismos— es nuestra mayor fortaleza. El Otro Lado me mostró esa verdad en la lectura de Joann. Es una lección crucial para todos nosotros, porque el amor y el perdón son constantes. Siempre habrá alguien en nuestra vida que necesite perdón, y a veces esa persona somos nosotros mismos.

Sí, podemos seguir adelante sin perdonar, y solemos hacerlo. Decimos: «Nunca le perdonaré por lo que hizo», y alimentamos ese resentimiento durante años, tal vez décadas, incluso después de que esa persona haya partido. A veces esa incapacidad de perdonar nos sigue acompañando cuando cruzamos al Otro Lado, hasta que nos damos cuenta de que nuestras relaciones trascienden esta vida y que la necesidad de perdón nunca desaparece. Si no aprendemos esta lección, nos impedimos a nosotros mismos caminar hacia la luz y convertirnos en nuestro mejor y verdadero ser.

Pero la noticia más maravillosa es que nunca es demasiado tarde para perdonar. Y nunca es demasiado tarde para pedir perdón.

La lectura de Joann me mostró que todo lo que hace el Otro Lado está hecho con amor. El amor es la moneda de cambio en el Otro Lado. Y si no pedimos perdón, aquellos que han partido encontrarán una manera para perdonarnos de todas formas, tal y como hizo el padre de Joann.

No necesitamos una lectura con un médium para obtener el perdón del Otro Lado. Lo único que debemos hacer es pedirlo. Podemos llegar hasta nuestros seres queridos proyectando nuestros pensamientos hacia ellos. Cuando enviamos un mensaje de perdón al Otro Lado, nuestros seres queridos siempre lo reciben. Todo lo que tenemos que hacer para perdonar a un ser querido que ya no está es concederle ese perdón, y todo lo que necesitamos para ser perdonados es pedirlo. El perdón, tanto si lo necesitamos como si lo otorgamos, es un regalo milagroso.

Yo fui testigo de cómo el perdón cambió la vida de Joann. El perdón la sanó.

═══

Otra de mis primeras lecturas también me enseñó mucho acerca del poder del perdón. Barb, una mujer de unos cincuenta años, también escuchó hablar de mí a una amiga suya y me llamó desde la cocina de su casa en Pensilvania. Durante toda la lectura pude escuchar cómo le repetía algunas de mis palabras a su marido, Tony, que estaba a su lado.

—Él no cree en nada de esto —me dijo Barb—. Piensa que, cuando mueres, se acabó: te entierran y desapareces. Pero quiero que hables con él de todas formas.

Antes de que pudiera decirle algo, le pasó el teléfono a Tony.

«Oh, genial —pensé—. ¿Y cómo se supone que esto va a funcionar? ¿El Otro Lado querrá manifestarse para alguien escéptico?». Tony me saludó de mala gana, era su manera de hacerme saber que no creía en nada de esto. Respiré hondo, esperando a que alguien viniera por él. Y así sucedió: apareció su padre.

Me dijo que su nombre era Robert y que tenía un mensaje urgente para su hijo.

—Tu padre está aquí y quiere decirte algo muy importante —le dije a Tony—. Y es fundamental que yo lo entienda y te lo diga de la manera correcta. Tu padre quiere que te diga que lamenta mucho lo del cinturón.

Al otro lado de la línea, Tony no dijo nada. Yo continué.

—Tu padre quiere que sepas que, cuando cruzó al Otro Lado y revisó su vida, entendió lo que estabas haciendo y se arrepiente de lo que hizo con el cinturón. Te pide perdón. Quiere que lo perdones.

Escuché que Tony empezaba a llorar en silencio.

Entonces su padre me mostró más. Vi una escena, como un pequeño fragmento de película dentro de mi mente. Vi a Tony de niño, sentado en su cama, con la puerta de su habitación cerrada. Lo vi sosteniendo un cinturón, y supe que ese cinturón significaba mucho para él. Le describí la imagen a Tony, quien se recompuso y me contó aquella historia que nunca había compartido con nadie.

Una fría noche de diciembre, cuando Tony tenía siete años, fue a una reunión de los Boy Scouts. Allí le dieron un kit para hacer su propio cinturón de cuero. Estaba entusiasmado porque había tenido una gran idea: iba a hacerle un cinturón a su papá como regalo de Navidad.

Durante la reunión trabajó con esmero en el cinturón, grabando dibujos, haciéndole agujeros y fijando la hebilla. Después se lo llevó a casa, escondido en el bolsillo de su abrigo, para poder terminarlo. Fue directo a su habitación y se puso manos a la obra, pero, en su emoción, se olvidó de sacar la basura, que era su obligación de cada noche.

No era la primera vez que Tony se olvidaba de hacerlo, y su padre solía enfadarse mucho cuando pasaba, pero esa noche en particular su padre subió furioso a la habitación y abrió la puerta de golpe.

Entonces vio el cinturón. Lo cogió y golpeó a su hijo con él. El castigo fue breve, duró unos pocos segundos, pero rompió algo sagrado entre padre e hijo.

—Nunca le di el cinturón —dijo Tony—. Ni siquiera le conté de qué se trataba, nunca se lo conté a nadie. Pero me ha entristecido durante todos estos años. Siempre sentí que, de alguna manera, le había fallado.

El padre de Tony apareció otra vez.

—¡No! —le dije a Tony—. Tu padre quiere que te diga que fue él quien te falló a ti. Dice que en aquel momento no entendió la situación, pero ahora sí. Y está profundamente arrepentido. Te pide perdón, quiere que sepas cuánto te quiere y que has sido siempre un hijo maravilloso.

Yo me esforzaba por contener las lágrimas, pero no debido a la historia en sí. Acababa de ver cómo una preciosa luz pasaba entre Tony y su padre. Tony había cargado con ese dolor durante toda su vida, y ahora yo podía sentir cómo lo dejaba ir. Estaba presenciando una gran sanación entre un padre y un hijo, después de que el padre hubiera muerto.

—¡Está bien, papá! —dijo Tony, con la voz entrecortada por la emoción—. ¡Está bien! Por favor, dile a mi padre que está todo bien.

—No me necesitas a mí para decírselo —le respondí—. Puedes hacerlo tú mismo. Él está contigo todo el tiempo. Siempre está a tu lado. Solo dile lo que necesites decirle. Él puede escucharte.

Tony le devolvió el teléfono a su esposa. De fondo, le escuché decir una y otra vez:

—Está bien, papá. Está bien, está bien, está bien…

Esa lectura me hizo comprender que los hilos de luz que nos unen a quienes amamos jamás se rompen, ni siquiera cuando cruzamos al Otro Lado. Tampoco se debilitan, de hecho, pueden fortalecerse. Con Tony y Joann observé que las relaciones pueden seguir creciendo incluso después de la muerte. El padre de Tony comprendió cosas que en vida nunca pudo entender. Vi que nuestros pensamientos y nuestras acciones siguen teniendo un impacto profundo en quienes han cruzado al Otro Lado, y que con nuestro amor y nuestra comprensión podemos ayudarles a seguir evolucionando. Tenemos el poder de sanar a quienes amamos.

15

Lo que te pertenece

CON CADA LECTURA APRENDÍA MÁS. Aunque muchas personas venían a verme porque se encontraban en una encrucijada, sin saber qué camino tomar, comprendí que no me correspondía a mí dar consejos. El Otro Lado nos envía signos y señales que nos ayudan a tomar las decisiones correctas por nosotros mismos.

La primera vez que conocí a Mary Steffey supe que era un alma especial. Era madre de acogida y había cuidado de niños en situación de vulnerabilidad. Ya le había hecho una lectura antes, pero volvió a consultarme porque debía tomar una gran decisión: adoptar o no a una niña llamada Aly, a la que había estado acogiendo. En cuanto comenzó la lectura, Mary fue directa al grano.

—¿Le haría daño a mi hija Mariah si adopto a Aly? —me preguntó.

No recibí una respuesta clara. En lugar de eso, vi el aura de Mary. Era de color púrpura, lo que me indicó que era un alma avanzada que venía a esta vida para ayudar a otras almas en su camino. Sin embargo, alrededor de su aura púrpura y luminosa, flotaba una capa de oscuridad.

—Esa oscuridad significa que te sientes atrapada —le dije a Mary—. Está cubriendo tu energía. No significa que vayas a tener una vida infeliz, pero sí que tu vida no será fácil.

Entonces el asunto de Aly se enfocó con mayor claridad.

—El Otro Lado está alejando a Aly de su familia biológica —le dije—. Aly ya ha escapado de una puerta que la llevaba a la muerte, una puerta abierta por la negligencia. A partir de ahora, veo un ovillo de posibilidades. Veo varias puertas, varios resultados. No hay un único desenlace posible. Existe otra familia que también podría adoptar a Aly.

Debido a la lectura anterior, ya conocía algunos detalles de la vida de Mary. Su sueño desde siempre había sido ser madre, por eso se convirtió en trabajadora social, para estar cerca de los niños, en particular de aquellos con dificultades. Se casó con Tandy, un perforador de pozos que también trabajaba en proyectos medioambientales, y se quedó embarazada, pero a los cuatro meses perdió al bebé. Lo intentó de nuevo… y volvió a perderlo. En uno de sus embarazos, se despertó de madrugada con un dolor insoportable y tuvo que ser llevada de urgencia al hospital.

—Has tenido suerte —le dijo un médico—. Unos minutos más y no lo habrías logrado.

Pero Mary no se sentía afortunada. En total, sufrió seis pérdidas.

Con el corazón roto, renunció a su sueño de ser madre, incluso a ser madre de acogida. Sin tener un bebé propio, pensaba que no podría soportar el dolor de acoger a un niño que quizá luego sería devuelto a su familia biológica. Sería demasiado duro. En su lugar, Mary abrió un pequeño criadero de perros y se rodeó de animales. Reorganizó sus prioridades. Olvidó su sueño.

Hasta que un día, se despertó sintiéndose mal. En ese instante supo que estaba embarazada de nuevo. El embarazo fue difícil, todo salió mal. Tuvo toxemia, hipertensión y fue hospitalizada dos veces. Durante cuatro largos meses, Mary estuvo de reposo absoluto en cama, pero mantuvo la esperanza. Incluso escogió un nombre para su bebé: Mariah, en memoria de su tía Mimi.

—Cuando había una tormenta, Mimi solía decir: «Si el viento sopla fuerte, es Mariah llamando a la puerta». Ese era el nombre que quería para mi hija.

Una semana después de cumplir 39 años, con el embarazo aún sin llegar a término, Mary entró en trabajo de parto. En cuanto dio a luz, una enfermera se llevó al bebé. Mary espero noticias sobre su estado: ¿estaría fuerte y sana?, ¿pesaría al menos dos kilos y medio? Al poco, una enfermera regresó con la respuesta: Mariah no pesaba dos kilos y medio, ni siquiera tres; Mariah pesaba casi cinco kilos y era una niña fuerte.

El milagro del nacimiento de Mariah le dio fuerzas a Mary para revivir su otro sueño: convertirse en madre de acogida.

———

—Pero ¿qué pasa con Mariah? —me preguntó Mary durante la lectura—. ¿Adoptar a Aly podría hacerle daño?

—Todo sucede por una razón —le dije—. Aly cambiará a Mariah de muchas maneras. No de una forma negativa, pero será difícil, aunque eso no significa que sea algo malo. Solo será difícil. Aly siempre le supondrá retos a Mariah, pero puedo ver que Mariah tiene un espíritu extraordinario. Y pase lo que pase, su espíritu cantará. Siempre cantará.

Mary comenzó su labor como madre de acogida prestando asistencia temporal: acogía a niños en su casa de campo en Pensilvania durante cortos periodos de tiempo para que sus familias de acogida habituales pudieran descansar. Nunca acogió a bebés ni niños pequeños porque era más fácil encontrarles un hogar. Mary acogía a adolescentes, que solían estar enfadados y ser rebeldes o ariscos e imposibles de manejar. Sin embargo, por agresivos que fueran, Mary era capaz de ver más allá de su enfado y reconocer su herida. Podía ver lo bueno y lo vulnerable en ellos.

—Los adolescentes no saben a dónde pertenecen, dónde encajan —me dijo—. Estos chicos en particular, que no tienen familia propia, que han sido rechazados, abandonados o expulsados, a veces actúan como si fueran malos, pero en realidad no lo son. Solo lo hacen para sentirse más grandes.

Un día, Mary recibió una llamada de una trabajadora social de Servicios de Protección Infantil.

—Tenemos un niña que esperamos que puedas acoger —le dijo la trabajadora—. Solo será necesario durante dos semanas, hasta que encontremos una solución permanente.

—¿Dónde está ahora? —preguntó Mary.

—Aquí, en nuestra oficina. La tenemos encerrada.

—¿Encerrada? ¿Por qué?

—Porque ha mordido a todo el mundo.

La niña tenía tres años y se llamaba Aly. Había sido víctima de un abuso terrible. Cuando su familia se desintegró por violencia doméstica, Aly y su madre vivieron en la calle durante meses. Pasaron por varios refugios, pero nunca duraban mucho tiempo porque el comportamiento agresivo de Aly siempre provocaba que las echaran. Mordía, golpeaba y arañaba, y en una ocasión persiguió a una profesora por toda la clase gruñendo como un animal.

También tenía un trastorno que la llevaba a comerse cualquier cosa que llegara a sus manos: uñas, bolígrafos, ceras de colores, incluso basura. Además, agarraba a los adultos en partes inapropiadas. Tenía casi cuatro años, pero todavía no hablaba, no decía ni una sola palabra. Los trabajadores sociales la comparaban con una niña criada en el bosque. Página tras página de la pila de archivos sobre su caso se referían a ella como «salvaje».

—Mary, tengo que decírtelo —le advirtió la trabajadora social—: Aly es uno de los casos más difíciles que he visto.

No era el mejor momento para que Mary acogiera a otra niña en su casa. Recientemente se había caído y se había roto el tobillo. Además, estaba muy ocupada con Mariah, que tenía siete años y acababa de ser diagnosticada con trastorno de déficit de atención e hiperactividad y una enfermedad llamada trastorno de procesamiento sensorial. Todo tipo de estimulación sensorial, como luces brillantes, ruidos fuertes o incluso una costura mal colocada de un calcetín, podía perturbar a Mariah y provocar que se pusiera a dar vueltas por la casa o se obsesionara con algo. Sumar a ello a una niña difícil como Aly no parecía justo para Mariah, para Tandy o incluso para ella misma. Tenía todas las razones del mundo para negarse. Pero aceptó.

Mary me contó cómo fue la primera vez que vio a Aly. Estaba en el porche de su casa con Mariah cuando un Jeep Cherokee azul se detuvo frente a ellas. Una de las puertas traseras se abrió y bajó un trabajador social con una niña de cabello rubio, rizado y completamente alborotado en brazos. La pequeña llevaba unas zapatillas sucias que claramente le quedaban pequeñas, una camiseta blanca enorme y sucia y unos pantalones cortos hechos jirones. Parecía dormida, pero era más probable que estuviera sedada.

El trabajador social llevó a Aly hasta el porche y la recostó en una silla de mimbre. Mary preguntó si tenía más ropa.

—No, esto es todo —respondió el trabajador social.

Aly abrió los ojos despacio. Su expresión estaba vacía.

—Parece una víctima de guerra —susurró Mariah.

Mary observó a los trabajadores sociales irse. Ahora Aly era su responsabilidad. Se armó de valor y se acercó a la niña. Aly levantó la vista con los ojos apagados y ausentes.

—Hola, Aly —dijo Mary—. Esta es mi hija, Mariah.

Mariah la saludó con la mano. Aly no reaccionó. Entonces, Mary dijo:

—Y yo soy…

Pero antes de que pudiera terminar, incluso antes de decir su nombre, Aly hizo algo extraño: levantó la mano derecha, colocó el dedo índice sobre su sien y apuntó directamente hacia Mary. Y entonces dijo:

—Mamá.

―――――

Nada en la vida de Mary la había preparado para Aly: para lo salvaje, iracunda, impredecible y silenciosa —siempre inquietantemente silenciosa— que podía ser.

La primera vez que Mary llevó a Aly a dar un paseo en coche, Aly le golpeó la cara a Mariah con la hebilla metálica del cinturón de seguridad. Unos días después le pegó con el teléfono inalámbrico. La imagen de Mariah con un ojo morado y la nariz hinchada hizo que Mary rompiera a llorar. Otro día Mary descubrió a Aly comiéndose la mugre de las suelas de sus zapatillas. Durante la cena, Aly cogía comida con las manos y se la metía a puñados en la boca. Cuando Mary la dejaba en la guardería, escuchaba a otros niños decir: «Ay, no, ahí viene Aly», y eso le rompía el corazón.

—¿Cuándo va a venir su madre a recogerla? —preguntó Mariah—. Por favor, mamá, devuélvela. Es mala.

Devolver a Aly a los Servicios Infantiles hubiera sido lo fácil, quizás incluso lo más sensato, pero Mary decidió quedarse con ella después de las dos semanas iniciales. Al poco tiempo, los trabajadores sociales comenzaron a presionarla para que la adoptara, pues no encontraban una familia dispuesta a acogerla. Pero ¿y Mariah? ¿Podía Mary ayudar a Aly sin perjudicar a su propia hija? No parecía posible. Durante semanas, la decisión la estuvo atormentando, hasta que un trabajador social le dijo que debía decidirse.

—Tenemos que encontrar un hogar para Aly de inmediato.

—Necesito más tiempo —respondió Mary.

—No lo tenemos. Debemos ubicarla ya.

—Está bien, haced lo que tengáis que hacer —dijo Mary, aguantándose las lágrimas—. Buscad a otra familia.

Al día siguiente, una pareja de unos cuarenta años fue a casa de Mary para pasar el día con Aly. Mary sabía que, al darle a esta pareja la oportunidad de adoptar a Aly, ella podía perderla. Desde que la había llamado mamá, Mary se sentía cercana a la niña, o más que eso: se sentía responsable de su bienestar. Pero debía pensar en Mariah.

Mary observó a la pareja montando a Aly en el coche y marchándose. Después se fue a su habitación, cerró las cortinas, se arrojó en la cama y se echó a llorar.

Unas horas después, escuchó que un coche se detenía fuera. Desde el porche, observó que la mujer se bajaba con Aly en brazos, que pataleaba y forcejeaba, tratando de liberarse. Mary se dio cuenta de lo que estaba pasando: Aly luchaba por regresar a su lado.

Mary bajó los escalones del porche y Aly se lanzó a sus brazos. En ese momento, un pensamiento claro y poderoso se formó en la mente de Mary: «Esta niña me pertenece».

—Nos lo hemos pasado muy bien —dijo la mujer—. Fuimos a la piscina y estuvimos todos nadando. Aly se ha divertido.

Pero Mary apenas la escuchaba. Sabía lo que tenía que hacer. Aly se aferró a su pierna. Sin embargo, saberlo no hacía que la decisión fuera más fácil.

—Mamá, ¿por qué queremos quedarnos con Aly? —preguntó Mariah—. Tú, yo y papá formamos un gran triángulo.

—Sí —respondió Mary—, pero podríamos ser un gran diamante.

Mary nunca se había sentido tan segura —y al mismo tiempo tan insegura— acerca de una decisión en su vida. Fue entonces cuando me llamó.

———

—El Otro Lado no puede aconsejarte sobre Aly —le dije durante nuestra lectura— porque esta decisión es parte de una prueba de tu alma. Solo tú puedes decidir. Se trata de que descubras cuál es tu verdadero camino y tu propósito. Lo que ocurra después dependerá de ti.

Sabía que eso no era lo que Mary quería escuchar, sabía que esperaba una guía más clara. Durante la lectura, antes incluso de que Mary me lo dijera, el Otro Lado me mostró que había otra familia dispuesta a adoptar a Aly.

—No tienen hijos propios y están disponibles para acogerla —le dije—. Ya existe una conexión con ellos. Estoy viendo que les diste una oportunidad. Tomaste la decisión de dejar ir a Aly, y eso fue doloroso, porque es una de las opciones del ovillo de las posibilidades. Aly podría acabar en otro lugar. Hay muchas puertas para ella, y algunas no conducen a buenos caminos.

No había respuestas para Mary, pero el Otro Lado intentaba consolarla, aliviar su angustia.

—Debes entender que, pase lo que pase, ya le has dado muchísimo a Aly. Ya has tenido un gran impacto en su vida.

—¿Y qué pasa con Mariah? —me preguntó Mary.

Me concentré y las palabras salieron de mi boca sin esfuerzo.

—A partir de ahora, deja que sea el amor quien te guíe. Solo tendrás una señal en el camino, y esa señal será el amor.

Cuando tomes tu decisión, deja que sea el amor quien te guíe, no el miedo. Deja siempre que sea el amor.

———

Hoy, casi diez años después de aquella lectura, la vida en casa de Mary, en Pensilvania, es más caótica que nunca.

Desde 2005 ha adoptado a cinco niñas con necesidades especiales. Una de ellas nació siendo adicta a las drogas; otra fue adoptada, pero devuelta por su familia adoptiva; otra había sido víctima de un abuso atroz. Todas habían pasado años dentro del sistema, yendo de un hogar adoptivo a otro, hasta que conocieron a Mary.

Cuando Mary hablaba sobre ellas, su voz se llenaba de amor y admiración por lo lejos que habían llegado.

—Cuando las conocí por primera vez, eran lo peor de lo peor —me contaba—. Si no estuvieran aquí, quizá estarían en hospitales, cárceles, psiquiátricos o incluso muertas. A su lado, Aly parece no haber tenido jamás un problema. Pero las quiero mucho y las educo en casa, hemos creado nuestra propia clase, nuestra pequeña y propia utopía. Una vez, la más pequeña se enfadó por algo y gritó: «¡Quiero irme de aquí!», y le dije: «No puedes irte de aquí, eres parte de esta familia. Nuestra relación es para siempre».

Mary no está criando sola a las niñas. Tiene a su maravilloso marido, por supuesto, y a Mariah, que ha crecido y se ha convertido en una joven preciosa, sensible y generosa que adora y cuida a sus hermanas adoptivas.

Y Mary tiene otra ayudante muy especial en casa: su hija Aly.

———

En 2005, tras nuestra lectura, Mary decidió adoptar a Aly.

—Fue una de las decisiones más difíciles de mi vida, pero también una de las mejores —dice—. Aly se ha convertido en una persona llena de amor. Tiene dificultades con la articulación del lenguaje y algunas otras cosas, pero ha podido asimilar lo que necesitaba para sentirse segura en la vida. Cuando llegó, no sabía leer, ni siquiera hablar. Ahora lee ciento treinta palabras por minuto y es capaz de expresar lo que siente. Forma un corazón con las manos y dice: «Te quiero, mamá». Le encanta dar abrazos. Es una de las personas más cariñosas que he conocido. En uno de los informes de Aly, una trabajadora social escribió: «Dudo que exista alguna ayuda para ella. Está demasiado dañada». Pero Mary vio algo que nadie más percibió.

—Vi la luz que llevaba dentro. Solo necesitaba aprender a amar.

Mary y Aly hicieron juntas una terapia de apego para reconstruir todos los momentos importantes de vinculación afectiva que faltaron en la vida de Aly.

—Un día, Aly me dijo: «Mami, yo salí de tu tripa, ¿verdad?» —recuerda Mary—. Y yo le dije: «¿Tú qué crees?». Aly respondió: «Creo que salí de tu tripa», así que le dije: «Está bien».

Juntas, Mary y Aly construyeron su propia historia como madre e hija, y esta comenzó con la certeza de Mary de que su camino en la vida no iba a ser el más fácil.

—Sabía que deseaba quedarme con Aly y que estaba destinada a ser su madre, pero no quería hacerlo si eso significaba herir a Mariah —dijo Mary.

Sin embargo, que Aly se quedara también fue una gran bendición para Mariah.

—Toda mi vida cambió debido a Aly y mis hermanas —dice ahora Mariah—. He aprendido un montón de ellas. Sé lo mucho que me quieren, y lo puro, incondicional e infinito que es su amor, y eso me hace querer convertirme en la persona que mis hermanas piensan que soy. Me hace querer estar a la altura de su amor.

De hecho, Mariah planea estudiar terapia ocupacional para ayudar a niños como Aly.

Mirando en retrospectiva, Mary Steffey se da cuenta de que ciertas fuerzas poderosas intervinieron en su decisión de convertirse en la madre de Aly. El amor fue la clave de esa decisión.

—Lo que me ayudó a entenderlo todo fue el amor. No solo el amor que sentía por Aly, sino el que ella sentía por mí. Y también el amor de Aly por Mariah. Desde que tomé aquella decisión, mi vida ha estado infinitamente bendecida.

16
Familia para siempre

DURANTE MI SEGUNDO AÑO como profesora, acepté un puesto en un instituto de Long Island con unos mil cuatrocientos alumnos, que figuraba constantemente entre los mejores centros públicos del estado. Tenía dieciséis equipos deportivos, más de una veintena de asignaturas de nivel avanzado y prósperos clubes de música y teatro. Me encantó desde el primer momento y en seguida me sentí como en casa. Como consecuencia, mi confianza como docente creció. Lo mismo sucedía con mis habilidades: cuanto más las trabajaba, mejor me volvía. Era muy emocionante avanzar en ambos frentes y me di cuenta de que estos dos caminos paralelos no estaban tan separados como creía.

Ser médium me ayudó a desarrollarme como profesora. Mi don me ayudó a entender la importancia de honrar las conexiones entre los estudiantes y yo. Me daba una percepción más profunda de quiénes eran y qué necesitaban.

De la misma manera, mi experiencia como profesora me ayudó a clarificar y refinar mis habilidades. Me hizo darme cuenta de que mis lecturas no consistían en proporcionar respuestas, sino en aprender, cuestionar y explorar. En ambas facetas tenía el mismo objetivo: ayudar a que la gente alcanzara su verdadero potencial.

Aun así, procuraba mantener ambos aspectos de mi vida separados. No es que me avergonzara de mi labor como médium, pero no quería arriesgarme a perder mi trabajo de profesora. No podía prever cómo reaccionarían los demás y me preocupaba que, si mis alumnos lo descubrían, pudiera convertirse en una distracción. Por eso, me aseguré de que nadie en el instituto supiera nada sobre mi otra identidad: ni los alumnos ni mis compañeros, y mucho menos el director.

A veces, durante una conversación casual con un colega, de pronto me llegaba información para esa persona. Si consideraba que debía compartirla, decía con delicadeza algo como: «Creo que…» o «Tengo la sensación de que…». Pero una vez, mientras hablaba con Jon, un profesor con el que me llevaba bien y cuya energía me gustaba, de pronto recibí un torrente de información. Antes de que me diera cuenta, ya se la estaba diciendo.

—¿Sabes, Jon? Tu coche está a punto de averiarse —le solté—. Además, tu novia y tú vais a romper. Pero no te preocupes, ambas cosas te llevarán a algo mejor: tendrás un coche mejor y, dentro de poco, conocerás a otra chica. Esa será la mujer con la que te casarás.

Jon me miró de manera extraña.

—¿Eres…? —dijo tras una pausa de desconcierto.

—No se lo digas a nadie —le respondí—, pero sí.

Por suerte, Jon mantuvo mi secreto a salvo. Además, la información que le di demostró ser cierta. Él y su novia rompieron, pero enseguida conoció a una chica y acabaron casándose. Y su coche se averió, pero pronto consiguió otro mucho mejor. Creo que el Otro Lado realmente quería advertirle para que, en lugar de sentirse abatido cuando ocurrieran estos contratiempos, entendiera que todo formaba parte de un plan mayor.

Mis lecturas privadas iban bien, pero sentía la necesidad de ampliar lo que estaba haciendo. Me impulsaba el deseo de ayudar a tantas personas como fuera posible a ver con más claridad su camino en la vida. Quería que supieran que no estaban solas. También me sentía obligada a guiar a quienes estaban en duelo, pues deseaba ayudarlos a navegar por su dolor y a que sintieran la presencia de sus seres queridos en sus vidas.

Había oído hablar de una organización llamada Forever Family Foundation (FFF), cuya misión era «establecer la continuidad de la familia, incluso cuando un miembro ha dejado el mundo físico». Se basaban mucho en la ciencia y estaban comprometidos con la investigación sobre la vida después de la muerte. Todo el trabajo que realizaban era sin ánimo de lucro, y los médiums acreditados por la FFF eran voluntarios.

La organización fue concebida y fundada por Bob y Phran Ginsberg. Bob es un hombre cálido y de voz apacible, con una mirada bondadosa y una sonrisa traviesa. Phran es una preciosa mujer de cabello castaño y una notable fuerza interior. Siempre había sido muy intuitiva y a veces tenía experiencias que desafiaban toda lógica: podía ver a un hombre trabajando en su coche y saber de inmediato lo que necesitaba arreglar, y una vez le dijo a Bob que iba a ganar un coche nuevo y, dos días después, en el *rally* de Tupperware, ganó un Ford Pinto verde. Sin embargo, nunca le había dado mucha importancia a esas habilidades.

Una noche de septiembre de 2002, Phran se despertó sobresaltada por un sueño intenso y aterrador. Más tarde le dijo a Bob que temía que algo terrible fuera a suceder ese día. «Tengamos cuidado ahí afuera», le advirtió.

Esa noche los Ginsberg salieron a cenar a un restaurante chino en Long Island con su hijo mayor, Jon, y su hija menor,

Bailey, una joven de quince años alegre y bonita. Después de la cena, Phran y Bob regresaron a casa en su coche, mientras Jon y Bailey se marchaban en el Mazda Miata de él. De camino a casa, Phran y Bob hicieron una parada para comprar leche. Poco después, en la carretera, se toparon con un accidente.

En una carretera estrecha y sinuosa de dos carriles, con agua a un lado y una loma cubierta de hierba al otro, un todoterreno que circulaba en dirección contraria había chocado contra el Miata. El único daño visible en el todoterreno era un faro roto, pero el Miata había quedado completamente destrozado por el lado del pasajero, donde iba sentada Bailey.

Jon fue trasladado en helicóptero a un hospital unos kilómetros al este. Bob lo acompañó. Bailey fue llevada en ambulancia al Hospital de Huntington. Phran la siguió en un coche de policía que iba detrás de la ambulancia. Durante el trayecto los paramédicos lograron reanimarla varias veces.

En el hospital, aterrada y en estado de *shock*, Phran se quedó en la sala de espera mientras los médicos intentaban salvar a su hija. Durante unos instantes se quedó dormida y, en ese breve sueño, tuvo una visión vívida: se vio a sí misma sentada en el asiento del copiloto del Miata. Vio venir el todoterreno en dirección contraria invadiendo su carril, directo hacia ella. Vio a Jon girar bruscamente el volante hacia la izquierda para evitar la colisión, exponiendo el lado del pasajero. Y vio cómo el todoterreno embestía el Miata, haciéndolo volcar varias veces.

El impacto en el sueño la sobresaltó y la despertó de golpe. Llamó a su marido y le dijo: «Sé cómo ocurrió el accidente».

Poco después, un médico salió a hablar con Phran. Los daños en los órganos de Bailey eran irreversibles y ya no podían hacer nada más.

—Bailey murió en el hospital pocas horas después del accidente —cuenta Phran—. Fue el peor día de mi vida.

El hermano de Bailey sobrevivió al accidente, pero no recordaba nada de lo sucedido. De forma inexplicable, la policía que llegó al lugar permitió que la otra conductora se marchara sin interrogarla, y esta desapareció sin dejar rastro. Bob y Phran no tenían manera de saber qué sucedió, excepto por el sueño de Phran.

Unas semanas después, Bob le preguntó a su esposa:

—¿Cómo supiste lo que había ocurrido en el accidente?

—No sé —dijo Phran—. Simplemente lo supe.

Esa respuesta enfureció a Bob.

—Él pensaba: «Si ella lo sabía, si hubo una fuerza invisible que le mostró lo que había pasado, ¿por qué no pudo evitarlo *antes* de que ocurriera?» —recuerda Phran—. Estaba enfadado conmigo. No lo entendía. Era su forma de lidiar con el dolor.

Unos meses después, una compañía de seguros contrató a un experto en reconstrucción de accidentes para analizar lo sucedido. Su informe experto confirmó que la descripción de Phran era exacta, pero eso solo suscitó más preguntas. ¿Cómo había sabido Phran lo que había ocurrido? ¿Por qué lo había visto en un sueño? ¿Quién le había dado la información?

—Necesitábamos respuestas —dice Bob—. Sentíamos que estaba ocurriendo algo que debíamos comprender.

Bon y Phran tuvieron la idea de que tal vez, en ese espacio misterioso en el que la vida y los sueños se cruzan, podían hallar algún tipo de consuelo para padres en duelo como ellos. Quizá la historia de la vida y la muerte de su hija —hasta entonces una historia dolorosamente simple en la que la bella Bailey estaba aquí un día y desaparecía al siguiente— aún no se había contado en su totalidad.

Así que leyeron libros sobre fenómenos psíquicos. Visitaron a médiums. Abrieron sus mentes a una nueva manera de entenderlo todo. Esa búsqueda los condujo a una conclusión ineludible.

—Existe un mundo invisible —afirma Bob— y estamos destinados a colaborar con él.

Bon y Phran se asociaron con el doctor Gary E. Schwartz, profesor de psicología, medicina, neurología, psiquiatría y cirugía, además de director del Laboratorio de Avances en Conciencia y Salud de la Universidad de Arizona, y juntos fundaron la Forever Family Foundation. A través de esta fundación, ayudarían a personas en duelo conectándolas con sus seres queridos fallecidos, construyendo así un puente entre este mundo y el siguiente. Sería el puente de Bailey.

———

En 2005 me puse en contacto con la FFF y les dije que era médium psíquica y que estaba interesada en ofrecer mis servicios como voluntaria. Me informaron de que el primer requisito era superar una rigurosa prueba de certificación. Esta consistía en hacer varias lecturas, una detrás de otra, mientras se evaluaba mi precisión.

En un caluroso día de agosto, me encontré en una sala de conferencias de un hotel de Long Island junto con otros cuatro médiums. Un par de ellos parecían conocerse, lo que me hizo sentir como la alumna nueva en su primer día de clase. Yo no tenía amigos médiums ni formaba parte de ninguna comunidad de médiums psíquicos. Había muy pocas personas con las que podía hablar sobre mi don. Nos condujeron a un amplio salón de baile donde se llevarían a cabo las pruebas. Entonces trajeron a un hombre de mediana edad, que se sentó frente a nosotros. Nos pidieron que lo leyéramos en silencio durante quince minutos y anotáramos todo lo que percibiéramos en un bloc de notas.

Yo estaba nerviosa. Nunca me habían pedido que hiciera una lectura en público, y desde luego nunca me habían evaluado. Me concentré en el hombre y garabateé todo lo que iba percibiendo.

Cuando pasaron los quince minutos, un miembro del equipo de la FFF nos informó de que el hombre se llamaba Tom. La mujer que había sentada a mi lado me dio un codazo con entusiasmo.

—¡Mira esto! —dijo señalando su bloc de notas.

Había escrito «Tom». Sonreí con amabilidad. Yo solo había captado que su nombre empezaba por T. Aun así, algo en ese breve intercambio con la mujer —que más tarde supe que era una médium psíquica llamada Kim Russo— me tranquilizó. Sentí que estábamos juntas en las trincheras, como si fuéramos compañeras. Esa extraña sensación de camaradería me reconfortó de una manera inesperada.

Después nos trasladaron a uno de los cinco puestos que habían instalado en rincones separados, cada uno con una cámara de vídeo grabando los resultados. En cada puesto había un consultante con un portapapeles. No se nos permitía hablar con ellos; solo podían responder sí o no. Cuando comenzaran las lecturas, los médiums dispondríamos de quince minutos para leer a cada persona antes de rotar al siguiente puesto para realizar otra lectura de quince minutos. Los consultantes evaluarían las lecturas en función de su precisión. Esa parte de la prueba, pasando por los cinco puestos, duraría 75 minutos.

Me senté nerviosa en el primer puesto y respiré hondo. Después miré a la mujer que tenía enfrente, la consultante. Me sumergí en el espacio entre nosotras y conecté mi energía con la suya y con el Otro Lado. El nerviosismo desapareció. Dejé de pensar en quién era yo y qué estaba haciendo; simplemente escuché al Otro Lado y le transmití lo que allí decían.

El padre de la mujer se manifestó primero, y después llegaron su tía y su abuela materna. Me dieron fechas importantes para su familia. Me mostraron cómo habían fallecido algunos miembros de la familia. Mencionaron las obras que estaba haciendo en su casa en los últimos días. El Otro Lado vertió información sin cesar, y antes de darme cuenta llegó el momento de pasar al siguiente consultante.

Para cuando llegué al tercer consultante, me sentía completamente abierta al Otro Lado. Estaba leyendo para una mujer que aparentaba rondar los cuarenta. Su hijo apareció de inmediato. Me dijo su nombre y me contó que había fallecido en un accidente de coche. Después hizo algo extraño: me mostró la fecha de cumpleaños de mi hija Ashley, que es el 16 de mayo.

—¿Tu hijo falleció el 16 de mayo? —pregunté.

Su rostro palideció y le empezaron a temblar los labios. Se le llenaron los ojos de lágrimas.

—Sí —susurró.

Su hijo empezó a hacer bromas desde el Otro Lado. Narró anécdotas familiares simpáticas. Entre lágrimas, la mujer rio, y yo también. No quería dejarla cuando nuestro tiempo se agotó.

La siguiente consultante, una mujer de apenas treinta años, también había perdido a un hijo. Él me dijo que se llamaba Michael y que había muerto de cáncer. Me mostró tres años en una línea de tiempo, lo cual significaba que había cruzado hacía tres años. Y también hizo reír a su madre, hablándole de lo caprichoso que era con la comida. Luego le agradeció el amor que le había brindado mientras estuvo aquí.

—Esa fue su lección —le expliqué—. Sentir tu amor incondicional. Para eso vino. Y completó la lección. Me pide que te diga que siempre se sintió seguro, incluso mientras cruzaba. Lo hizo envuelto en tu amor.

Leí para una persona más y después la prueba terminó: se apagaron las cámaras y guardaron los portapapeles. Estaba agotada. Sentía que había hecho un buen trabajo en las lecturas, y me di cuenta de que había aprendido algo nuevo. Me sorprendió el chico que me indicó la fecha de su fallecimiento usando el cumpleaños de Ashley. De alguna manera, había logrado utilizar mi propio marco de referencia para transmitir su mensaje. Comprendí que el Otro Lado tenía acceso a cada pensamiento, cada momento, cada detalle íntimo de mi vida, y que quienes están allí utilizan ese acceso para enviar mensajes y confirmaciones a sus seres queridos.

Phran nos dijo que en unas semanas recibiríamos los resultados de la FFF. Supimos entonces que las personas a las que habíamos leído eran consultantes profesionales: personas entrenadas para no revelar nada durante las lecturas, con el propósito de detectar trucos, engaños o lecturas fraudulentas.

Deambulé por la sala de conferencias y de pronto me encontré junto a Kim Russo y otra médium psíquica, Bobbi Allison. Kim y Bobbi ya eran amigas. Ambas tenían más o menos mi edad y eran guapas, inteligentes, con los pies en la tierra. Me encantó su energía. Charlamos sobre la prueba y compartimos nuestras impresiones, liberándonos poco a poco de la tensión. La conversación fluyó de manera natural, como si fuéramos tres amigas hablando.

—¿Quién es tu maestro? —me preguntó Bobbi.

—¿Mi maestro? —repetí—. No tengo maestro.

Kim y Bobbi se quedaron boquiabiertas. Hasta ese momento, no me había dado cuenta de que no tener un guía o un mentor era poco común. Me hablaron de los suyos y de cómo las habían ayudado a explorar y profundizar en sus dones. Hablaban de sus maestros con mucho amor y admiración, como si no hubieran podido llegar a ser quienes eran sin ellos.

Quedamos para vernos de nuevo y un par de semanas más tarde nos reunimos para cenar en un restaurante cerca de donde vivíamos. Retomamos la conversación justo donde la habíamos dejado. Cada una contó cómo se dio cuenta por primera vez de que era diferente. Kim explicó que, cuando cerraba los ojos para dormir, recibía visiones de personas que no conocía.

—Cuando tenía nueve años, veía gente muerta en mi habitación —dijo.

Bobbi nos contó que su abuela, su madre y sus tres hermanas también eran psíquicas.

—Siempre estaba leyendo a la gente —explicó—. Me empezaron a llamar señorita Sabelotodo. Incluso mi familia se hartó. Me decían que no me llevarían con ellos cuando salieran porque siempre estropeaba las cosas con lo que «sabía».

Mi cena con Kim y Bobbi fue muy estimulante. Sentí una ligereza de espíritu que hacía mucho que no sentía, quizás nunca. Intercambiamos ideas, comparamos técnicas e incluso nos hicimos lecturas entre nosotras. Éramos como tres amigas normales dándose consejos unas a otras, solo que en nuestro caso los consejos provenían del Otro Lado.

Ese vínculo fue significativo para todas.

—Es difícil mantener el equilibrio con tantas lecturas —dijo Bobbi en un momento dado—. Hay que encontrar un punto de equilibrio. Y estar con amigas que tienen la misma energía es lo que me ayuda a encontrar el mío.

Sabía exactamente a qué se refería. Todas compartíamos los mismos miedos y problemas. Todas necesitábamos un espacio seguro para ser nosotras mismas. Hasta aquella noche, me había sentido como si estuviera sola en esto; ahora, sin embargo, tenía una especie de familia psíquica. Desde entonces, nos reunimos una vez al mes para cenar, hablar, reírnos, compartir nuestras inquietudes y apoyarnos. Ahora tenía una hermandad. Un espacio seguro.

———

Pocas semanas después de la prueba de certificación, recibí una llamada de Phran Ginsberg. Me explicó cómo se había evaluado mi prueba: cada consultante había proporcionado puntuaciones numéricas que se usaron para calcular mi nivel de precisión.

—Enhorabuena —me dijo—. Ya estás certificada.

Sentí que el corazón se me aceleraba y los ojos se me llenaban de lágrimas. Ahora podía participar en los eventos organizados por la FFF. Había encontrado la vía que necesitaba para llevar mis habilidades al siguiente nivel. Sentía la necesidad de ayudar a quienes sufrían y ahora tendría la oportunidad de hacerlo. Obtener la certificación de la FFF fue una importante validación para mí, pero no solo eso: también fue un momento decisivo. Era una llamada a la acción. Ahora formaba parte de algo más grande que yo misma.

Formaba parte de un equipo de luz.

Tenía la sensación de que mi vida como médium psíquica estaba a punto de cambiar.

17

Más cosas en el cielo y en la tierra

Ashley acababa de cumplir cinco años cuando Garret y yo decidimos que era el momento adecuado para tener otro bebé.

Siempre habíamos querido tener otro hijo, pero sentíamos que debíamos esperar un poco. Nuestras vidas eran agitadas, a veces caóticas, con Garrett terminando Derecho y preparándose para el examen de acceso a la abogacía, y conmigo estrenándome como madre, como profesora y como médium psíquica a escondidas. Con el tiempo las cosas comenzaron a estabilizarse. Garret aprobó el examen de acceso a la abogacía y a mí me concedieron la plaza fija como profesora. Ahorramos todo lo que pudimos y conseguimos comprar una casa de una sola planta con tres dormitorios en una tranquila calle arbolada de Long Island. Le dije al universo que estaba lista. Había llegado el momento de tener otro bebé.

Sin embargo, cuando no me quedé embarazada de inmediato, empecé a interrogar al universo. ¿Era este realmente el momento indicado o no? Para acelerar las cosas, fui a la farmacia a comprar un test de ovulación, y me llevé a Ashley conmigo.

Me encontré en un pasillo flanqueado por dos paredes repletas de pruebas de embarazo, test de ovulación y todo tipo de productos para concebir. Me sentí abrumada. Empecé a pensar que tal vez no lograría quedarme embarazada y sentí una gran angustia. Me estaba dejando llevar por mis miedos. Hice todo lo posible por ocultarle mis sentimientos a Ashley, pero por dentro estaba hecha un lío.

En ese preciso momento, Ashley tiró suavemente de mi camisa.

—Mami —me dijo—, ¿sabías que Fuzzle está justo a tus pies ahora, dándote amor?

¿Fuzzle?

Fuzzle había sido la perrita de la familia cuando yo era niña. Era una *westie* blanca, muy bonita y cariñosa, y yo la adoraba. Fuzzle siempre me reconfortaba y me daba amor cuando lo necesitaba. Era increíblemente leal. Cuando salíamos de vacaciones, Fuzzle se acurrucaba encima de una de las maletas la noche anterior, para que no nos olvidáramos de llevarla. La quería como cualquier niña adora a su primera mascota, y me prometí que siempre la llevaría en el corazón.

Aun así, no es que pensara en Fuzzle constantemente. Después de todo, ya hacía dos décadas que había cruzado al Otro Lado. Seguramente le había hablado a Ashley de ella en alguna ocasión, y puede que incluso hubiera visto alguna foto, pero lo cierto es que Fuzzle no era un tema recurrente en nuestra vida cotidiana.

Y ahora mi hija de cinco años me estaba diciendo que Fuzzle estaba acurrucada a mis pies en el pasillo de los test de embarazo de la farmacia.

De inmediato supe que era cierto.

Ya sospechaba que Ashley poseía algunos dones como los míos, así que no me sorprendió demasiado que pudiera ver a Fuzzle, pero me emocionó profundamente que esta apareciera con un mensaje de amor justo cuando más lo necesitaba. En ese momento, todas mis dudas y temores sobre el embarazo se desvanecieron. Sentí con total certeza que todo saldría bien.

Un mes después, estaba embarazada.

═════

Estar embarazada otra vez me llenó de alegría y energía. Nueve meses después, un precioso niño llegó al mundo con una brillante corona de cabello rubio platino. Parecía resplandecer. Lo llamamos Hayden.

Esperaba que los meses posteriores a su nacimiento fueran ajetreados, agotadores y difíciles, pero también felices y maravillosos, tal y como habían sido cuando nació Ashley. Pero esta vez fue diferente. En lugar de sentirme eufórica, me sentía deprimida, ansiosa y arrastrada por una energía negativa. No era culpa de Hayden; él era un bebé dulce y alegre. Era algo que el embarazo había alterado en mi interior. Tenía cambios bruscos de energía y de ánimo, como si viviera en una casa donde el termostato pasara del calor al frío y otra vez al calor. A veces, sentía como si una nube oscura se cerniera sobre mí.

¿Era depresión posparto? Estaba claro que mis síntomas encajaban con el diagnóstico: tristeza, ansiedad, irritabilidad, episodios de llanto, sueño interrumpido. Pero también tenía otro síntoma aterrador: empecé a tener pensamientos oscuros.

No es que fuera a hacer algo malo o dañino, Dios sabe que nunca lo haría, sino que me di cuenta de que podía hacerlo. Y por más que intentara llenar mi mente de pensamientos positivos para disipar los negativos, no podía. Los pensamientos oscuros no cesaban. Era aterrador. «No soy yo —me repetía una y otra vez—. Trabajo con la luz, no con la oscuridad. ¡Ni siquiera veo películas de terror!». Un antiguo miedo regresó con fuerza: «¿Y si estoy loca?».

Tuve que enfrentarme a la posibilidad de que realmente hubiera algo grave en mí, tal y como había sospechado durante gran parte de mi vida. Todo lo que había avanzado para aceptar mis habilidades, para encontrar mi lugar en el mundo, de pronto estaba en peligro. Fue un periodo doloroso y angustioso.

Decidí buscar ayuda y pedí cita con un psiquiatra.

=====

Cuando entré en la consulta del doctor Marc Reitman, estaba hecha un manojo de nervios. ¿Hablar sobre el Otro Lado me haría parecer psicótica? ¿El doctor Reitman podría considerarme incapaz de cuidar a mis hijos?

Su actitud me tranquilizó enseguida. Su energía era suave, cálida y amorosa. Aun así, temía lo peor.

Empecé hablándole de mis pensamientos aterradores. No me guardé nada. El doctor Reitman me escuchó en silencio, sin mostrar ninguna emoción ni juicio. Cuando terminé, me hizo una pregunta sencilla.

—Sé que tienes estos pensamientos oscuros, pero ¿crees que en algún momento los llevarías a cabo?

No dudé ni un segundo.

—Por supuesto que no —respondí—. Ni en un millón de años. Jamás haría algo así.

—Entonces no hay ningún problema —dijo el doctor Reitman.

Sentí alivio, pero sabía que aún tenía que contarle el resto.

—Eso no es todo —añadí.

Entonces le hablé de cómo supe que mi abuelo iba a morir cuando tenía once años. Del sueño que tuve con John. De cómo percibo la energía de la gente y veo sus colores. De cómo hablo con los muertos y cómo me responden. De cómo me transmiten mensajes para sus seres queridos.

El doctor Reitman siguió escuchando con calma. Yo temía su respuesta.

—Déjame preguntarte algo, Laura —dijo con voz serena—. Cuando haces estas lecturas, ¿recibes información precisa? ¿Ayudan a la gente?

—Oh, sí —respondí—. Recibo nombres, fechas y todo tipo de detalles que validan la experiencia. Y los mensajes siempre son de sanación y amor. Las lecturas son hermosas. Yo misma aprendo mucho de ellas. Me encanta formar parte de ellas.

El doctor Reitman sonrió y me miró a los ojos.

—No creo que estés loca —afirmó—. No deberías ver estas experiencias como síntomas de nada. Deberías considerarlas habilidades que necesitas explorar. El universo es más grande de lo que pensamos.

En esas pocas palabras, en esas mágicas y sanadoras palabras, escuché el hermoso eco de mi querido William Shakespeare, quien, a través de Hamlet, me decía: «Hay más cosas en el cielo y en la tierra, Horacio, de las que sueña tu filosofía».

Me sentí libre. Mi mayor miedo —estar loca, delirante— desapareció. Sentí como si hubiera aprobado una especie de examen psicológico.

El doctor Reitman se concentró en los síntomas de mi depresión posparto y diseñó un tratamiento que comenzaba con medicación para ayudarme a lidiar con los cambios de humor y los pensamientos oscuros. El problema era que mi organismo no metaboliza los medicamentos igual que la mayoría de la gente. Tengo una tolerancia muy baja a cualquier fármaco. Incluso una simple pastilla de ibuprofeno puede hacerme sentir débil y fuera de mí. Aun así, accedí a intentarlo.

En pocas semanas, me di cuenta de que la medicación no me estaba ayudando con los altibajos emocionales. Además, estaba interfiriendo con mis habilidades. En lugar del flujo rápido de información que solía recibir durante una lectura, ahora me llegaba con cuentagotas. El doctor Reitman decidió probar conmigo un regulador natural del estado de ánimo llamado SAM-e.

Y funcionó. Los pensamientos oscuros se disiparon, como una densa niebla desvaneciéndose bajo el sol. El flujo natural de información del Otro Lado regresó. De hecho, se intensificó, como ya había sucedido tras el nacimiento de Ashley.

Tomé SAM-e durante varios meses, hasta que me sentí completamente equilibrada. Pero igual de importante que el tratamiento del doctor Reitman fue su aceptación de mi don. No había nada en su formación como psiquiatra que abordara lo sobrenatural, pero tuve la fortuna de que fuera una persona abierta a realidades que no aparecen en los manuales de psiquiatría.

Fui a ver al doctor Reitman varias veces en los meses siguientes. Con él me sentía segura y libre para hablar de mis habilidades, y cuanto más conversábamos, menos dudas e inseguridad sentía.

¿Encontrar a un psiquiatra con una mente curiosa y sin prejuicios fue solo suerte? No lo creo. Parecía que el Otro Lado seguía colocando a personas especiales en mi camino, personas destinadas a ayudarme a comprender y valorar mis habilidades.

El doctor Reitman fue una de ellas.

18
La gorra del policía

CON MI ENERGÍA Y MIS HABILIDADES equilibradas de nuevo, estaba lista para retomar las lecturas. Por aquel entonces recibí una llamada de Phran Ginsberg, de la Forever Family Foundation, para invitarme a participar en un evento especial llamado «Cómo escuchar cuando tus hijos hablan». Asistirían diez parejas que habían perdido a un hijo, junto con un único médium psíquico: yo.

Tragué saliva y le dije a Phran que lo haría.

El evento estaba programado para la última semana de agosto. A medida que se acercaba la fecha, mi ansiedad fue en aumento. Era como un zumbido interno que se hacía cada vez más fuerte hasta volverse casi insoportable. Pasé mucho tiempo hablando con el Otro Lado, pidiéndoles que, por favor, estuvieran allí y me dieran mensajes para las familias en duelo.

Este evento no se parecía a nada de lo que había vivido antes. Tendría que entrar en aquella sala con nada más que mi pantalla interior. No habría un plan B ni otro médium que pudiera intervenir si el Otro Lado no se manifestaba a través de mí. Tendría que confiar en el Otro Lado por completo.

Pasé la semana anterior al evento con mis hijos, disfrutando de los últimos días del verano. Hayden, que tenía dieciséis meses, y Ashley, de siete años, me mantenían ocupada y me ayudaban a no pensar demasiado en lo que me esperaba. Aun así, cuando llegó el día, estaba más nerviosa que nunca. Ese zumbido interno que me acompañaba alcanzó su punto máximo. Intenté comer, pero apenas podía retener algo. Me salté la cena por completo.

Garrett trabajaba como abogado interno para una gran cadena de tiendas y no volvería a casa hasta las seis y media, así que mi madre vino a cuidar a los niños hasta que él llegara. Besé a los pequeños, le di las gracias a mi madre y subí a mi Honda Pilot. Llamé a Garrett desde el coche y, una vez más, me aseguró que todo saldría bien. Cuando colgamos, intenté concentrarme en la respiración. «Inhala, exhala. Encuentra tu centro. Conéctate con tu ser espiritual».

Y entonces, en la autopista de Jericho, llegaron los niños.

Tuve que salir de la autopista y frenar en seco en el aparcamiento del Staples. Saqué la libretita que siempre llevo en el bolso y empecé a anotar todo lo que pude de lo que los niños me estaban diciendo. Incluso en ese momento, me costaba creer lo que estaba ocurriendo. Nunca había recibido una avalancha de mensajes como aquella.

Después de unos minutos regresé a la autopista y me apresuré a llegar al Hilton de Huntington. No me sobró ni un minuto. Los padres ya estaban sentados en la sala de conferencias, pero reinaba un silencio sobrecogedor. El ambiente se sentía pesado, como si faltara el aire.

—Esta es Laura Lynne Jackson —anunció Bob Ginsberg a los padres—. Es médium certificada por la Forever Family Foundation, y está hoy aquí para ayudarnos a aprender a comunicarnos con nuestros hijos.

Bob y Phran se retiraron de la sala para darles a los padres la mayor privacidad posible. En cuanto salieron, todas las miradas volvieron a posarse en mí. Como profesora, estaba acostumbrada a que la gente me mirara esperando que hablara, pero esto era distinto. El silencio era insoportable. Tenía que hacer algo, debía comenzar a hablar, pero no sabía qué decir. Entonces me di cuenta de que lo único que tenía que hacer era dejar que los niños hablaran. Y, de repente, sentí cómo irrumpían en la sala.

—Vuestros hijos están aquí —solté sin pensar—. Y hay algo que quieren que sepáis.

Sin darme cuenta, me había deslizado a ese lugar que flota apenas sobre mi cabeza, ese espacio donde dejo de habitar mi cuerpo físico y me convierto en mi ser espiritual. Ahí ya no soy la «yo» que conozco, y puedo soltar mis preocupaciones terrenales. Sentí un clic, como si se abriera una puerta.

Los niños aparecieron como puntos de luz en mi pantalla interior. Se manifestaron con fuerza y claridad, y la sensación fue electrizante. Estaba rodeada por estos pequeños seres, llenos de una energía muy hermosa.

—Vuestros hijos están aquí con vosotros, ahora mismo —les dije a los padres—. Y tienen un mensaje colectivo que quieren que escuchéis. Están diciendo: «Por favor, no os preocupéis por nosotros. Estamos bien. Todo está bien. Dejad de lado vuestros miedos y preocupaciones, para que podamos tener este momento juntos. Hay muchas cosas que queremos contaros».

Percibí cómo esas palabras rompían la tensión en la sala. Se disipó un poco la pesadez. Entendí por qué los niños habían venido a mí antes del evento, cuando estaba en el coche. Sabían que sus padres llegarían con la guardia alta, con muros levantados para contener el dolor, la pena y la rabia. Sabían que esas barreras podían impedir que sus voces fueran escuchadas, así que acudieron a mí con un mensaje en común para todos: «Derribad los muros, bajad la guardia, para que podamos llegar hasta vosotros. No tengáis miedo ni dudas ni resistencias. Sabed que estamos aquí, con vosotros, ahora mismo».

Estos niños, tan llenos de luz y vitalidad, nos estaban invitando a sumergirnos en su alegre energía. No sentí más que amor puro. Nada de miedo, dolor ni culpa: solo amor. Es como cuando esperas en el aeropuerto a alguien a quien quieres con todo tu corazón y, de repente, ves a esa persona caminando hacia ti: es el mejor sentimiento del mundo. Así me sentí yo en aquella sala de conferencias: envuelta en amor.

Esta vez, para mi sorpresa, los niños se colocaron en fila pacientemente, uno por uno, en lugar de abrumarme con su presencia como habían hecho en el coche. No era yo quien dirigía el orden de los acontecimientos, eran ellos. Sentí la energía de un niño acercándose y una fuerza intensa me atrajo —lo llamo un hilo de energía, la sensación de que el Otro Lado guía mi cuerpo— hacia una pareja sentada al otro extremo de la mesa de conferencias. El hombre se mantenía estoico, no dejaba traslucir ninguna emoción. Su esposa, en cambio, ya estaba llorando, aunque no lo tocaba ni se apoyaba en él.

Quien apareció fue una adolescente. Me mostró que era hija única, para que pudiera entender el peso particular de la pérdida que sentían sus padres. Me enseñó la letra J, pero también una palabra corta, como para decir que tenía un apodo.

—Vuestra hija está apareciendo —le dije a los padres—. Me muestra un nombre con jota, pero me señala algo más. Jessica o Jennifer, pero la llamabais de otra manera.

Sus padres asintieron lentamente. Se llamaba Jessica, pero le decían Jessie.

Entonces Jessie me mostró lo que le había ocurrido.

—Todo comenzó en su pecho —dije.

=====

Más tarde, me enteré de la historia completa por sus padres. La mañana del Viernes Santo de 2007, Jessie, una estudiante de segundo año de secundaria, bajó las escaleras de su casa en Falls River, Connecticut.

—Me encuentro mal —les dijo a sus padres.

—Jessie, hoy no hay colegio —le contestó Joe, su padre—. No tienes que fingir que estás enferma.

—No, de verdad —insistió ella—. No me siento bien.

Justo el día anterior, Jessie había jugado un partido de *lacrosse* y había asistido a un entrenamiento del Club de Exploradores de la policía estatal para adolescentes, dos de sus muchas pasiones. Era guapa e inteligente, tenía el cabello pelirrojo, pecas y una sonrisa cálida y tímida. Jessie nunca bajaba el ritmo: a los quince años ya era estudiante de honor, cinturón negro de segundo grado y buceadora certificada. Adoraba a sus amigos, a su familia y a su golden retriever, Paladin (o Pal, como lo llamaban en casa), y tenía una gran curiosidad por la vida.

En dos semanas cumpliría dieciséis años y acababa de empezar a salir con su primer novio.

—No era nada serio —me contó Maryann, su madre—. Solo me dijo: «Mamá, hay alguien que me gusta», como hacen los adolescentes.

Joe y Maryann llevaron a Jessie al pediatra, quien les dijo que estaba resfriada. Esa noche Jessie tosió sangre y sus padres la llevaron al hospital. Al día siguiente, la trasladaron en ambulancia a otro centro médico y, de ahí, la evacuaron en helicóptero al Hospital Infantil de Boston. Efectivamente, tenía gripe, pero era una cepa rara y muy agresiva.

Rápidamente, la enfermedad derivó en neumonía y después en sepsis. Sus constantes vitales empezaron a debilitarse, y la conectaron a un respirador porque sus pulmones estaban gravemente dañados. Familiares y amigos viajaron hasta Boston para estar con Joe y Maryann, mientras que otros se quedaron en Falls River y organizaron una vigilia con velas en el patio trasero de la casa Jessie.

Cinco días después de que bajara las escaleras aquel Viernes Santo, una tomografía reveló que tenía una hemorragia cerebral. Los médicos dijeron que no había nada más que pudieran hacer.

Joe, un hombre corpulento que trabaja en un taller de carrocería, y Maryann, una mujer de fe profundamente católica, se quedaron paralizados. No habían tenido ni tiempo de asimilar lo que ocurría y, de repente, lo inimaginable se hacía realidad: estaban perdiendo a su preciosa hija.

Joe y Maryann entraron juntos a la habitación de Jessie para despedirse.

—Te quiero —le dijo Maryann, acariciando el largo cabello pelirrojo de su hija—. Eres nuestra mejor amiga en el mundo.

Joe se aferró a la mano de Jessie y se frotó los ojos para evitar que las lágrimas cayeran sobre ella.

—Te quiero, Jessie —le dijo—. Te quiero muchísimo.

Jessie falleció pocos días después de Pascua.

Joe y Maryann dejaron su habitación tal como estaba, como si esperaran que volviera a entrar en cualquier momento dando saltos. Para mantenerse ocupados, se volcaron en la organización del velatorio y el funeral. En lugar de elegir regalos de cumpleaños, escogieron una lápida.

—Nada tenía sentido —me dijo Joe—. Ningún sentido. Jessie estaba aquí, y de repente dejó de estarlo. ¿Por qué pasó esto? ¿Por qué Jessie? ¿Por qué estamos aquí, cualquiera de nosotros, si algo como esto puede suceder de pronto?

—Perdimos nuestra fe en la vida —añadió Maryann—. Buscábamos respuestas en todos lados, pero no las había. La vida dejó de tener propósito sin Jessie. ¿Por qué seguimos aquí nosotros, y ella no?

No sabía hasta qué punto estaban devastados cuando me detuve frente a ellos en la sala de conferencias. Pero sí sabía que Jessie no había desaparecido. Estaba allí, con nosotros, llena de amor y de vida. Y tenía un millón de cosas que decir.

—Quiere daros las gracias por las mariposas —les dije a Joe y a Maryann.

Se miraron entre ellos y Maryann buscó un pañuelo. No sabía por qué las mariposas eran significativas, ni tenía por qué, pero estaba claro que sus padres sí lo sabían. Más tardé me enteré de que Joe y Maryann habían elegido una lápida para su hija con mariposas talladas flotando sobre su nombre. A Jessie le encantaban las mariposas.

Pero eso fue solo el comienzo.

—Me está mostrando un animal —continué—. Un gato. Un gato en un árbol. ¿Un gato atrapado en la rama de un árbol?

Miré a Joe y a Maryann en busca de confirmación, pero no reaccionaron. No me preocupé, a menudo los mensajes del Otro Lado no cobran sentido hasta más adelante. Les pedí que recordaran lo que les había dicho, por si algún día el mensaje encajaba. (Unas semanas después de la lectura, Joe estaba rastrillando las hojas del jardín trasero cuando vio el gato de peluche favorito de Jessie atrapado en una rama del árbol. Al instante recordó por qué estaba allí: ella lo había olvidado en el jardín un día, y él lo recogió y, sin pensarlo demasiado, lo puso en el árbol para que el perro no lo mordisqueara. En la sala de conferencias no había relacionado aquel mensaje con nada, pero Jessie se lo había mostrado para que pudiera llevarse consigo aquel detalle y, en el momento justo, entenderlo. Para que sintiera su presencia cuando más la necesitara).

Jessie continuó.

—Veo un sombrero, algo así como una gorra de policía —dije—. Jessie me está enseñando una gorra azul de policía. Tengo que hablaros de esta gorra. ¿Eres policía?

Joe pareció sorprendido. Más que eso: estaba atónito. Más tarde, me explicó el significado de aquella gorra de policía.

Antes de morir, Jessie había asistido a un campamento para adolescentes organizado por el departamento de policía estatal. Era justo el tipo de actividad que a Jessie, con su espíritu aventurero, le encantaba hacer. Joe le dio cincuenta dólares y le pidió que le comprara una gorra de policía, pero Jessie se gastó el dinero en otra cosa y olvidó comprar la gorra. Nadie le dio importancia.

Entonces, en el funeral de Jessie, ocurrió algo inexplicable. Un agente de policía se acercó a Joe. Los dos hombres no se conocían. El agente llevaba en la mano una gorra azul de policía y parecía luchar para encontrar las palabras correctas.

—Le he traído esta gorra —le dijo a Joe, con los ojos llenos de lágrimas—. No sé por qué, de verdad que no lo sé. Solo sé que debo entregársela.

Joe cogió la gorra, le dio la vuelta, la miró por un lado y por otro, y después abrazó al policía.

El Otro Lado, al parecer, puede convertir a cualquier persona en un mensajero, siempre que esa persona esté dispuesta a mantener su corazón y su mente abiertos. El policía podría haber ignorado aquella extraña necesidad de entregarle la gorra a Joe. Por suerte, no lo hizo.

Jessie me mostró la gorra porque era algo que solo Joe y Maryann sabían. Ni siquiera el agente de policía sabía por qué aquel regalo era tan significativo. Pero Jessie quería que lo compartiera, para que sus padres supieran que estaba allí con ellos, en la sala de conferencias.

Después me mostró su enfermedad. Me enseñó todo su cuerpo, lo que entendí como una señal de que había sido algo que la había afectado por completo. Después me llevó hasta su cabeza: quería mostrarme que su enfermedad se había extendido y había afectado a su cerebro. También me enseñó una línea de tiempo de tres días: era una enfermedad de rápida evolución.

—Envenenó todo su organismo —les dije a sus padres—. Se propagó por la sangre y llegó hasta el cerebro. Cuando llegó al cerebro fue el momento en que tuvisteis que dejarla ir. Joe y Maryann nunca le habían dicho a nadie —nadie— lo de la hemorragia cerebral de Jessie. Nunca compartieron con nadie que esa fue la razón por la que decidieron desconectarla del respirador. Pero Jessie me lo mostró para darles otra prueba más de que estaba allí. Tal vez sabía que sus padres necesitaban muchas evidencias. Tal vez sabía que, de entre todos los detalles, ese sería el que realmente los convencería de que ella estaba presente. Y así fue.

—Esto es lo que Jessie quiere deciros —les dije—. Quiere que entendáis que no se ha ido. Nunca va a dejaros. Siempre será vuestra hija y siempre os querrá. No la habéis perdido y nunca la perderéis. Por favor, entended que nunca la podréis perder.

En el hospital, el día que Jessie murió, Maryann le había tomado la mano, le había acariciado el cabello y le había susurrado: «Eres nuestra mejor amiga en el mundo». Y ahora, tres meses después, en una sala de conferencias de Long Island, Jessie les devolvía esas preciosas palabras a sus padres.

—Jessie no se ha ido —les dije—. Jessie nunca se irá. Está siempre con vosotros. Y siempre será vuestra mejor amiga.

19
La última niña

AQUELLA TARDE EN LA SALA de conferencias, los niños siguieron apareciendo: chicos y chicas, algunos de tan solo cinco años, otros en plena adolescencia, e incluso algunos mayores. Cada uno me daba detalles claros que permitían a sus padres reconocerlos y confirmar que estaban allí, antes de insistir, una y otra vez, en lo mucho que necesitaban que entendieran que, en realidad, no se habían ido nunca.

Fui guiada hacia un hombre y una mujer cuya hija había sido atropellada mientras montaba en bicicleta. Ella quería decirles que soltaran la culpa, que comprendieran que no hubieran podido hacer nada para evitarlo.

—Y quiere daros las gracias por haber colgado su dibujo en el salón —les dije—, para que pueda seguir presente en vuestra vida.

Otro joven apareció y me mostró que había muerto ahogado junto con dos amigos.

—Quiere que sepáis que cruzó con sus amigos, que nunca estuvo solo —les dije a sus padres—. Y que, al llegar al Otro Lado, su abuelo y el perro de la familia estaban allí para recibirlo.

Todos los niños que vinieron querían lo mismo: aliviar el dolor y la angustia de sus seres queridos. Estaban allí para que sus padres vieran un destello de luz del Otro Lado, porque incluso ese pequeño resplandor les permitiría empezar a ver un camino para salir de la oscuridad.

Las lecturas se sucedían una tras otra. No me di cuenta en el momento, pero habían pasado más de tres horas desde que empecé. Había ocurrido tanto en esas tres horas… La sala, antes cargada de desesperación, ahora estaba impregnada de un poderoso sentimiento de alivio y esperanza. Las personas que saldrían de allí ya no eran las mismas que habían entrado. Su tormento no había desaparecido, pero se había aligerado. Sus hijos les habían dado el regalo más hermoso, mágico y poderoso: la certeza de que no se habían ido.

Estaba agotada, emocionada y sobrecogida por todo el amor que se había compartido aquella tarde. Aun así, algo no estaba bien. Sentía que algo fallaba.

Todos los niños se habían manifestado… excepto uno.

Recorrí la sala con la mirada y me fijé en una persona con la que aún no había hablado: una mujer morena de unos cuarenta años. Más tarde supe que era madre soltera, la única persona allí sin pareja. Estaba sentada en el extremo de la mesa, esperando pacientemente, pero su hijo no se había manifestado.

¿Qué estaba pasando? Cuando la mayoría de los padres ya se habían marchado, la mujer de cabello negro se levantó despacio, se giró y empezó a caminar hacia la salida. Pude sentir su enorme decepción, pero entonces lo entendí: su hija quería ser la última.

Corrí hacia la mujer y le puse una mano en el hombro.

—Espera —le dije—, por favor, quédate. Me quedaré contigo todo el tiempo que haga falta.

Nos sentamos de nuevo en la mesa de conferencias, las dos solas. Y, en cuanto nos acomodamos, su hija vino a través de mí.

Sin embargo, su punto de luz no estaba en la parte superior derecha de mi pantalla, la parte fuerte y clara, sino un poco más abajo. Fue como si escuchara una vibración baja y profunda, algo que tenía que esforzarme en captar y descifrar. Además, la luz de esta persona era mucho menos intensa que las del resto, y para conectar con ella tuve que bajar la mía, mucho más de lo que había hecho en toda la tarde. Entonces me di cuenta de que por eso habíamos tenido que esperar a que la sala se vaciara. Esta lectura era distinta.

Al fin pude ver que se trataba de una niña, una chica joven en realidad, de veinte años. La información llegaba de forma difusa, pero logré interpretarla.

—Eres psiquiatra —le dije a su madre. El rostro de la mujer se congeló. Después vi un edificio universitario y tres letras—. Tu hija me está diciendo que fue a la Universidad de Nueva York —añadí.

La joven me mostró dónde vivía su madre, algunos otros detalles, y luego vi animales, animales pequeños: gatos.

—Tu hija quiere darte las gracias por cuidar de sus gatos —le dije—. Está muy agradecida por el amor con el que los tratas.

Ese detalle lo cambió todo. Sentí que la energía de la madre se abría plenamente a la lectura y a los mensajes de su hija.

Entonces la joven me mostró cómo había muerto, aunque yo ya lo sabía.

Se había quitado la vida.

Las personas que cruzan por suicidio suelen aparecer con una luz más tenue. La hija de aquella mujer había esperado hasta el final para aparecer porque no quería que su suicidio saliera a la luz delante del resto de padres. Había esperado hasta que su madre tuviera más privacidad.

Me mostró cómo, a los dieciséis años, ya había intentado suicidarse una vez, y cómo su madre había hecho todo lo posible por ayudarla entonces. Después me mostró cómo lo había conseguido: había tomado una sobredosis de pastillas. Y me dejó claro que lo habría hecho de todas formas, sin importar lo que su madre o cualquier otra persona hubiera intentado. Era su elección, su puerta de salida. Había detenido el viaje de su alma en la Tierra, y solo después de cruzar comprendió lo valioso que es el regalo de la vida.

Le conté todo esto a la madre, que lloraba. Aunque la conexión había comenzado débil, ahora era fuerte y profunda. Podía sentir el increíble amor que fluía entre aquella madre y su hija.

Y por primera vez en toda la tarde, las lágrimas rodaron por mi rostro. Fue uno de los momentos más poderosos que había experimentado en mi vida.

—Tu hija quiere que sepas que, si hubiera sabido lo devastador que sería esto para ti, el dolor que te causaría, nunca lo habría hecho —le dije—. Está muy arrepentida.

Habíamos llegado al verdadero núcleo de su dolor. Esto era lo que más necesitaba escuchar aquella madre.

—Tu hija quiere darte las gracias —continué—. Quiere darte las gracias por haber intentado ayudarla y por haber intentado entenderla. Pero, sobre todo, quiere darte las gracias por lo que hiciste por ella después de su muerte. —En aquella sala casi vacía, transmití su mensaje—: Tu hija quiere darte las gracias por haberla perdonado.

Me quedé con la madre durante cuarenta minutos más. Cuando terminamos, Bob y Phran me abrazaron y me dieron las gracias. Estaban muy contentos por cómo había ido la velada. Por mi parte, el cansancio que sentía desapareció con la última lectura; me sentía completamente llena de energía. Había sido capaz de ayudar a todos esos padres a conectar con sus hijos y a recibir esos maravillosos mensajes de amor. Saber que podía formar parte de este milagroso proceso de sanación significaba muchísimo para mí. En aquel momento supe, con absoluta certeza, que las habilidades que tanto había temido, las que durante tanto tiempo había visto como una maldición, eran en realidad una bendición.

Me subí al coche y conduje a toda velocidad hacia casa. Me sentía tan eufórica que seguía vibrando de emoción. Sé que puede soñar extraño, considerando que acababa de pasar cuatro horas con padres en duelo y hablando de sucesos de una tristeza inimaginable, pero la verdad es que todos habíamos compartido un momento milagroso. ¡Los niños estaban allí, con sus padres, en aquella sala! ¡El amor no tiene final!

Aquella noche no había girado en torno a la muerte y la oscuridad; había sido una noche de luz, de vida y de amor.

Eran las once de la noche. Llamé a Garrett y le conté que todo había salido muy bien.

—Te dije que así sería —respondió.

—Llegaré pronto a casa —dije.

Y en ese momento me di cuenta de que no estaba sola en el coche. Los niños seguían conmigo.

Ya no tenían más mensajes que compartir, pero ellos también seguían vibrando con la emoción del encuentro. Todas mis lecturas crean una conexión triangular en la que intervienen tres energías: la mía, la de la persona que consulta y la de quienes están al Otro Lado. Esa noche todos compartíamos la misma sensación: al igual que yo, los niños estaban exultantes. Poco a poco fueron desvaneciéndose, pero todavía sentía una presencia en el coche. Era una niña, pero no había estado en la sala de conferencias; sin embargo, ella también tenía un mensaje que compartir.

Aparqué en la entrada y pasé a mi casa en silencio. Abracé y besé a Garrett y fui de puntillas a ver a mis pequeños. Abrí la puerta del cuarto de Ashley y me acerqué a su cama: mi ángel, mi precioso ángel. Me incliné, le di un beso en la mejilla y le subí la manta hasta los hombros. Luego caminé sigilosa hasta el cuarto de Hayden, lo besé y lo arropé. Pasé suavemente los dedos por su pelo. Sabía demasiado bien lo valiosa que era cada ocasión con ellos, sabía lo afortunada que era por tenerlos. En la cocina, saqué unas patatas fritas y un poco de salsa y comí como si no hubiera probado bocado en una semana. Luego le dije a Garrett que aún tenía un pequeño asunto que atender, así que me fui a nuestra habitación y cerré la puerta.

━━━━━

Esa noche, en la lectura grupal con la FFF, yo tenía el dato de que Phran y Bob habían perdido a una hija, pero no sabía nada sobre ella ni sobre cómo había fallecido.

Lo que sí supe mientras conducía de vuelta desde el Hilton de Huntington era que la niña que estaba conmigo en el coche era su hija, Bailey.

Pensé en llamarlos, pero temía que fuera demasiado tarde para hacerlo, así que les escribí un correo electrónico.

Durante toda la noche, Bob y Phran se habían mantenido en un segundo plano. Se sentaron discretamente a un lado, apoyando en silencio a los padres en duelo, deseando con todas sus fuerzas que sus hijos aparecieran. Dejaron de lado su propio dolor, su propia pérdida, y se concentraron en ayudar a otros padres, pero ahora había un mensaje para ellos.

«Todos los niños que han aparecido esta noche quieren daros las gracias por haber hecho posible el evento —escribí—. Desde el Otro Lado me dicen que estáis sanando a más gente de la que creéis. Bailey está muy orgullosa de vosotros. La vi en mi pantalla, de pie detrás de los demás niños, irradiando orgullo y alegría. Es muy hermosa».

Bailey también quería marcar una fecha significativa que se aproximaba. «¿Por estas fechas es el cumpleaños de alguien de la familia o un aniversario? —pregunté—. Bailey está reconociendo una fecha importante y quiere que sepáis que siempre será parte de vuestras vidas».

Al día siguiente, Phran me respondió. Me agradeció cálidamente la lectura y me contó que el aniversario del fallecimiento de Bailey era en tres días.

«Sin duda, Bailey estuvo contigo esa noche», escribió Phran.

Algunas almas no están destinadas a quedarse mucho tiempo en este mundo. Algunas vienen solo por un breve periodo, pero en ese tiempo aprenden y enseñan profundas lecciones de amor. Y su impacto no termina cuando cruzan. Siempre están aquí para seguir enseñándonos sobre el amor. Bailey solo estuvo en este mundo quince años, pero continúa transformándolo para mejor porque, gracias al amor inmenso que Bob y Phran sienten por ella, nació la Forever Family Foundation. Y ahora los tres, Bob, Phran y Bailey, siguen trabajando juntos como un equipo de luz y sanación.

20
La abeja atrapada

Casi un año después del evento de la FFF, realicé una lectura para una pareja de Nueva York, Charlie y RoseAnn. Vi que llevaban mucho tiempo casados y que no tenían hijos. Pero, a medida que abría más la puerta hacia el Otro Lado, apareció un punto de luz en mi pantalla. Pude sentir que ese punto de luz no era una persona, sino un perro.

—Estoy viendo un perro grande y negro con un nombre que empieza por ese —les dije. Charlie y RoseAnn me contaron que el primer perro que tuvieron juntos se llamaba Shadow, un precioso cruce entre dóberman y labrador.

Entonces aparecieron más puntos de luz. Me deslumbraban, era una experiencia completamente nueva para mí. No era solo Shadow quien se manifestaba, sino animales de todo tipo, puntos de luz alineados uno detrás de otro. Las luces siguieron apareciendo sin cesar, una auténtica procesión de animales, y todos con el mismo mensaje: era un mensaje de gratitud, reconocimiento y amor.

Sentí una oleada de amor puro fluyendo entre los consultantes y el Otro Lado. Era tan intenso que no podía distinguir con claridad a todos los animales que estaban allí, solo sabía que eran muchísimos. Me pregunté qué habrían hecho Charlie y RoseAnn para generar un intercambio tan poderoso de amor y gratitud.

———

Charlie creció en el Bronx; RoseAnn era de Brooklyn. Ambos fueron criados en familias que amaban —y a menudo rescataban— a los animales..

—Yo tenía una habilidad especial para rescatar periquitos —me contó Charlie—. Se escapaban de sus jaulas en algún apartamento y terminaban en nuestra escalera de incendios. Entonces les echaba una toalla encima y los metía en casa. No era fácil, pero acabé teniendo cinco periquitos.

Para RoseAnn, todo giraba en torno a los gatos y los perros callejeros.

—Había una familia de gatos que vivía en el área de almacenamiento de nuestro edificio, y mi madre y yo los trajimos a casa —dijo—. Una madre y dos gatitos, Blackie y Gray. Los alimentamos, los cuidamos y les dimos cariño. Los perros que ya teníamos se llevaban bastante bien con ellos.

Cuando Charlie y RoseAnn empezaron a salir en la veintena, se unieron aún más gracias a su amor por los animales. Cuando se fueron a vivir juntos, muchos más animales en apuros se cruzaron en su camino. No los buscaban, pero los animales que necesitaban ayuda siempre parecían encontrarlos.

Estaba Stripes, la gata que apareció en su porche con señales de haber sido atropellada y con la cadera rota, y también Stars, Fang, Mommy, Heidi, Baby y Snow, gatos que se habían encontrado en callejones o en la acera. Había un enorme gato atigrado llamado Reginald Van Cat y un perro mestizo llamado Farfel.

—Dábamos la vuelta a una esquina en Brooklyn y veíamos a dos perros encadenados a una valla —recuerda RoseAnn—. ¿Qué se supone que debíamos hacer, seguir caminando?

Pero no solo fueron gatos y perros. Un día, mientras estaban de compras en un centro comercial, se encontraron dos gorriones recién nacidos acurrucados en los restos de un nido dentro de un carrito de supermercado. Acababan de salir del huevo y todavía no habían abierto los ojos, pero estaban fríos al tacto. Charlie y RoseAnn los llevaron a casa, los calentaron y, contra todo pronóstico, los gorriones —a los que llamaron Heckle y Jeckle— sobrevivieron. Más tarde, encontraron un hogar para ellos en un santuario de aves silvestres.

En otra ocasión estaban en el garaje de su edificio cuando escucharon un leve gorjeo. Buscaron durante una hora hasta dar con el origen del sonido y al final encontraron un gorrión recién nacido escondido detrás de la rueda de un coche. Como no podía volar, lo dejaron bajo un arbusto para que sus padres lo encontraran, pero, cuando volvieron una hora después, el gorrión seguía ahí, así que lo acogieron, lo cuidaron hasta que se recuperó y luego lo liberaron.

Después fueron la pata con sus patitos, atrapados en plena autopista de Nueva Jersey, con los coches y camiones pasando a ciento veinte kilómetros por hora.

—Los vi avanzar hacia el carril izquierdo —contó RoseAnn—. Un conductor frenó bruscamente, pero los patos siguieron hacia el carril central. Otro conductor frenó de golpe, y luego los patos estaban justo delante de mí, así que frené también, y ellos siguieron caminando hasta llegar al arcén. Entonces miré por el retrovisor y vi un enorme tráiler que venía directo hacia mí a toda velocidad.

RoseAnn pronunció entonces una breve oración. Sin frenar y en el último segundo, el tráiler giró hacia el arcén, esquivó su coche por centímetros y volvió a incorporarse a la autopista, sin detenerse. Y los patos… simplemente continuaron caminando.

—Fue como si todos estuviéramos conectados en una misma conciencia y fuéramos capaces de esquivar a los patos. Nos quedamos allí hasta que estuvieron a salvo, fuera de la autopista.

Hubo muchas más historias: el perro callejero herido en Cozumel, México (convencieron a un médico para que lo tratara con medicamentos humanos); el pichón que se cayó del nido en un paso elevado a ocho metros de altura (convencieron a los bomberos para que lo devolvieran al nido); el sapo diminuto que luchaba para no ser barrido por las olas que se estrellaban en un aparcamiento durante una tormenta (Charlie se enfrentó a las olas, recogió al sapo y lo dejó en un lugar seguro al otro lado del paseo marítimo).

Una tarde de abril, Charlie y RoseAnn estaban paseando junto al río en el centro de Manhattan cuando vieron a un grupo de personas reunidas junto a la barandilla, señalando algo en el agua. Una ballena jorobada de diez metros había sido descubierta bajo el puente Verrazno-Narrows y estaba nadando en la dirección equivocada, alejándose del mar abierto. No era una buena señal, pues, si no se dirigía al océano, corría el riesgo de ser golpeada por un barco o quedar atrapada en una red.

Charlie y RoseAnn se unieron al grupo y observaron cómo la Guardia Costera establecía un perímetro alrededor de la ballena, tratando de protegerla de los barcos, pero no había manera de guiarla hacia el mar: la ballena tenía que hacerlo por sí misma. La gente que observaba decidió intentar enviarle un mensaje: se concentraron con todas sus fuerzas y desearon que la ballena volviera a mar abierto.

Durante largo rato, el animal no se movió, pero de pronto cambió de rumbo y empezó a nadar en la dirección correcta, alejándose del perímetro y dirigiéndose hacia las aguas abiertas al sur de Coney Island. Con un último gran salto, la ballena salió de la bahía y desapareció debajo de la superficie, hacia aguas más seguras.

¿Y la gente de la orilla?

No aplaudió. Nadie hizo ruido. Todos sentían que acababan de formar parte de algo mágico.

—Nos quedamos de pie en silencio, en la orilla —recuerda Charlie—, e imaginamos a la ballena nadando de vuelta a casa.

Y entonces llegó la historia de la abeja diminuta.

Charlie y RoseAnn paseaban por el malecón de Jones Beach cuando vieron una abeja en el suelo. Una de sus minúsculas patas se había quedado atrapada entre dos tablones de madera que había en la acera.

—Se veía que la abeja trataba de tirar para liberarse —recordó RoseAnn—. No sé cómo nadie la había pisado todavía —RoseAnn se puso de rodillas y con mucho cuidado levantó uno de los tablones hasta que la abeja logró soltarse—. Pero no se alejó volando, porque estaba demasiado agotada, así que la puse sobre una servilleta y la llevamos al jardín, donde la dejamos caer cerca de unas flores. Al poco empezó a zumbar entre ellas.

Durante mi lectura con Charlie y RoseAnn vi la imagen de un crucero y una paloma. No tenía ni idea de qué significaba aquello, pero lo mencioné en la lectura. Más tarde me enteré de la historia de la paloma en el barco.

La pareja se encontraba en un crucero por Europa cuando vieron una paloma caminando por la cubierta. Se preguntaron qué hacía allí, en medio del mar del Norte, y se quedaron con ella hasta que echó a volar. Dos horas después, bajaron a su camarote y, cuando abrieron la puerta, ¡se encontraron a la paloma sobre su cama!

Su camarote tenía un balcón, así que supusieron que seguramente se habían dejado la puerta abierta. El barco tenía miles de camarotes, pero de alguna manera la paloma había encontrado el suyo.

Le prepararon un pequeño plato con semillas que raspa-
ron de unos panecillos de la cena y se lo dejaron en el balcón.
La paloma comió y encontró un rincón cómodo para descansar. Se quedó allí hasta que el barco atracó en el siguiente
puerto, Ámsterdam. Después se alejó volando.

Antes de hacerlo, Charlie se dio cuenta de que llevaba una
pequeña anilla en una de las patas. En la anilla había una serie
de números que reconocieron como un número de teléfono.
El número era de los Países Bajos y, cuando llegaron a Ámsterdam, Charlie lo marcó.

—Nos contestó alguien que nos puso en contacto con el
dueño de la paloma —me contó Charlie—. Era una paloma
mensajera de competición y se suponía que debía haber vola-
do por el mar del Norte hasta Francia. Supongo que necesitó
hacer un pequeño descanso y acabó en nuestro barco. El dueño estaba muy contento por saber de ella y que estuviera sana
y salva.

———

Mi lectura con Charlie y RoseAnn fue una de las más intensas que jamás he hecho. Fluyó tanto amor y tantos mensajes a través del canal abierto que apenas podía seguirles el
ritmo. Algunos animales se manifestaron con más claridad
que otros. Shadow, el primer perro que tuvieron juntos, fue
uno de ellos, pero también recibí información específica de
un animal que aún no había cruzado: uno de sus queridos
gatos.

—Tenéis un gato ahora mismo que tiene muchas dificultades para caminar —les dije—. Tuvo un derrame y está muy
enfermo, pero aún no está listo para irse. Quiere quedarse, así
que debéis esperar, porque en dos semanas podrá caminar de
nuevo. Y veo una línea de tiempo que se extiende siete meses,
lo que significa que seguirá con vosotros siete meses más.

Charlie y RoseAnn se quedaron atónitos. Su querido gato Reggie, en efecto, acababa de sufrir un derrame. Apenas podía caminar y estaban casi seguros de que tenía los días contados. —Ni siquiera se podía poner de pie —me contó RoseAnn más tarde—. Teníamos que levantarlo para meterlo en la caja de arena. La verdad, estábamos pensando que era el momento de sacrificarlo.

Pero como el Otro Lado les había dicho que esperaran dos semanas, decidieron hacerlo. Dos semanas más tarde, Reggie entró en su habitación caminando como si nada. Luego corrió y se acurrucó con ellos. Y se quedó siete meses más.

Tuve otra lectura con Charlie y RoseAnn después de que Reggie cruzara, y esta vez él también apareció.

—Reggie me dice que no puede creer que ahora pueda estar en la cama con vosotros —les dije—. No se cree la suerte que tiene, y está encantado con ello.

RoseAnn se rio y confirmó que nunca habían dejado que Reggie durmiera con ellos, porque, si dejaban subir a un gato a la cama, tendrían que permitírselo a todos.

Desde entonces he hecho unas cuantas lecturas más para Charlie y RoseAnn, y en cada una de ellas he recibido un torrente de amor y gratitud desde el Otro Lado. Todos los animales que han rescatado y salvado durante los últimos treinta años —gatos, perros, gorriones, sapos, palomas, patos e incluso aquella diminuta abeja— han aparecido con oleadas de amor y agradecimiento. Charlie y RoseAnn han dedicado su vida a ayudar y amar a las criaturas más frágiles y heridas entre nosotros, y por eso el Otro Lado está rebosante de aprecio hacia ellos.

Mis lecturas con Charlie y RoseAnn me han enseñado mucho. Han reforzado mi comprensión de la importancia del libre albedrío. Las decisiones que tomamos, en particular cada acto de generosidad y bondad, tienen un gran impacto. Nuestras acciones importan. Todo lo que han hecho Charlie y RoseAnn importa. Importa para la gran energía colectiva de todas nuestras almas. Importa porque han honrado el mayor regalo que poseemos: la capacidad infinita de amar y sanar, incluso a las más criaturas más pequeñas.

Estas lecturas también han sido significativas para mí porque RoseAnn y Charlie creen profundamente que todas las criaturas vivas comparten una conciencia. Ellos creen que esta conciencia fue lo que le permitió a la abeja comprender sus intenciones, a la ballena percibir la energía colectiva de pensamiento de la gente en la orilla y a los conductores que iban a toda velocidad por la autopista de New Jersey evitar no atropellar a los patos.

Esta misma conciencia es la que sobrevive al plano físico.

Hoy en día, Charlie y RoseAnn —ambos vegetarianos, por supuesto— sienten un gran consuelo al comprender que su familia de animales continúa compartiendo con ellos un vínculo de amor poderoso.

Mis lecturas con ellos son una prueba muy significativa para mí de que los animales sobreviven en el Otro Lado, y de que nuestro vínculo con ellos es inquebrantable. También he visto que, mientras están aquí, nuestros compañeros animales no quieren dejarnos. A menudo veo múltiples puertas para que crucen, y eligen la última de todas. Reggie, el gato, permaneció siete meses más. En otra lectura, una pareja estaba convencida de que tenían que sacrificar en breve a su chihuahua de doce años, LaLa, pero vi varias puertas en su camino: una ese mismo mes y otra en los seis meses siguientes. Para su sorpresa, LaLa se quedó con ellos seis meses más, un tiempo que les permitió celebrar el amor infinito que los unía.

Los animales suelen aparecer en mis lecturas con mensajes importantes para nosotros, los que seguimos aquí en la Tierra. Estos mensajes pueden estar relacionados con la culpa que sentimos por su muerte. ¿Hicimos lo correcto al sacrificarlos? ¿Hicimos lo suficiente para salvarlos? ¿Les causamos un sufrimiento innecesario? Cualquiera que haya querido alguna vez a un animal conoce bien estas preguntas. Hace poco, hice una lectura para una mujer en la que se manifestaron dos perros: un retriever grande y un pequeño terrier. Vi que el retriever acababa de cruzar y sentí que la mujer cargaba con un profundo sentimiento de culpa.

—Él dice que no debes sentir culpa alguna por su partida —le dije—. Lo hiciste todo bien. Era su momento. Y estuviste con él cuando cruzó, y quiere darte las gracias por ser tan dulce, tan amorosa, por haber estado a su lado. Desde este perro solo fluye amor, amor y más amor para ti.

La mujer rompió a llorar. Me contó que, cuando el retriever enfermó, tuvo que tomar una decisión muy difícil: autorizar una operación que tenía pocas posibilidades de éxito o sacrificarlo. Ella quería hacer todo lo posible para ayudarlo, pero la operación le parecía demasiado arriesgada porque su enfermedad ya estaba muy avanzada. Finalmente, decidió no operarlo y darle un descanso en paz.

Casi al instante temió haber tomado la decisión equivocada, no haber hecho lo suficiente por su perro y haberlo decepcionado en el momento en que más la necesitaba. Pensó que jamás podría perdonarse.

Cuando hicimos la lectura, el mensaje de su querido perro llegó con claridad: «Estoy bien». Vi que el retriever se había reunido en el Otro Lado con su mascota de la infancia, un pequeño terrier. Estaba a salvo, era feliz y no sentía ningún dolor. Pero lo más importante era que le estaba muy agradecido por todo el amor que le había dado.

—No tomaste una decisión «equivocada», porque todas las decisiones que tomaste fueron por amor —le dije—. El amor infinito y profundo que sentías por tu perro es lo que él se llevó consigo al Otro Lado. No se llevó nada más que amor.

La mujer me dijo que sintió como si le hubieran quitado un gran peso de encima. Todo el amor que había derramado sobre su perro mientras estuvo con ella ahora volvía a abrazarla, justo cuando más lo necesitaba.

El Otro Lado nos muestra que, cuando nuestros animales cruzan, están a salvo, felices y libres de dolor, correteando por campos, surcando los cielos, nadando en arrecifes… y agradeciéndonos todo el amor que les dimos mientras estuvieron aquí.

El mensaje del Otro Lado es muy claro: nuestros animales siguen vivos. Nos esperan. Los volveremos a ver.

21
Dos meteoritos

MIS LECTURAS PRIVADAS eran cada vez más ricas y profundas a medida que mi confianza aumentaba y mejoraba mis técnicas. Cada lectura era una enseñanza. Estaba aprendiendo que nada en el universo sucede por casualidad; que cada persona que conocemos tiene algo que enseñarnos o aprender de nosotros; que el Otro Lado nos observa con inmenso amor y propósito.

También me di cuenta de que, si bien la mayoría de quienes vienen a mis lecturas creen en el Otro Lado, muchos no lo hacen. Algunos son religiosos y creen en el cielo. Otros aceptan su existencia, pero no creen que haya forma de conectarse con él. Algunos son profundamente espirituales y creen en una fuerza universal que nos une. Hay quienes llegan a mí esperando contactar con sus seres queridos fallecidos. Pero también hay personas que, al pedirme una lectura, no creen en absoluto.

Uno de ellos fue un hombre llamado Jim Calzia.

———

Jim es científico, geólogo. Nació en California y creció en los límites del desierto de Mojave, donde, de niño, jugaba entre

colinas áridas y afloramientos rocosos que despertaban su ima-
ginación. Se doctoró en Geología y trabajó durante 38 años en
el Servicio Geológico de Estados Unidos, cartografiando depó-
sitos minerales, analizando isótopos y estudiando el origen y la
evolución de los elementos de tierras raras. Encontraba belleza
en la tierra seca, en las rocas y en los matorrales dispersos, pero
también hallaba en ellos una especie de certeza.
    Para Jim, la tierra era sólida: firme, táctil, sustancial. Su
trabajo consistía en comprender la naturaleza de esa solidez.
Creía en lo que podía sostener en sus manos: un pedazo de
titanita, o zircón, o monacita, o algún otro mineral resistente
sobre el cual se construía su realidad.
    Su fe, su roca, era su esposa, Kathy.
    Jim había conocido a Kathy cuando ambos estaban en el
último año de secundaria en Culver City. Una semana antes
del gran «baile al revés», en el que las chicas sacaban a bailar a
los chicos, Kathy, que era guapa, popular y extrovertida, abor-
dó a Jim. «¿Quieres ir al baile al revés conmigo?», le preguntó.
Tenían diecisiete años y pasarían juntos los 45 siguientes.
    Se casaron mientras estaban en la universidad. Juntos
construyeron una hermosa vida en California, Jim como geólogo y Kathy como educadora de enfermería en el distrito
escolar. Tuvieron tres hijos: Scott, Kevin y Chris. En 1994, Jim
recibió el susto de su vida cuando le diagnosticaron a Kathy
cáncer de mama. Estuvo hospitalizada durante un mes y necesitó un tratamiento experimental. El baile de graduación de
su hijo Kevin coincidió con la hospitalización de su madre, así
que Kevin y su cita se pusieron batas quirúrgicas y pasaron la
mayor parte de la noche del baile en la habitación de Kathy.
Jim también estuvo ahí, pero entonces él siempre estaba allí.
    El tratamiento funcionó y Kathy se recuperó.
    Todo estuvo bien hasta 2009, el año en que Kathy se jubi-
ló. Jim estaba organizando su jubilación alrededor de la de

Kathy; su idea era jubilarse juntos, remodelar su casa y pasar allí sus años dorados. Pero unos días después de jubilarse, Kathy contrajo una neumonía. Ella ya había luchado contra la neumonía antes, pero esta vez, en lugar de mejorar, empeoró. Kathy decidió ir al hospital. Jim fue con ella, sin pensar ni por un momento que fuera algo más que una visita precautoria.

Sus síntomas no desaparecían. Los médicos se dieron cuenta de que su sistema inmunológico se había debilitado por el tratamiento experimental de años atrás y ahora no respondía. Los análisis mostraron que Kathy tenía el raro virus H1N1, la gripe porcina. La trasladaron a la unidad de cuidados intensivos y la intubaron. Ya no podía hablar.

Aun así, Jim tenía fe en que se recuperaría y todo estaría bien. Kathy había librado batallas como esa antes y siempre las había ganado, era una luchadora. Durante la semana siguiente, Jim apenas se apartó de su lado, aunque estaba sedada todo el tiempo. Kathy tuvo que someterse a varias transfusiones sanguíneas, y Jim sabía cuánto odiaba ella las agujas, así que apenas podía soportar ver cómo las enfermeras la pinchaban. Pero sabía que las transfusiones eran necesarias y que su esposa seguiría luchando.

Después de cinco días en el hospital, las enfermeras le dieron a Kathy lo que llamaron unas «vacaciones de sedación», una reducción temporal de la sedación para que estuviera consciente durante un tiempo. Los hijos de Kathy se reunieron a su alrededor mientras recuperaba la conciencia por primera vez en días. No podía hablar debido al tubo, pero podía señalar las letras en una pizarra alfabética. Quería su cepillo y su peine, y quería asegurarse de que estuvieran regando las flores de las canastas colgantes al lado del garaje.

Cuando las enfermeras la volvieron a sedar, sus hijos se fueron a casa, pero dos días después una enfermera le dijo a Jim que el corazón de Kathy estaba latiendo a ciento sesenta pulsaciones por minuto. Jim sabía que Kathy estaba luchando con todas sus fuerzas. Sin embargo, cuando el médico se acercó a él una noche en la sala de espera, empezó a asustarse.

—Creo que ya es hora de dejarla ir —dijo el médico.

¿Dejarla ir? ¿Dejar ir a Kathy? Esa idea nunca había cruzado por su mente. Ni por un segundo había contemplado una vida sin Kathy. ¿Dejarla ir? ¿Qué significaba eso? ¿Cómo puedes dejar ir a alguien que lo es todo para ti? Jim estaba aterrado.

En su octavo día en la unidad de cuidados intensivos, el latido del corazón de Kathy empezó a desvanecerse. Eran las cuatro de la mañana cuando una enfermera le explicó que estaban teniendo problemas para ponerle una aguja para la transfusión.

—No lo hagan —se sorprendió diciendo Jim—. No le pongan más agujas.

La enfermera le dijo que no quedaba mucho tiempo. Jim llamó a sus hijos y les pidió que se apresuraran en llegar al hospital. Cada uno tuvo solo unos momentos para despedirse. Uno por uno acariciaron el brazo de su madre y la besaron en la mejilla. Después Jim se inclinó sobre la cama de Kathy, la abrazó y la sostuvo contra su pecho.

—Estoy tan orgulloso de ti —susurró—. Sé que lo hiciste lo mejor que pudiste. Te quiero, Kathy.

Jim sintió una mano sobre su hombro. Era su hijo Scott.

—Papá —dijo Scott—, ya se ha ido.

─────

Nada lograba aliviar la pena de Jim. Era profunda, no tenía fondo. Conservó las pertenencias de Kathy tal como siempre habían estado. Pasaba la mayor parte del tiempo en la oscuridad. No respondía llamadas ni permitía que sus amigos lo visitaran. No está seguro de lo que hizo exactamente durante esos meses oscuros y desesperados; solo tiene destellos de recuerdos.

Recuerda que pasó la primera Navidad sin Kathy con su hijo Kevin, su nuera Maren y la familia de ella. Recuerda que, a las once de la mañana del día de Navidad, casi todos los que habían conocido y querido a Kathy, incluso amigos que vivían muy lejos, en Finlandia, encendieron una vela y la alzaron en su memoria. Pero, más allá de eso, los meses posteriores a la partida de Kathy son un borrón, demasiado dolorosos y tristes para recordar.

Podría haber pasado años así, quizá el resto de su vida, pero un día empezó a tener una migraña. Nunca había tenido una, aunque Kathy solía padecerlas de vez en cuando. Ese día, Jim vio destellos de luz cegadores y sintió un dolor insoportable en la sien. Se dejó caer sobre la cama y se agarró la cabeza. La migraña le hizo pensar en Kathy, y en ese momento tuvo una especie de epifanía.

«Kathy no querría esto», pensó. Ella lo habría cuidado. Habían construido una vida juntos y ahora, de pronto se daba cuenta, la estaba desperdiciando.

Jim mejoró un poco después de eso. Antes de que Kathy muriera, habían empezado la remodelación de su casa. Jim retomó el proyecto donde lo habían dejado y se aseguró de que cada detalle quedara exactamente como Kathy lo había imaginado. Estaba a punto de instalar una cocina eléctrica nueva cuando el electricista con el que habían trabajado se opuso.

—No, no, no, Kathy habló conmigo sobre eso —dijo—. Quería una cocina de gas. Una cocina de gas *gourmet*. Ya había escogido una con perillas rojas.

Jim instaló la cocina que Kathy había elegido.

No mucho después, cuando salía de una reunión familiar conduciendo por la autopista 101, cerca de Shell Beach, vio que algo brillaba en su campo de visión. Alzó la mirada por el parabrisas y en el oscuro cielo nocturno vio dos meteoritos descendiendo hacia la playa. Eran increíblemente rápidos y brillantes, y mientras caían, Jim se preparó para la onda expansiva. Volvió a mirar a la carretera un instante, después miró otra vez a los meteoritos, pero ya no estaban. El cielo estaba en calma. Era como si se lo hubiera imaginado todo.

Esa noche, Jim visitó al hermano de Kathy y le preguntó si había oído algo sobre dos meteoritos gigantes sobre Shell Beach. El hermano de Kathy no había escuchado nada, ni tampoco nadie más a quien Jim preguntó.

Unas semanas después, recibió una llamada de su hijo Kevin.

—Hay algo que creo que tienes que ver —dijo Kevin.

Kevin le envió un vídeo de una sesión que su esposa, Maren, había tenido con una médium psíquica. Esa médium era yo.

Como suele pasar, la lectura que tuve con Maren sucedió unas horas después de que Jim viera los meteoritos.

—Solo tienes que verlo —insistió Kevin—. Confía en mí.

Jim y su hijo Scott vieron la sesión juntos. Casi al instante, Jim notó que yo hacía gestos con las manos que le resultaban familiares. Eran los gestos de Kathy.

Se inclinó hacia delante y escuchó mientras yo describía una serie de acontecimientos familiares, nacimientos y sucesos exactamente tal y como su esposa lo habría hecho.

—¿Cómo puede saber todo esto? —se preguntó—. ¿Por qué actúa como Kathy?

Durante los siguientes sesenta minutos, Jim escuchó cómo Kathy hablaba… a través de mí.

Después, hacia el final de la sesión, Maren me preguntó:

—¿Kathy ha intentado ponerse en contacto con Jim desde que falleció?

Jim contuvo la respiración. No podía procesar lo que estaba viendo y oyendo. Aun así, necesitaba oír la respuesta.

—¡Oh, sí! —le dije a Maren—. Lo ha intentado una y otra vez, pero cada vez que lo hace él se sumerge más y más en la oscuridad. Ella no quiere hacerle daño, pero sigue intentándolo. Lo ha intentado todo. ¡Dice que incluso ha probado con meteoritos!

Jim se puso de pie de un salto.

—Necesito ver a esta mujer en persona —dijo.

———

Cuando tuve mi sesión con Jim, había pasado casi un año desde la muerte de Kathy. Nos reunimos en la casa de los padres de Maren, en Hungtington Station, Long Island. No sabía nade de él, salvo que su esposa había muerto un año antes. Se le veía nervioso. Era alto, con una abundante cabellera entrecana y unos ojos que sonreían cuando él lo hacía. No era joven, pero había en él algo juvenil. Su rostro era afable; su energía, aventurera, aunque se veía que tenía los pies en la tierra. Era alguien con quien querrías pasar tiempo. Pero también pude sentir su profunda tristeza.

Nos sentamos y leí su energía durante un minuto o dos. Entonces, muy rápido, sentí la presencia de su esposa. Me mostró una imagen muy clara.

—Tu esposa me está mostrando que tu casa está hecha un caos —dije—. Las paredes están derribadas, los suelos levantados, y están bajando los techos. Todo está patas arriba.

Jim sacudió la cabeza y sonrió. Estaba en plena remodelación. Las paredes, los suelos, el techo…, todo estaba tal y como lo había descrito.

—También veo algo como una cocina —dije—. Una cocina con perillas rojas.

Jim rompió a llorar.

Kathy me dio detalle tras detalle para confirmar su presencia. Me mostró la imagen de la huella de una mano en la pared.

—Me está mostrando esta huella y dice que te ha visto tocando esta pared en la cocina.

Jim asintió con la cabeza.

—La cocina era su parte favorita de la casa —explicó—. Todas las mañanas, cuando entro, toco la pared por ella. Todas y cada una de las mañanas.

—Ella lo sabe. Y te está tocando a ti de vuelta.

Kathy me mostró algo en un cajón: un pequeño frasco de esmalte de uñas.

—Kathy se está riendo de esto —le dije a Jim—. Se ríe y dice: «Bromea con él sobre por qué necesita mi esmalte de uñas».

Jim ahora también reía.

—Tiene razón —admitió—. Guardé su esmalte de uñas. Lo tengo en el garaje. Es el mismo tono de rojo que mi coche, así que lo uso cuando necesito retocar la pintura.

Había algo en el hecho de que Jim conservara el esmalte de uñas de su esposa que me resultaba muy conmovedor. Había sido de Kathy, y ahora era suyo, y lo usaban de formas completamente distintas, pero para ambos era indispensable. Aquel frasquito era un hilo en el tejido de su vida juntos, uno que seguía uniéndolos más allá del tiempo y el espacio.

Mi sesión con Jim me mostró cuán insistentemente nuestros seres queridos tratan de comunicarse con nosotros desde el Otro Lado, y cuánto necesitamos cambiar nuestra percepción del mundo para poder recibirlos.

Jim y yo hablamos durante más de una hora. Kathy se manifestó con muchos más detalles íntimos. Jim no dejaba de sacudir la cabeza, preguntándose cómo podía saber esas cosas. Pero, por supuesto, yo no las sabía. Solo las transmitía en nombre de Kathy.

Cuando la sesión terminó, Jim parecía muy conmovido. Se puso de pie, respiró hondo un par de veces y después me abrazó.

—Sentí como si estuviera teniendo una conversación con Kathy —dijo—. Nunca pensé que volvería a hablar con ella.

Jim me pidió que agendáramos otra sesión, pero yo sabía que no era necesario.

—No me necesitas —le dije—. No me necesitas para hablar con Kathy. Ella está en todas partes a tu alrededor. Solo tienes que prestar atención a lo que te rodea. Cuando algo ocurra, estate atento.

Jim se fue a casa, compró un álbum de recortes y empezó a anotar todo lo que le parecía fuera de lo común. Escribió sobre el rosal que los compañeros de Kathy le habían regalado cuando se jubiló, cómo lo habían plantado en el jardín delantero y cómo empezó a florecer justo después de su partida. Esas rosas eran más grandes, brillantes y espléndidas que ninguna otra flor del jardín.

Escribió sobre el día de su aniversario de bodas, cuando él y Scott fueron a cenar a un restaurante en el que no habían estado en mucho tiempo. Lo primero que le llamó la atención de la carta fue un entrante de langostinos con miel y nueces, el favorito de Kathy.

Escribió sobre la hermosa paloma blanca que entró en el garaje mientras arreglaba algo en su coche, cómo se posó y lo miró, y cómo él le devolvió la mirada. Se observaron durante lo que pareció una eternidad, hasta que la paloma alzó el vuelo. Jim la siguió con la vista y, aunque solo él pudo oírlo, dijo en voz alta: «Esa era Kathy».

Incluso volvió a trabajar, aceptando un puesto como geólogo emérito y continuando sus proyectos de investigación en el Valle de la Muerte, en California. Allí no hay árboles, ni colinas ni nada verde. Sin embargo, para él es un lugar de be-

lleza y certeza, repleto de rocas y minerales que puede sostener en sus manos. Y en aquel paisaje árido y marrón, Jim encontró algo tan real para él como cualquier otra cosa en la
tierra: encontró a Kathy.

—Siento que ella está aquí —dice Jim—. Siento que siempre está aquí, a mi alrededor, y que estamos en comunicación
todo el tiempo. Siento que nuestro amor es el mismo de
siempre.

Jim cree en algo que la ciencia no puede probar: que algún día él y Kathy volverán a estar juntos. La sesión le abrió
los ojos y el corazón.

—Puedo ver un escenario en el que Kathy y yo estaremos
juntos otra vez —dice—. Ahora tengo las herramientas que
necesito para continuar. Para vivir como Kathy hubiera querido que viviera.

Jim ya no necesita dos meteoritos surcando el cielo. Le
basta con una sencilla paloma blanca. O un plato de langostinos con miel y nueces. O cualquier cosa, en realidad, que le
recuerde a Kathy y el amor que comparten.

—Creo que Kathy estaría orgullosa de mí —dice Jim—.
De hecho, sé que lo está.

Y cuando al fin Jim terminó de remodelar la casa que había compartido con su esposa, puso una elegante placa de
bronce grabada en la puerta principal: CASA DE KATHY.

22
Windbridge

MI BÚSQUEDA PARA DESCUBRIR cuál era mi lugar en el mundo nunca cesó. Como profesora, alentaba a mis alumnos a ser incansables en su búsqueda del conocimiento, y como médium psíquica puse esa lección en práctica. Aún había grandes preguntas que necesitaba responder.

Phran y Bob me sugirieron que investigara el Instituto Windbridge para la Investigación Aplicada del Potencial Humano, una organización compuesta por científicos dedicados a estudiar fenómenos aún inexplicables dentro de las disciplinas científicas tradicionales. Windbridge, con sede en Arizona, fue cofundado por la doctora Julie Beischel, quien también es la directora de investigación. Dos de las médiums de la Forever Family Foundation, Joanne Gerber y Doreen Molloy, ya formaban parte del equipo de investigación de Windbridge. Me entusiasmaba la idea de ser capaz de usar mis habilidades no solo para ayudar a quienes estaban en duelo, sino también para contribuir al avance de la investigación científica.

La declaración de la misión y visión de Windbridge planteaba preguntas esenciales: «¿Qué podemos hacer con el potencial que existe en nuestro cuerpo, mente y espíritu? ¿Podemos sanarnos unos a otros? ¿A nosotros mismos? ¿Podemos comunicarnos con nuestros seres queridos fallecidos?».

Descubrí que Windbridge cuenta con un riguroso proceso de evaluación y certificación para personas con habilidades mediúmnicas. Se trata de un procedimiento de ocho pasos que incluye una lectura quíntuple ciega. Este proceso fue diseñado para eliminar cualquier posibilidad de influencia externa en los resultados: lecturas en frío, sesgos de los participantes, señales involuntarias del experimentador, incluso la telepatía. En una lectura quíntuple ciega, todas las personas que supervisan el experimento están completamente aisladas de la información. No saben nada sobre los *desencarnados* —es el término que usan para referirse a las personas fallecidas—, ni sobre qué médiums realizaron qué lectura, ni siquiera qué médium ha sido asignado a cada consultante.

Durante años había ansiado comprender qué explicaba mis habilidades únicas y cuáles eran sus implicaciones personales, psicológicas y fisiológicas. Windbridge parecía ser el lugar donde podría encontrar algunas respuestas. Le envié un correo electrónico a la doctora Beischel y le dije que quería realizar la prueba.

———

La doctora Beischel obtuvo una licenciatura en Ciencias Ambientales y un doctorado en Farmacología y Toxicología por la universidad de Arizona. Cuando aún era estudiante, su madre se suicidó, lo que la llevó a visitar a una médium psíquica. La sesión le pareció significativa y despertó su curiosidad por lo paranormal.

Respondió rápidamente a mi consulta y me pidió que completara un cuestionario que abarcaba aspectos de mi historia personal, mi nivel educativo, mi estado de salud, mis habilidades psíquicas específicas y más cosas por el estilo.

Después me sometí a un test de personalidad basado en el indicador tipológico Myers-Briggs, una evaluación clínica que mide rasgos como la extroversión, la simpatía y otros rasgos. El tercer paso fue una entrevista con dos médiums certificadas del instituto. Su trabajo era evaluar mis motivaciones, determinar si encajaría bien en el equipo y si tenía un interés genuino en contribuir a la ciencia de la parapsicología. Las conversaciones con ellas fueron maravillosas; de hecho, mientras me escuchaba a mí misma responder a sus preguntas, me sorprendí con algunas de mis respuestas. Era como si el Otro Lado me estuviera guiando en esa parte del proceso.

—¿Dónde te ves en cinco años en lo que respecta a tu trabajo como médium? —me preguntó una de ellas.

Me escuché a mí misma responder que mi compromiso como médium ocuparía un lugar central en mi vida y que me entusiasmaba porque trabajaría con un equipo de luz en el Otro Lado —niños que habían cruzado— para transmitir el mensaje de que la vida continúa y de que la muerte no existe. Veía que mi misión era ayudar a la gente a vivir la mejor versión de su existencia aquí y ahora. También hablé sobre mi deseo de formar parte de Windbridge para contribuir a la investigación sobre cómo funciona la mediumnidad. Sentí fuerza y confianza al hablar con otras médiums que estaban en la misma sintonía y comprendían lo que era vivir sabiendo que el Otro Lado es real. Todas compartíamos las mismas verdades. Sonreí cuando supe que había pasado la entrevista.

La siguiente parte del proceso fue una entrevista telefónica con la doctora Beischel. Me preguntó sobre mi proceso y mis intenciones: por qué quería obtener la certificación de Windbridge y cómo usaba y pretendía usar mi don. Tras una media hora de conversación, me informó de que pasaría a la siguiente etapa: el quinto paso.

En esta parte del proceso debía realizar lecturas a distancia para dos voluntarios elegidos por los investigadores de Windbridge e intentar conectar, en cada caso, con un ser querido fallecido concreto. En ese momento no lo sabía, pero los desencarnados seleccionados eran intencionalmente muy distintos —una persona joven y otra mayor, por ejemplo—, para evitar lecturas genéricas que pudieran aplicarse a ambos.

No se me daría el nombre del voluntario ni su relación con el fallecido, solo recibiría el nombre de pila del difunto. El investigador que seleccionó a los voluntarios compartiría los nombres de los difuntos con la doctora Beischel. Luego ella me llamaría, me daría el nombre de uno de los fallecidos, pondría un temporizador de quince minutos y me haría preguntas específicas sobre la personalidad, la apariencia física y los intereses del difunto, así como sobre la causa de su muerte.

Ni la doctora Beischel ni yo sabíamos nada sobre el difunto en cuestión ni sobre el voluntario. Este último, incluso, no sabría nada sobre mí y no conocería los resultados de mi lectura hasta más tarde. Todo lo que tenía era un nombre.

Este protocolo garantizaba que la única fuente posible de información fuera la persona fallecida. ¿Funcionaría? ¿Sabría el difunto dónde encontrarme cuando entrara la llamada? ¿Sería capaz de conectar sin tener al consultante al teléfono o ni siquiera siendo consciente de que estaba teniendo lugar la lectura? ¿En qué me había metido? Recurrí a las únicas personas que sabía que entenderían mi ansiedad: Kim y Bobbi. Les describí el proceso.

—Funcionará —me aseguró Kim.

—El Otro Lado sabrá exactamente dónde encontrarte para transmitir sus mensajes —dijo Bobbi.

El día señalado estaba nerviosa. Me senté en la cama y esperé la llamada de la doctora Beischel.

—La persona fallecida con la que debes contactar se llama Mary —me anunció la doctora Beischel con tono neutro—. Por favor, comienza describiendo su aspecto y cómo falleció. Estábamos en marcha. No tuve tiempo de ponerme nerviosa porque de súbito sentí un torrente de información fluyendo hacia mí. Sin previo aviso, comencé a describir a Mary, identificando su relación con la persona para la que estaba leyendo, trazando un retrato de su vida. Me mostró que medía alrededor de un metro setenta, tenía el cabello rubio y los ojos claros, y que al fallecer tenía cerca de ochenta años. Me enseñó imágenes de sus aficiones: la jardinería, la lectura, montar en bicicleta. Me dijo que había estado casada y que tenía dos hijos. Luego me llevó al área de su pecho, como para mostrarme la causa de su muerte, y sentí que se me cortaba la respiración. Me mostró un hospital. Me dio la impresión de que había estado enferma un tiempo y que su muerte no había sido consecuencia de un accidente, sino de una enfermedad. Mientras todo esto sucedía, apenas podía creer lo fácil que era recibir toda esa información.

Pasados los minutos, la doctora Beischel me dio las gracias y me informó de que una semana más tarde, a la misma hora, me llamaría para que realizara la segunda lectura. Colgué el teléfono un poco aturdida, salí de mi habitación y fui a la cocina, donde mis hijos jugaban en silencio. Mi madre había estado cuidándolos mientras yo atendía la llamada.

—¿Cómo te ha ido? —me preguntó.

—Ha sido una experiencia increíble —respondí—. En cuanto escuché el nombre, sentí que alguien se manifestaba y me transmitía toda esa información. No sabía si podría hacerlo sin que el consultante estuviera presente, pero el Otro Lado sabía exactamente cómo encontrarme.

—Eso es maravilloso —dijo mi madre—. Parece que ha salido todo muy bien.

—Bueno, como yo lo veo, solo hay dos opciones: o estoy delirando y acabo de inventarme toda una vida, o esto realmente ha funcionado.

Una semana después, la doctora Beischel me llamó para hacer la segunda lectura. A pesar de que parecía que todo había salido bien la primera vez, seguía bastante nerviosa. La doctora Beischel me dijo que el nombre de la difunta era Jennifer. Al igual que sucedió la vez anterior, la información comenzó a fluir sin detenerse. Las palabras e imágenes llegaban tan rápido que sentí que estaba dictando una novela. Esta vez vi a una mujer joven, de unos treinta años. Se mostró con el cabello castaño y rizado y los ojos verdes. Me indicó que le gustaba la música y que tocaba la flauta. Vi que tenía familia aquí: una madre, un padre, un hermano y una hermana. Señaló a un miembro en particular: su madre. Sentí que quería decirle que estaba bien. Me mostró que su fallecimiento había sido causado por una enfermedad que avanzó más rápido de lo esperado. No tuvo tiempo de despedirse bien porque, cuando cruzó, estaba inconsciente. La avalancha de información era emocionante, pero, al mismo tiempo, como no recibía ninguna reacción, no sabía si lo que estaba diciendo tenía sentido. Ni la doctora Beischel ni yo sabíamos si la información era correcta. Al cabo de quince minutos, la doctora Beischel me dio las gracias y me dijo que esperara los resultados en unas semanas.

Ella transcribió las grabaciones de mis dos lecturas, las convirtió en listas de elementos y las envió por correo electrónico a un investigador de Windbridge distinto del que había entrevistado a los consultantes primero. Además, ella misma eliminó los nombres de los difuntos, para que el investigador no supiera qué lectura correspondía a qué consultante.

Después el investigador envió por correo las dos listas a los consultantes. Como estos no sabían cuál era su lectura, debían calificar cada uno de los aproximadamente cien elementos de cada lista según su grado de precisión. Las puntuaciones iban del 0 al 6. Una afirmación que coincidía claramente con su ser querido y casi no requería interpretación recibía una calificación alta. Una que necesitaba mucha interpretación para tener sentido recibía una calificación baja. Por ejemplo, si algo quedaba claro respecto al dinero, recibía un 6. Si la declaración era cierta, pero correspondía a otro familiar fallecido, obtenía un 2. Las que no tuvieran ninguna relevancia recibían un 0. Los puntajes de cada afirmación se sumaban para obtener una calificación total. Al final, cada consultante tenía que identificar cuál de las dos lecturas creía que era la suya.

Para que un médium psíquico pasara esta parte de la prueba, cada consultante debía identificar la lectura correcta y puntuarla con un 3,5 o más. El resultado de la lectura que no correspondía a esa persona debía obtener un 2 o menos.

Unas dos semanas después de la segunda lectura, justo cuando estaba poniendo la mesa para la cena, la doctora Beischel me llamó por teléfono. Pedí a mis hijos que guardaran silencio y corrí a mi habitación con el teléfono, con el corazón latiéndome con fuerza. Hablamos unos instantes de manera informal antes de que se instalara un silencio incómodo. Me sentí como uno de mis alumnos en ese momento previo a recibir los resultados de un examen. Me pregunté si estaba tardando en hablar porque tenía malas noticias.

—Bueno, ya tengo los resultados de tu prueba —dijo por fin la doctora Beischel—. Has aprobado esta parte.

Sentí un gran alivio y me emocioné, pero mantuve la compostura porque sabía que esas dos lecturas eran solo la primera etapa de esta fase del proceso.

Las lecturas que había pasado se llaman «lecturas sin consultante presente». En la siguiente ronda haría lecturas para los mismos consultantes e intentaría conectar con los mismos familiares fallecidos, pero esta vez el consultante participaría en la llamada, junto con la doctora Beischel. Sin embargo, ella no revelaría la identidad del consultante, su relación con el difunto y ni siquiera su género; solo diría el nombre del ser querido que había fallecido. Además, el consultante debía permanecer en silencio durante los primeros diez minutos de la sesión.

Aproximadamente una semana después, en la fecha y hora establecidas, la doctora Beischel me llamó y me informó de que el consultante estaba en línea.

—Consultante, por favor, pulse un botón en su teléfono para confirmar que está listo —indicó la doctora Beischel. Escuché un tono: el consultante estaba en la llamada.

La doctora Beischel me dijo que debía conectar de nuevo con Mary.

—Por favor, comienza —dijo ella.

De inmediato, el Otro Lado me dio el nombre de la consultante, Lisa, y su ocupación: era enfermera. Recibí imágenes que me informaban de que Mary era la abuela de Lisa y que había sido una figura materna para ella. Los siguientes diez minutos transcurrieron sin apenas un respiro, pues la información me llegaba con extrema rapidez. Sentí la misma emoción vertiginosa de las lecturas anteriores.

Después de diez minutos, la doctora Beischel le indicó a la consultante que dijera una sola palabra, «hola», y que luego respondiera a la información que yo le compartía con «sí», «no», «tal vez», «algo así» o «no lo sé». En esta fase de la sesión, la parte interactiva, recibí aún más información. La abuela de Lisa comenzó a contarme la vida de su nieta: era soltera, pero tenía un perrito; era muy trabajadora y se había esforzado mucho para pagar sus estudios; se había sentido más cercana a su abuela que a su madre biológica. La abuela de Lisa le dio las gracias por haberla cuidado cuando estuvo enferma y por haber estado con ella cuando cruzó al Otro Lado.

Al final de la sesión, Lisa me dio las gracias. Me dijo que había sido maravilloso poder volver a conectar con su abuela. Me sentí eufórica por haber acertado con la relación entre la consultante y la difunta, pero lo que más me emocionaba era que Mary me hubiera dado el nombre de Lisa. Estaba agradecida de que se hubiera comunicado con tanta claridad.

Una semana después, hice mi segunda lectura con consultante presente. La doctora Beischel me pidió que volviera a conectar con Jennifer. Al instante el Otro Lado me reveló que la consultante era su madre, y que la hija, Jennifer, era la persona que había cruzado. Entonces escuché a la hija cantando una canción peculiar: la melodía de un anuncio de la marca Oscar Mayer: «Oh, querría ser una salchicha de Oscar Mayer...».

Vi la palabra *Massachusetts* y después Jennifer me mostró un hermoso lago de agua transparente, con lo que parecían ser destellos de luz rebotando en la superficie en un cálido día de verano. Vi majestuosos pinos que se alzaban imponentes. Le describí todo esto a mi consultante, que permanecía callada.

Durante la segunda parte de la lectura, cuando la persona ya podía hablar, supe que era una madre cuya hija había fallecido. Más tarde, cuando la sesión terminó, la consultante le preguntó a la doctora Beischel si podía decirme algo rápidamente. Quería explicarme por qué la canción de Oscar Mayer era tan importante para ella.

—Tengo una foto de mi hija de un Halloween —me contó— y está disfrazada como la salchicha de Oscar Mayer. Le encantaba esa canción. La cantaba todo el tiempo.

Unas semanas después, la doctora Beischel me reenvió un correo de esta mujer, cuyo nombre, supe entonces, era Jeanne. Quería validar otra información que había salido en la lectura: «Vivo en el bosque, junto a un lago —escribió—. Y justo cuando dijiste la palabra *lago* yo lo estaba mirando. Y justo cuando dijiste que el sol brillaba sobre el agua, el sol se abrió paso entre las nubes y se reflejó en el agua. Se me pusieron los pelos de punta.

Qué momento tan extraordinario. Jeanne estaba viendo el mismo lago que su hija me estaba describiendo. El lago y su casa, me contó, estaban rodeados de pinos. Jeanne entendió con esto que su hija estaba allí, a su lado, y que había descrito el lago con mucho detalle para que hacerle saber a su madre que estaba acompañándola en ese preciso momento.

Después de las lecturas, las consultantes puntuaron la información que les proporcioné. Pasaron los días y, aunque me sentía confiada, estaba deseando recibir la confirmación de que había superado esa parte de la prueba.

La noche de Halloween, justo después de volver de pedir caramelos con mis hijos, todavía con el sombrero de bruja y la capa negra puestos, revisé mi correo y vi un mensaje de la doctora Beischel. Me temblaban las manos. Sabía que ese correo contenía el resultado de la última fase. No habría llamada telefónica, ni ceremonia, ni trompetas, ni confeti. Solo un correo que diría: «Felicidades, pasas a la siguiente prueba», o bien: «Gracias por participar, pero hasta aquí has llegado».

—Garrett, ya lo tengo, me ha llegado el correo.

—Ábrelo —me respondió.

Los niños repitieron:

—¡Ábrelo! ¡Ábrelo!

Esperé un instante más. Cada vez que intentaba hacer clic en el mensaje, mi mano se apartaba sola del teclado. Por fin, respiré hondo y lo abrí.

«Me complace informarte de que has superado con éxito los cinco pasos iniciales de selección —escribió la doctora Beischel—. Me alegra invitarte a continuar con las siguientes fases de selección y formación. ¡Enhorabuena!».

Se me llenaron los ojos de lágrimas. Me giré hacia Garrett y los niños, incapaz de hablar.

—¿Qué ocurre? —preguntó Garrett preocupado—. ¿Has pasado?

—¡Sí! —chillé mientras me deshacía en lágrimas. Mi familia me rodeó y me envolvió en un gran abrazo.

—¿Por qué mami está llorando si ha pasado las pruebas? —preguntó Hayden.

—Porque está feliz —respondió Garrett, y me abrazó con más fuerza.

Sin embargo, además de mis emociones había algo que nadie sabía, algo que no había compartido. El día que acepté ser evaluada por el Instituto Windbridge hice una promesa, una promesa a mí misma y al Otro Lado: me comprometí a que, si pasaba esa prueba, no volvería a cuestionar más mis capacidades. O bien era médium, la comunicación con las personas fallecidas era real y estas sabían cómo encontrarme, hablar conmigo y darme información válida, o bien nada de esto era verdad.

Pero ahora sabía. El Otro Lado había cumplido su parte. Ahora me tocaba a mí cumplir con la mía.

La última línea del correo de la doctora Beischel decía: «Por favor, dime si deseas continuar participando en el proceso de evaluación de WCRM».

Decidí que honraría mi conexión con el Otro Lado y que me dedicaría a desarrollar mis habilidades y a utilizarlas para ayudar a tanta gente como me fuera posible. Eso incluía convertirme en médium de investigación y permitir que los científicos me estudiaran para comprender mejor mis capacidades. Le respondí al instante confirmando mi deseo de seguir adelante. Aún me quedaban tres etapas por completar: formación en investigación sobre la mediumnidad, formación en investigación con sujetos humanos y formación en duelo. Estas fases estaban diseñadas para enseñarme la historia de la mediumnidad en el ámbito científico durante el último siglo, instruirme en la ética de someterme a estudios científicos en Windbridge y transmitirme los conocimientos del instituto sobre la mejor manera de ayudar a los consultantes durante y después de las lecturas. Tras completar todas las etapas, recibí un certificado por correo electrónico: ya era oficialmente una médium de investigación certificada por Windbridge. Soy una de los diecinueve médiums certificados del país. La certificación del instituto significaba que podía participar en experimentos y eventos de Windbridge, así como ayudar al instituto a ampliar su investigación en el ámbito paranormal. Estaba eufórica. Podía trabajar con Windbridge en la vertiente científica y con la Forever Family Foundation para ayudar a los dolientes. Me sentí conectada con el Otro Lado y honrada de formar parte de un equipo de luz.

Escribí a Phran para contarle que había obtenido la certificación de Windbridge y agradecerle que me hubiera puesto en contacto con la doctora Beischel. También llamé a Kim y a Bobbi y las animé a que se presentaran a las pruebas de Windbridge (y me alegra decir que Kim también se convirtió en una médium certificada por Windbridge. Bobbi, en cambio, se puso en contacto con ellos un mes tarde, cuando el proceso de selección ya había cerrado).

Más tarde supe los resultados de mi segunda ronda de lecturas, aquellas con consultante presente. Una de ellas evaluó mi precisión en un 90 por ciento; la otra, en un 95 por ciento.

¿Qué significaba todo eso? Me preguntaba qué conclusiones sacaría la doctora Beischel de las pruebas.

—Como científica, no puedo afirmar de manera categórica que los médiums se comunican con los muertos —dijo la doctora Beischel—. Pero lo que sí puedo decir es que los datos apuntan en esa dirección. La ciencia avanza en ese sentido, está alcanzando a la evidencia. Mis datos respaldan la posibilidad de que exista comunicación con la consciencia de los fallecidos.

Pero para mí el certificado significaba algo más. Significaba que había alcanzado un nuevo nivel en mi camino.

TERCERA PARTE

23
El muelle de Canarsie*

E N NOVIEMBRE DE 2010 recibí una llamada repentina de mi amigo Anthony para pedirme que le realizara una lectura a su colega Maria lo más pronto posible. Me dijo que se encontraba en una situación desesperada: su padre llevaba diez días desaparecido; nadie conocía su paradero y tampoco sabían si seguía con vida.

Acordé llamarla al día siguiente. Cuando lo hice, ella iba conduciendo. Me pidió un minuto para detenerse, y en el silencio del otro lado de la línea pude sentir su tristeza y confusión. También percibí de inmediato que alguien intentaba comunicarse desde el Otro Lado. Una figura paterna. Esto no era lo que yo quería ver. No era lo que deseaba decirle a Maria. Sería difícil, pero no tenía opción, debía honrar lo que estaba recibiendo del Otro lado.

—Maria, hay algo que debo decirte —le dije con la mayor delicadeza posible cuando ya se hubo detenido—. Hay una figura paterna que viene del Otro Lado para contactar contigo. Me pide que te diga que su nombre es John.

---

* Algunos de los nombres de las personas mencionadas en este capítulo han sido cambiados para ocultar su identidad.

Poco después supe que mi lectura estaba teniendo lugar en medio de una investigación policial en curso.

======

La investigación había comenzado casi dos semanas antes, el 4 de noviembre de 2010, un día frío y lluvioso. Un hombre llamado John, de 72 años, pasaba la mañana en su casa de Queens, Nueva York. Su esposa, Mary, estaba con él. Alrededor de las doce y media de la mañana, Mary se preparó para salir hacia su trabajo con estudiantes de educación especial. Aquella mañana no se sentía bien, y John le dijo que le preocupaba que no hubiera almorzado.

—No te preocupes —le dijo Mary—. Comeré cuando regrese.

A continuación, se despidió y salió.

Cualquier otro día, John se habría quedado en casa para almorzar o quizá habría salido a caminar, pero ese día John fue hasta la puerta principal y salió bajo la lluvia helada. No llevaba abrigo, solo un chándal. No cogió el móvil, las llaves, la cartera ni dinero. Ni siquiera se llevó el inhalador que usaba para su enfisema.

Cuando Mary volvió a casa horas más tarde, llamó a John, pero no obtuvo respuesta. Lo buscó por toda la casa, pero no estaba. Al encontrar sus llaves y su cartera, la invadió una terrible sensación de angustia. Su día, que había comenzado como cualquier otro, había dejado de ser normal.

======

La familia lo era todo para John. Había trabajado muy duro para proveer de todo lo necesario a su esposa y a sus tres hijos. Había sido paisajista y cultivaba tomates en el jardín de su casa. Quienes lo conocían lo describían como un hombre directo de alma gentil. Cuando se jubiló, ayudó a su hija Maria a cuidar de su hijo recién nacido.

Pero, en el año previo a su desaparición, John empezó a cambiar. Se volvió más introvertido, apagado. Se enfadaba con facilidad y podía ser irritable. A veces mencionaba agravios del pasado, problemas que le habían afectado décadas atrás, y se quejaba de ellos como si hubieran ocurrido el día anterior. Maria lo llevó a un neurólogo, quien diagnóstico que John estaba en las etapas tempranas del alzhéimer.

Bajo la atenta mirada de su esposa y sus hijos, John comenzó a tomar medicación para el alzhéimer, pero los efectos secundarios lo volvían apático y retraído. Su familia hacía todo lo posible por ayudarlo.

—Estábamos en total negación —explicó Maria—. Pensamos que los síntomas eran simplemente cosas de su edad avanzada. Apenas estábamos comenzando el proceso, intentando comprender qué era lo mejor para él, pero ya veíamos que su estado estaba empeorando.

Entonces, el 4 de noviembre, John salió de casa y no regresó. Cuando su esposa no pudo encontrarlo en casa, se subió al coche y recorrió el vecindario buscándolo. Tras veinte minutos sin éxito, se detuvo y llamó a su hija.

—Tu padre ha desaparecido —le dijo.

—¿Cómo que ha desaparecido? —respondió Maria.

—Se ha ido. Simplemente se ha ido. Sus llaves y su cartera están en casa, pero él no está.

—Vale —dijo Maria, tratando de pensar con rapidez—. Vamos a llamar a la policía.

Esa noche los tres hijos de John recorrieron todo Queens en su búsqueda. Al día siguiente caminaron por el barrio, hablaron con los dueños de las tiendas y pegaron carteles con su foto.

—Entramos a cada tienda del bulevar, de una punta a la otra —contó Maria.

En el último local, un salón de bronceado, Maria le mostró la foto de su padre a una joven cajera.

—Dios mío —dijo la cajera—. ¡Vi a su padre ayer!

La chica había estado en la panadería comprando el almuerzo cuando vio a John afuera, pidiendo cinco dólares. Esa noticia le dio a Maria un destello de esperanza. Durante los tres días siguientes, se quedó en su coche, aparcada frente a la panadería, esperando a ver si su padre regresaba. Mientras tanto, lo que comenzó como una búsqueda entre familiares y amigos repartiendo hojas con su foto por el vecindario se convirtió en una de las mayores operaciones de búsqueda en la historia de Queens. Durante casi dos semanas, un enorme despliegue de policías a caballo, helicópteros, perros de rastreo, reporteros de televisión y un ejército de voluntarios recorrió cada rincón del barrio en busca de alguna pista sobre John.

Pero no encontraron nada. Había desaparecido sin dejar rastro.

Fue en ese momento cuando recibí la llamada de mi amigo Anthony y concerté la lectura con Maria.

———

Cuando le dije que su padre estaba comunicándose desde el Otro Lado, Maria rompió a llorar. Esperé a que se calmara y luego le conté lo que John me estaba mostrando.

El 4 de noviembre, John había salido de su casa confundido y desorientado. Aunque no llevaba dinero, se subió a un autobús y luego a un tren. Caminó por calles que conocía y por otras que no. Pasó por la panadería y por algunos de los lugares que solían formar parte de su rutina. Pero iba sin rumbo, no tenía un destino real. Entonces, en mi pantalla de lectura me mostró un letrero con la palabra CANARSIE. Después vi agua y un muelle. No tenía ni idea de lo que significaba, pero se lo transmití a Maria.

—¡Es el muelle de Canarsie! —dijo Maria con la voz entrecortada—. Está en Brooklyn, en el límite con Queens. Era el lugar favorito de mi padre en todo el mundo. Solía llevarnos allí siempre cuando éramos pequeños.

El muelle de Canarsie, una estructura de madera de casi doscientos metros de largo, se extiende sobre la bahía de Jamaica, detrás del parque Canarsie y junto a la autopista Belt en Queens. Es un sitio popular para pescar, donde en temporada se atrapan platijas y anjovas. A John le encantaba pescar allí, y cuando se hizo mayor disfrutaba paseando por los tablones de madera hasta el final del muelle. Cuando John desapareció, el muelle de Canarsie fue uno de los primeros lugares en que su familia lo buscó, pero no encontraron indicios de que hubiera estado allí.

Ahora John me mostraba lo que había hecho cuando llegó al muelle.

Con la mayor delicadeza posible, le conté a Maria lo que estaba viendo.

John se detuvo en el parque Canarsie y recogió algunas piedras. Se las metió en los bolsillos de su sudadera y caminó hasta el final del muelle. Estaba oscuro y hacía frío, no había nadie allí. Pasó por debajo de la barandilla y se dejó caer al agua.

—A los dos minutos de haber entrado al agua —le dije—, tu padre se ahogó.

Pero, en el momento en que cruzó, John había sentido una desgarradora punzada de arrepentimiento.

—Me pide que te diga que siente mucho lo que estáis pasando ahora, tratando de encontrarle —le expliqué a Maria—. Pensó que encontrarían su cuerpo en uno o dos días, pero la corriente se lo llevó lejos. Dice que lamenta todo el caos que ha provocado. —John me mostró entonces dos letras: M y A, y comprendí lo que significaban—. No tiene sentido seguir buscándolo ahora —le dije—. Su cuerpo no aparecerá hasta un mes que comience por «ma…»: es decir, marzo o mayo. La corriente no lo devolverá antes.

John me mostró que se había suicidado porque tenía miedo de lo que le estaba sucediendo a causa de la demencia. Maria lo confirmó.

—Creía que terminaría siendo una carga para su familia y no quería que eso sucediera —le expliqué—. No quería ser una molestia. Pero, en el instante en que se hundió, se dio cuenta de que había cometido un terrible error.

Al suicidarse, había intentado evitarle a su familia una gran carga, pero, al hacerlo, comprendió demasiado tarde que les había arrebatado un gran regalo. Su enfermedad, que parecía una condena dolorosa y miserable, era en realidad una oportunidad extraordinaria para compartir e intensificar el inmenso amor incondicional que sentían los unos por los otros. Cuanto más avanzara la enfermedad de John, más cuidados y atención necesitaría por parte de su familia, pero en la oscuridad de su enfermedad había lecciones que John todavía necesitaba aprender… y que debía enseñar.

Quizá una de esas lecciones era la paciencia. Quizá era la compasión. Quizá el amor incondicional o la comprensión de nuestra capacidad de sanar o de superar el miedo a la muerte. John se había privado a sí mismo y a su familia de la oportunidad de aprender estas lecciones. No se dio cuenta de que el acto de cuidarlo —o de ofrecerle consuelo a alguien con quien se sentían tan agradecidos— no menguaría el amor de su familia por él, sino que lo aumentaría. No comprendió que permitir que su familia lo cuidara durante la época más vulnerable de su vida les habría dado la oportunidad de reafirmar su vínculo, su profunda y poderosa conexión de amor.

La decisión de John de terminar con su vida les privó de ese regalo.

—Dice que lo siente —le dije a Maria—. Lo dice una y otra vez: «Lo siento».

Después de nuestra lectura, Maria se puso en contacto con Frank García, el detective del Departamento de Policía de Nueva York, quien estaba a cargo del caso de la desaparición de su padre, y le transmitió la información que yo le había dado durante nuestra lectura.

—Necesito que busquen en el agua —le dijo—. Mi padre está en el agua.

El detective García accedió a ayudarla. Pasaron cinco horas juntos en un día frío y lluvioso trepando por las rocas irregulares que bordeaban la bahía de Jamaica. Hacía tanto frío que Maria perdió la sensibilidad en las manos y los pies, pero siguió adelante, los dos lo hicieron. Sin embargo, la búsqueda fue infructuosa. Fuera donde fuera que estuviera John, aún no era el momento de encontrarlo.

—Te avisaré si me entero de algo sobre tu padre —le prometió el detective García—. No te preocupes, lo encontraremos.

Llegó marzo y no hubo noticias. El invierno dio paso a la primavera.

El primero de mayo, Mary llamó al detective García.

—Ahora lo encontraremos —le dijo—. Un mes que empieza por «ma».

—Estaremos atentos —le prometió el detective.

Pero pasó el mes de mayo y tampoco hubo noticias.

=====

A principios de junio, el detective García recibió una llamada de la Guardia Costera. Las fuerzas de la Guardia habían estado realizando ejercicios en una isla de la bahía de Jamaica cuando un oficial vio algo que había sido arrastrado hasta la orilla. Eran restos humanos; no un cuerpo entero, sino un cráneo. La Guardia Costera recogió los restos y los envió para su análisis de ADN. Los resultados tardaron varios días, pero cuando los entregaron se determinó que pertenecían a John.

—¿Cuándo los encontraron? —preguntó el detective García.

—Hace unos días —respondió el oficial de la Guardia Costera—. En mayo.

El detective García llamó a Maria y le dio la noticia. También le explicó el motivo por el cual los restos habían tardado tanto en salir a la superficie. Cuando un cuerpo cae al agua en invierno, se hunde hasta el fondo y es arrastrado por las corrientes; después, cuando el agua se torna más cálida, lo más probable es que suba a la superficie. Los restos de John finalmente aparecieron cerca del muelle de Canarsie, donde murió. Había estado en esas aguas todo el tiempo, solo que no podía ser encontrado antes.

—Nunca había sucedido algo así —le dijo el detective García a Maria.

—¿El qué?

—Esto, que una médium nos diera todos los detalles sobre cuándo y dónde encontraríamos a tu padre. Todo lo que te dijo sucedió con exactitud. Nunca había visto algo así.

Pero para Maria no era ninguna sorpresa.

—Yo ya estaba en paz cuando me llamó el detective —me dijo—. Ya sabía que mi padre estaba en el cielo.

=====

John *estaba* en el cielo. Incluso quienes se quitan la vida van al cielo. Allí sanan y luego continúan su viaje de crecimiento y comprensión. También intentan ayudar a sanar a sus seres queridos en la Tierra. John estaba a salvo y rodeado de amor en el cielo, pero quiso contactar con su familia para pedirles perdón y darles paz mental.

Al principio, a Maria le costó perdonarlo. Su decisión les había causado a todos un dolor inmenso, pero con el tiempo logró hacerlo. Comprendió por qué lo había hecho. Y supo que el amor que compartían no terminó cuando él cruzó al Otro Lado. Supo que nunca terminaría.

Pero ¿qué hubiera sucedido si John hubiera aprendido esas lecciones antes de sumergirse en las aguas oscuras? ¿Qué hubiera pasado si toda la familia hubiera afrontado su enfermedad como parte de un plan mayor, como una oportunidad para crecer juntos y conectar con un amor y una compasión más profundos? Imaginemos que todos pudiéramos tener esa claridad mientras estamos aquí en la Tierra. Imaginemos que pudiéramos ver la enfermedad y la adversidad como oportunidades para expandir nuestro amor a nivel del alma.

La verdad es que podemos alcanzar esa claridad. Tan solo debemos ver y apreciar los hilos de luz y amor que nos unen, en los buenos y malos momentos, en esta vida y en la siguiente. Debemos honrar la luz que nos conecta.

John vio esta luz demasiado tarde, pero ahora comparte las lecciones que aprendió y, a través de este regalo, sigue viviendo. Y su luz sigue iluminando un camino en este mundo.

24
Resolviendo el misterio

No ANUNCIO MIS SERVICIOS como médium psíquica. Hace mucho tiempo me quedó claro que quien deba tener una lectura conmigo, de algún modo, me encontrará. Por eso, cuando mi amigo John me dijo que Ken, un amigo suyo, se pondría en contacto conmigo para una lectura, le prometí que le daría una cita tan pronto como pudiera.

Realicé la lectura de Ken por teléfono. En cuanto me abrí a su aura, vi algo completamente distinto a lo habitual: un deslumbrante despliegue de colores. Era como un arcoíris, solo que más grande y mucho más intenso. Colores sobre colores y más colores, todos ellos puros, vibrantes y explosivos. Nunca había experimentado algo así en una lectura.

—Dios mío, tu aura es magnífica —le dije—. No es un aura normal.

Habitualmente, el núcleo del aura de una persona se presenta en mi pantalla dentro de un círculo con uno, dos o tres colores. Sin embargo, el aura de Ken era enorme y expansiva, con colores girando no solo dentro del círculo, sino también más allá de él.

Observé un verde hermoso, señal de una apertura extraordinaria a ideas nuevas. Vi blanco, lo que indicaba que estaba dominando una prueba a nivel del alma. Y vi rosa, una expresión de su inmenso amor por la humanidad. También había un azul brillante extraordinario.

—El azul es un signo de nobleza de espíritu —le dije a Ken—. Este azul sugiere que estás aquí en un nivel espiritual mucho más avanzado. Eres alguien que ha venido para ayudar y enseñar a la humanidad. Y, por la forma en que el azul se entrelaza con los demás colores, significa que tu energía se está expandiendo hacia el mundo y que estás trayendo un cambio a los demás.

Por lo general, dedico solo unos minutos a observar el aura de una persona, pero con Ken no podía evitar querer detenerme en su hermosa energía.

—Tienes un efecto profundamente equilibrador y sanador en la gente —continué—. Y sobre ti veo blanco, y cuando veo blanco en el aura de alguien significa que está superando una prueba a nivel del alma, un desafío que su alma eligió trabajar en su estancia en la Tierra. Pero tu prueba no es solo para ti. Veo en ti la energía de un profesor, pero se expande más allá de un aula tradicional. Estás en este mundo en forma física con un nivel espiritual muy avanzado, y aun así hay humildad en ti, hay sencillez. Es muy hermoso. No solo has superado la prueba para tu alma; también vas a ayudar a otras personas a superar las suyas. Sea lo que sea que estés haciendo en esta vida, resonará incluso después de que hayas cruzado al Otro Lado y traerá sanación y amor. Guau… Discúlpame por detenerme en tu aura tanto tiempo —le dije finalmente—, pero es que no suelo ver algo como esto muy a menudo.

———

Cuando finalmente me alejé del aura de Ken, escuché un hermoso coro de gratitud.

—Me está llegando mucho agradecimiento del Otro Lado
—dije—. Se me pone la piel de gallina. De alguna forma, estás
enseñando a otras personas sobre el Otro Lado. Siento que
sabes más sobre esto de lo que yo sé. ¿Lo entiendes?

Ken me dijo que sí.

—Hay niños que te dan las gracias por darles paz a sus
padres —continué—. Son muchos, pero no tienes relación
con ellos. Es un agradecimiento de parte de todos los niños:
te dan las gracias por el trabajo que haces. Cuando las personas cruzan y hacen la revisión de su vida, se dan cuenta de
cómo podrían haber ayudado a otros cuando estaban aquí.
Contigo es diferente: es como si ya tuvieras ese conocimiento, pero aún estás aquí. Ayudas a que los demás lleguen a ese
entendimiento. Lo que estoy viendo es muy hermoso. Muy
hermoso.

Una mujer comenzó a abrirse paso para Ken.

—Estoy percibiendo un nombre que empieza con erre,
conectado a tu abuela.

—Sí —dijo Ken—. Su nombre empezaba por erre.

—¿Se llamaba Ruth?

—¡Sí! —dijo Ken.

—Me dice que eres un pacificador —continué—, que has
asumido ese papel. Debo decirte algo, y supongo que ella lo
saca a relucir porque provenía de otro país: una de las cosas
que has aprendido es que no pertenecemos a un país en
particular. Es decir, creemos que nuestra nacionalidad es
nuestra identidad, pero podemos vernos simplemente como
seres humanos y no estar tan identificados con nuestra nacionalidad, porque todos estamos conectados. Es una forma
de pensar muy avanzada, muy sanadora, y tú eres muy consciente de ello. Este es uno de los mensajes que intentarás
compartir.

Para entonces comprendí que el hombre al que estaba leyendo tenía una misión a nivel del alma: su trabajo resonaría

mucho más allá de su tiempo en la Tierra y traería amor y sanación al mundo.

———

Mucho después de la lectura, supe que Ken era el doctor Kenneth Ring, profesor emérito de Psicología en la Universidad de Connecticut y uno de los académicos líderes en el campo de las experiencias cercanas a la muerte (ECM). Una ECM se describe como una experiencia mística o trascendente relatada por personas que han estado en el umbral de la muerte. En las últimas décadas, Ken se ha consolidado como un portavoz reflexivo de la existencia de una vida después de la muerte. Su hermoso libro *Lessons from the Light* («Lecciones de la luz») explora varias historias extraordinarias sobre ECM. Su mensaje es que no debemos temer la muerte. «Lo que encontraremos será hermoso, tan hermoso que no puede expresarse con palabras —escribe— porque la verdad es que estamos conectados con otro mundo».

La información que me llegó durante mi lectura con Ken Ring —que él estaba ayudando de alguna forma a un gran número de personas— fue validada por lo que aprendí sobre las ECM. Los estudios sugieren que millones de personas en todo el mundo han experimentado una ECM. Se producen en todos los países, edades y religiones. Les suceden a los cristianos, hindúes y musulmanes, a jóvenes y viejos, a albañiles y directores de empresas, a los creyentes más devotos de sucesos místicos y a los más escépticos. Esto era lo que el Otro Lado me mostraba sobre Ken Ring: su trabajo llevaba amor, sanación y comprensión a millones de personas. Estaba transformando la forma en que la gente percibía la existencia misma. Estaba generando un cambio real y significativo en el mundo.

En pocas palabras, Ken Ring era un trabajador de la luz.

«Trabajador de la luz» es el término que utilizo para describir a las personas que están aquí en la Tierra para ayudar a enseñar y sanar a otros. Son personas que ayudan a que otros encuentren sus dones y se conviertan en la mejor versión de sí mismos, y que luego ellos, a su vez, puedan usar su luz para ayudar a otros. Mi lectura con Ken fue sumamente importante para mí porque me mostró el poder que tiene un trabajador de la luz —el poder que todos tenemos— para brindar sanación y comprensión al mundo. Además, reforzó la importancia de valorar y explorar nuestra conexión con el Otro Lado, de honrar la luz que existe entre nosotros.

A pesar del trabajo que Ken realizaba sobre la ciencia de la vida después de la muerte, nunca había sentido la necesidad de contactar con una médium psíquica. Pero entonces un colega le contó su primera lectura y le dijo que le había cambiado la vida. Unos días después, por coincidencia, otro colega le contó lo mismo. En cuestión de pocas semanas, cuatro colegas compartieron con él sus experiencias con una médium psíquica y todos dijeron que la experiencia los había conmovido profundamente. Fue entonces cuando Ken me llamó.

Lo cierto es que Ken sí tenía un motivo para consultar a una médium psíquica. Estaba lidiando con una cuestión relacionada con su padre, quien había cruzado cuando Ken tenía diecisiete años. Durante casi toda su vida, Ken había tenido la sensación de que su padre aún lo acompañaba. No tenía visiones ni escuchaba voces ni nada por el estilo; tan solo sentía la presencia de su padre. Sentía la esencia de su padre como si fuera una fuerza en su vida, guiándolo. Sobre todo, seguía sintiendo el amor de su padre, aunque estuvieran separados.

Mucho antes de nuestra lectura, Ken había escrito sobre estos sentimientos en unas memorias: «Siempre he sentido el amor de mi padre como el hecho primordial de mi vida, incluso cuando él tuvo que separarse de mí. Y cuando muera, espero poder confirmar por mí mismo este sentimiento, cuando por fin pueda volver a verlo, esperándome con los brazos abiertos, dándome la bienvenida».

Ahora, en nuestra lectura, Ken quería saber si lo que sentía era real.

———

Varios miembros de la familia de Ken aparecieron en la lectura, todos a la vez, hablando al mismo tiempo, atropellándose para ser escuchados. Apareció su madre, y luego alguien por parte materna llamada Mary, una mujer fuerte y enérgica. Ken confirmó que se trataba de su tía Mary. Después el Otro Lado trajo a alguien cuyo nombre comenzaba por de.

—¿Hay un David aquí en la Tierra? —pregunté.

Ken dijo que su hijo se llamaba David.

—También me llega el nombre de Kathryn —añadí.

Ese era el nombre de la hija de Ken. El Otro Lado también me habló de Max, su nieto.

Su padre también estaba presente, aunque permanecía en un segundo plano. Después de un rato, Ken preguntó por su padre. Solo entonces su padre se acercó.

—Siento que cruzó antes de tiempo —dije—. Vuestro tiempo juntos se vio interrumpido. Y escucho una disculpa por ello. Te pide disculpas, eso es lo que estoy recibiendo. Es como si de alguna forma te hubiera fallado. Como si hubiera cruzado sin haber tenido el tiempo suficiente contigo como padre. Percibo la zona del pecho, algo en la zona del pecho. Ni siquiera hubo tiempo para una despedida.

Ken me contó que no estuvo presente cuando su padre murió de un infarto.

—Tu padre dice que lo lamenta —le dije—. Me da la sensación de que está diciendo que debería haber cuidado más su salud.

—¿Puedes verlo? —me preguntó entonces Ken.

—Creo que no era muy alto —respondí—. ¿Medía menos de un metro ochenta? —Ken lo confirmó—. ¿Tenía el pelo oscuro? —Ken dijo que sí—. ¿En algún momento tuvo bigote? —Ken asintió de nuevo—. Hay algo gracioso con el bigote: piensa que se ve ridículo con él. Está bromeando con lo del bigote. —Ken se rio—. Siento que tu padre estaba tratando de construir algo mientras estaba aquí. No me refiero a una casa, sino a construir algo propio..., y se vio interrumpido. Quedó incompleto, y eso no le agradó. Cuando cruzó, su reacción fue: «Espera un momento, ¿esto va en serio? Primero, ¿el Otro Lado es real? Segundo, ¿no voy a poder terminar eso?». Estaba molesto.

Ken comprendió lo que aquello significaba. Su padre era artista y había muerto en medio de la creación de diversas obras.

—Tu padre dice que te ayuda con tu trabajo desde el Otro Lado —afirmé—. De alguna forma, organiza cosas allí que facilitan tu labor aquí.

—Entonces, ¿mi padre me está ayudando?

—Te está ayudando ahora, y lleva muchos años haciéndolo —le dije—. Como no pudo hacerlo aquí físicamente, ha tenido que hacerlo desde el Otro Lado.

—Siempre lo he sentido así —respondió Ken. Luego continuó—: Quizá no puedas responder esto, pero tengo curiosidad. Me gustaría saber si, cuando yo muera, podré ver a mi padre.

Escuché risas provenientes del Otro Lado.

—¡Por supuesto! —le contesté—. ¡Tu padre se está riendo de ti! Dice: «¡Estás haciendo una pregunta cuya respuesta ya conoces!». Está bromeando contigo, se ríe y dice: «Primero vas a ver un túnel y una luz muy brillante, y luego, si quieres, yo seré el primero en recibirte; después nos verás allí a todos». Tienes que confiar en que todos tus seres queridos estarán allí para darte la bienvenida. Y tu padre será el primero de la fila.

———

La realidad de la vida después de la muerte, la presencia constante de nuestros seres queridos que ya han cruzado, el poder de nuestra conexión con el Otro Lado, la brillante luz que existe entre nosotros… Para Ken, estas cosas no son solo datos extraídos de un estudio; son regalos que recibimos desde el Otro Lado.

Y en nuestra lectura, esos regalos fueron los que le hizo su padre.

—Hay algo más esperándonos cuando muramos, y seremos amados —me dijo Ken en una conversación reciente—. Lo que encontraremos será hermoso, más hermoso de lo que las palabras pueden expresar. Porque la verdad es que estamos conectados con otro mundo.

Pero incluso con todo el trabajo que ha realizado en este ámbito, a pesar de todas las investigaciones que ha llevado a cabo, reconoce que, al final, «cada uno tiene que resolver por sí mismo el misterio de la vida después de la muerte. En mi caso, creo que existe una hermosa vida después de la muerte. Creo que nunca estamos solos».

25
La directora

A VECES INCLUSO LOS PROFESORES temen la visita al despacho del director. Llevaba dieciséis años enseñando en el instituto Herricks y, salvo un compañero —aquel en cuya lectura vi que tendría un coche nuevo y que encontraría otra novia— y mi mejor amiga, Stephanie —que es profesora de lengua en el instituto—, nadie sabía de mis habilidades como médium psíquica. Me había esforzado mucho por mantenerlo en secreto y asegurarme de que mis dos caminos no se cruzaran..., hasta que un día lo hicieron.

Una profesora llamada Suzanne, cuya energía me gustaba mucho, se acercó a mí después de clase.

—Este fin de semana fui a un seminario de desarrollo espiritual —dijo— y salió el nombre de Laura Lynne Jackson.

Sentí un nudo en el estómago. Suzanne explicó que había asistido a una conferencia de Pat Longo, una conocida maestra espiritual y sanadora, en la cual mencionó una lectura que había tenido conmigo.

—¿Eres tú? —me preguntó—. ¿Tú eres esa Laura Lynne Jackson?

Asentí, aunque por dentro sentía algo de pánico.

—No te preocupes —dijo Suzanne sonriendo—, tu secreto está a salvo conmigo.

Poco tiempo después acepté participar en un evento de la Forever Family Foundation en una universidad en Long Island, dirigido a personas que habían perdido a seres queridos. Estaba bastante segura de que nadie de mi instituto lo sabría, pero me equivoqué.

«Quiero avisarte de algo —me dijo Suzanne en un correo electrónico—. Danielle [otra profesora del departamento de Suzanne] ha comprado entradas para el evento y está organizando una salida con otros profesores. Vamos a ir todos».

Cuando le conté a Garret lo que estaba ocurriendo, no dudó ni un instante.

—Debes decirle a la directora lo que haces —me dijo.

Garret tenía razón. Necesitaba saber si mi participación en el evento podría poner en peligro mi carrera docente. Si la directora me decía que no podía hacerlo, tendría que cancelarlo, y eso me destrozaría. Sabía que sería capaz de ayudar a muchas personas que realmente sufrían, incluso quizá podría cambiar sus vidas. Pero, si eso significaba perder mi trabajo, no podía arriesgarme.

Y así emprendí el largo y solitario camino hacia el despacho de la directora.

———

Jane, que llevaba varios años como directora del instituto Herricks, había dedicado toda su vida a la educación. Criada en Long Island por una madre irlandesa y un padre griego, comenzó como profesora de educación especial y pasó los siguientes cuarenta años dentro del sistema educativo. En nuestro instituto era responsable de más de mil trescientos alumnos procedentes de contextos muy diversos. Además de todo eso, Jane encontraba tiempo para impartir clases nocturnas a profesores que desearan convertirse en directivos. Era una educadora apasionada y comprometida, una gran persona con un alma generosa. Yo la admiraba y respetaba mucho, y en los once años que habíamos trabajado juntas nos habíamos llevado muy bien.

Sin embargo, al acercarme a su despacho estaba tan nerviosa como un estudiante al que hubieran enviado con el director.

Respiré hondo, entré y me senté en la silla frente a su escritorio.

—Tengo que decirte algo —comencé, intentando evitar que me temblaran las manos—. Yo… Yo tengo una vida completamente distinta fuera del instituto, y nadie lo sabe.

Jane me miró con preocupación. Más tarde supe que su primer pensamiento fue: «¿Laura es prostituta?».

—No soy una persona muy religiosa, pero sí soy espiritual —proseguí, buscando las palabras correctas—. Y a veces realizo un trabajo voluntario los fines de semana, y voy a participar en un evento el mes que viene. Quiero asegurarme de que a ti y a la Administración os parece bien. Este trabajo voluntario…, lo que hago exactamente… es ayudar a la gente a comprender cosas sobre sus seres queridos. Seres queridos que han fallecido.

Jane me miró con atención.

—Entonces —dijo—, ¿tú eres… sensible?

Asentí.

—¿Eres… una de esas?

—Sí —respondí.

—¿Una médium?

—Sí. Una médium psíquica.

Jane mantuvo la mirada fija en mis ojos. Intenté no moverme incómoda ni desviar la mirada. Ya estaban todas las cartas sobre la mesa.

Entonces Jane se inclinó hacia delante y me preguntó en voz baja:

—Laura, ¿ves a alguien a mi alrededor ahora mismo?

Y así, sin más, de pronto las puertas se abrieron. Era como si el Otro Lado lo hubiera tenido todo planeado. La información empezó a llegar desde el Otro Lado a toda velocidad. Yo no esperaba hacerle una lectura a Jane, ni siquiera quería hacérsela, pero alguien desde el Otro Lado insistía con fuerza, y la pregunta de Jane fue justo la oportunidad que esa persona necesitaba. Era la madre de Jane, que había fallecido hacía décadas.

—Estoy escuchando el nombre de Margaret —dije—. Tu madre me está diciendo el nombre Margaret.

Jane se quedó con la boca abierta. Se puso de pie, rodeó su escritorio y cerró la puerta de su despacho. Luego se sentó de nuevo y se inclinó hacia mí.

—Sí —respondió—. Su nombre era Margaret.

—Tu madre te educó con mucha severidad —continúe—. Era una católica estricta y te imponía muchas reglas, y sabe que a veces fue dura, pero quiere que sepas que todo lo que hizo fue por ti y por tu futuro, porque te quiere muchísimo.

A Jane se le llenaron los ojos de lágrimas. A continuación, escuché otra palabra.

—Morfina. Tu madre está diciendo algo sobre la morfina. Dice que siempre le estabas preguntando a los médicos cosas sobre la morfina y la dosis que debías darle, y quiere darte las gracias por estar tan involucrada, tan preocupada, y por hacerle más fácil esa parte final de su vida.

Entonces Jane se tapó la cara con las manos. Continué hablando. Había algo sobre el hijo de Jane y su carrera en el mundo del cine, y algo sobre su hija y un bebé que veía en el Otro Lado esperando para venir con su hija. El Otro Lado tenía mucha información para Jane. Sin que me diera cuenta, habían pasado cuarenta minutos y sonó el timbre del cambio de clase. Jane se puso de pie, rodeó su escritorio y me abrazó.

—Tu don es precioso —me dijo.

Acordamos seguir hablando más tarde. Después de la sexta clase, vi a Jane esperándome frente a mi aula.

—¿Puedes pasar a verme después de la novena clase? —me pidió.

Sentí como si me hubieran dado un puñetazo en el estómago. Temí que Jane hubiera llamado al jefe del distrito escolar y que él me hubiese prohibido asistir al evento.

Estaba inquieta y distraída, pero logré dar mis últimas tres clases. Cuando me dirigía al despacho de Jane, sentí el mismo miedo que horas antes.

Al llegar, noté que su secretaria se ponía roja al verme. Otra secretaria también se sonrojó y desvió la mirada. Me di cuenta de que Jane debía de haberles hablado sobre mí y que, de pronto, me veían de otra manera y no sabían cómo actuar conmigo.

Entonces Jane me llamó para que entrara a su despacho. Parecía seria.

—Necesito preguntarte algo —dijo en voz baja.

Me crucé de brazos esperando malas noticias.

—Es sobre mi marido —continuó Jane.

Sentí que las puertas se abrían de nuevo. Me senté frente a Jane y dejé salir todo lo que llegaba.

—Él está aquí —le dije—. Tu marido está aquí. Cruzó hace algunos años.

—Cinco años —dijo Jane.

—Y estuvisteis casados mucho tiempo.

—Treinta y cinco años —me respondió.

—Tu marido está aquí, y quiere que sepas… que le encanta lo que estás haciendo con la casa.

Jane sonrió y comenzó a emocionarse.

—Pero me está diciendo algo sobre los pájaros —continué—. Los comederos de los pájaros. Dice que no has estado llenándolos como deberías. Quiere que los llenes. Quiere que vuelvan los pájaros.

Jane se secó las lágrimas. Era tan solo un pequeño detalle, pero para ella resultaba personal e íntimo, algo que ambos habían compartido en exclusiva. Los comederos de los pájaros habían sido importantes para su marido, y era verdad que ella no había seguido llenándolos. Esto fue una validación de lo que yo le decía.

Su marido se quedó con nosotras un buen rato y ofreció varios detalles más sobre su vida juntos, todo para confirmar que él estaba allí. Al cabo de un rato, Jane me detuvo.

—Laura —me dijo—, ¿puedes preguntarle algo de mi parte? Necesito saber… ¿Qué opina él ahora de… mi marido?

Más adelante descubriría que a Jane la atormentaban sentimientos de culpa por haberse casado de nuevo. Era una persona fuerte y generosa, y vivía su vida de una forma honrada y llena de propósito, pero también era humana. Toda su fortaleza no lograba disipar el sentimiento de que, al volverse a casar, estaba traicionando a su primer marido y la memoria de sus 35 años juntos. Todavía estaba en duelo por su pérdida, y esa culpa se convirtió en una carga que sentía que debía soportar.

—¿Qué piensa de mi nuevo marido? —preguntó de nuevo, casi suplicando.

La respuesta llegó clara y contundentemente.

—Jane —le dije—, es él quien ha traído a tu nuevo marido hacia ti.

Jane parecía desconcertada. Su primer marido insistía mucho, así que seguí hablando.

—Dice que tu marido actual es un poco payasete, y que le gusta eso de él. Le gusta su personalidad. Pero dice que…

—Dudé un poco, sorprendida por lo que estaba escuchando—. Dice que él tiene el culo más bonito.

Jane se rio.

—Dice que lo único que siempre quiso para ti era que fueses feliz. Por eso te envió a tu nuevo marido. Quiere que seas feliz. Eso no ha cambiado, y no cambiará nunca. Ni siquiera cuando lo dejes ir, Jane. Mucho menos entonces.

Esta no era la conversación que esperaba tener con la directora de mi instituto. Al día siguiente, Jane me llamó de nuevo y me hizo una pregunta directa.

—¿Cuál es tu visión del mundo?

Respondí con facilidad.

—Veo la Tierra como un aula —le dije—. Venimos aquí para aprender lecciones y ayudarnos unos a otros. Pero el verdadero mundo es el espiritual. Y ese mundo es de luz y amor.

Jane me dio su bendición para continuar como profesora y como médium psíquica. Establecimos un protocolo sobre lo que les diría a los alumnos si algún día se enteraban, pero, aparte de eso, continué con mi trabajo habitual de profesora. En algún momento de esa misma semana, Jane llamó al jefe del distrito escolar y le explicó mi situación. En parte gracias a su recomendación, el distrito dio su visto bueno y mi empleo quedaba asegurado. Incluso la asistente del jefe del distrito me pidió una lectura.

—Personalmente, yo no creo en esas cosas —le dijo el jefe a Jane.

—Yo tampoco creía —respondió Jane—, hasta ahora.

Durante dieciséis años viví con miedo de que mi secreto fuera descubierto, únicamente porque me había convencido de que la gente no me aceptaría tal como soy. Por algún motivo creía que, cuando saliera a la luz, la gente me rehuiría, me ridiculizaría y me despedirían del trabajo. Nunca imaginé que las personas a mi alrededor pudieran apoyarme, así que permití que mis decisiones estuvieran regidas por el miedo.

¡Qué contraproducente puede ser el miedo! ¡Qué paralizante y qué inútil! Incluso estaba dispuesta a renunciar a mi trabajo como médium. Y entonces, finalmente, Jane fue increíblemente comprensiva. No solo aceptó mi don, sino que lo abrazó. Todo ese temor y preocupación me habían encadenado innecesariamente durante dieciséis años.

No puedo expresar lo bien que me sentí al verme por fin libre de aquel temor.

Mi lectura con Jane, según me contó ella más adelante, también tuvo un efecto profundo en su vida. Antes de aquel día no había dedicado mucho tiempo a pensar en la vida después de la muerte. Se consideraba una persona espiritual, pero también era muy práctica. Intentaba ser buena, honesta y amorosa, pero aceptaba que su existencia era finita. Si existía algo más allá de esta vida, estupendo, pero no se mortificaba por ello. No le parecía relevante. Solo intentaba aprovechar al máximo su vida terrenal en el presente.

Sin embargo, después de nuestra lectura, la visión que Jane tenía del mundo cambió.

—Estaba conforme con la idea de simplemente morir —me contó—. Pero ahora estoy abierta a que algo verdaderamente maravilloso suceda al morir, así que mi vida gira en torno a estar preparada. Se trata de experimentar esa conexión que todos tenemos con este mundo de luz y amor, y de vivir la mejor vida posible ahora.

26
Tocar los hilos

En 2013, Phran y Bob Ginsberg me invitaron a participar como médium facilitadora en el retiro anual de fin de semana de la Forever Family Foundation. El evento se llamaba *Transformar el duelo: conexiones y sanación entre dos mundos* y tenía lugar en un hotel con centro de conferencias en Chester, Connecticut. Era un entorno precioso, con hectáreas de frondosos bosques y una terraza sombreada por árboles que daba a un estanque encantador. Phran me explicó que el evento estaba diseñado «para afrontar los desafíos de la pérdida y el duelo, centrándose en las formas en que todos podemos comunicarnos con nuestros seres queridos fallecidos y mantener nuestra relación con ellos».

Acababa de llegar y registrarme en mi habitación en el hotel cuando me sonó el móvil. Al contestar solo escuché silencio, así que colgué. Unos minutos después volvió a sonar. De nuevo, nadie contestó.

Aquella noche recibí otras seis o siete llamadas desde la nada. Alrededor de la cuarta llamada empecé a sospechar que estaba ocurriendo algo extraño. Una llamada fallida, tal vez dos, no era gran cosa, pero ¿seis o siete? ¿Alguien me estaba gastando una broma? Lo extraño era que no aparecía ningún número de teléfono en la pantalla del móvil, simplemente sonaba.

Al cabo de un rato, me di cuenta de qué se trataba: alguien desde el Otro Lado estaba intentando comunicarse conmigo. Las llamadas fantasma son una de las muchas formas en que el Otro Lado nos manda mensajes. Los móviles emiten ondas electromagnéticas, que son un tipo de energía que el Otro Lado puede manipular. Además, tenía sentido que recibiera esas llamadas fantasma justo en un evento que invitaba al Otro Lado a aparecer. En estos retiros he visto a personas cuya angustia estaba tan atorada en su pecho que apenas podían respirar. He sentido el peso de un duelo tan profundo que parecía una nube de plomo. Pero también he visto cómo la gente encontraba esperanza y significado delante de mis ojos. He presenciado lágrimas de amor puro donde antes solo había lágrimas de rabia. He visto cómo algunas personas simplemente soltaban su dolor, como un niño que deja escapar su globo. Y he escuchado lo que el Otro Lado nos dice acerca de la pérdida y el duelo. Estaba segura de que aquellas llamadas fantasma contenían algún tipo de lección para mí.

La primera noche del retiro, Bob y Phran dieron la bienvenida a todos los participantes y presentaron el programa del fin de semana. Me fijé en una pareja que permanecía perfectamente inmóvil, aislada, con la mirada fija en el suelo. Sus rostros eran como de piedra. Podía sentir la pesadez de su sufrimiento. Su dolor era palpable. Pronuncié una oración en silencio para el Otro Lado: «Por favor, permíteme ser un vehículo para ayudarlos». Esperaba que la persona que hubieran perdido me encontrara.

Esa noche nos reunimos en el exterior, alrededor de una hoguera. Phran me había preguntado si estaría «abierta» en caso de que algún ser querido desde el Otro Lado quisiera comunicarse. Le dije que por supuesto. Cuando todos se acomodaron alrededor del fuego, cantamos canciones para elevar nuestra energía. Al terminar el canto, volvió a instalarse una tristeza profunda y silenciosa. Sentí el tirón. Era el momento de hacer una lectura.

Esperé hasta sentir que me guiaban hacia alguien, hasta notar esa especie de hilo energético. De pronto, sentí una fuerte atracción hacia la pareja triste en la que me había fijado antes. Me acerqué a ellos atravesando el círculo formado en torno a la hoguera. La sensación se hizo aún más fuerte. Quien necesitara comunicarse con ellos estaba siendo muy insistente. Me detuve frente a ellos y permití que esa presencia hablara.

—Habéis perdido un hijo —les dije.

———

Fred y Susan llevaban casados veinte años y tenían tres hijos: Scott, Tyler y Bobby. Su vida en Thunder Bay, Ontario, resultaría familiar para muchas personas: un torbellino de entrenamientos de *hockey*, partidos de béisbol, actividades escolares y deberes. Los tres chicos eran extremadamente inteligentes y deportistas, aunque Scott, el mayor, era el más extrovertido, un líder natural. Era el tipo de chico capaz de ponerse a cantar en medio de clase, haciendo que al instante todos los demás alumnos se uniesen a él, algo que, sorprendentemente, conseguía que los profesores le quisieran todavía más.

En secundaria, Scotty fue elegido presidente del consejo estudiantil y rey del baile de fin de curso. Practicaba varios deportes y destacaba en todos ellos. También tenía certificado de buceador. Fue aceptado en el prestigioso Canadian Memorial Chiropractic College.

Hacia el final de su primer semestre, volvió a casa durante unas vacaciones para así estudiar de cara a los exámenes.

—Todos los días se sentaba en la mesa del comedor con sus libros abiertos. Estaba totalmente inmerso en ellos —me contaría Susan más tarde—. No salía, solo estudiaba. Excepto aquel viernes por la noche.

Ese viernes por la noche, Scotty y su amigo Ethan fueron a una fiesta, después de la cual Scotty se quedó a dormir en casa de Ethan. Al día siguiente, alrededor de la una de la tarde, Susan y Fred estaban de compras —planeaban una gran cena familiar de Pascua— cuando Susan recibió una llamada del hermano de Ethan.

—Scotty se cayó por las escaleras anoche —le dijo—. Estaba desorientado, así que llamamos a una ambulancia. Va de camino al hospital.

Susan y Fred se fueron directos a la sala de urgencias del hospital. Un médico les dijo que todavía no podían ver a Scotty. Tenía un traumatismo, pero nadie sabía exactamente su gravedad.

—Vamos a ponerle anestesia general —dijo el médico— y luego llamaremos al neurocirujano.

«¿Al neurocirujano?», pensó Susan. ¿No se había caído simplemente por unas escaleras? Escuchó cómo el médico avisaba al neurocirujano y sintió que el miedo la paralizaba.

Esperaron en una sala privada con Ethan y su hermano. Susan y Fred entraban y salían de la habitación, mirando ansiosamente hacia el pasillo donde estaban atendiendo a su hijo. Después de lo que les pareció una eternidad, el médico volvió para hablar con ellos.

—Se dirigió directamente a Fred —recordaba Susan—, ni siquiera me miró. Fue entonces cuando supe que las noticias eran malas.

Había una inflamación grave en el cerebro de Scotty. Seguía sedado. El neurocirujano intentó insertar un tubo para aliviar la presión, pero la inflamación era demasiado fuerte. Entonces los médicos intentaron elevar la presión arterial de Scotty para obligar a su cuerpo a redistribuir la sangre, y elevaron su ritmo cardiaco a unas antinaturales doscientas cincuenta pulsaciones por minuto, pero tampoco con eso lograron reducir la inflamación.

La única opción que quedaba era perforar el cráneo de Scotty para aliviar la presión cerebral. Uno de los médicos que asistió a la cirugía era amigo de la familia, y tras la intervención fue a ver a Fred y Susan a la sala de espera.

—Cuando entramos, vimos tanta inflamación en el cerebro que no pudimos hacer nada —explicó el cirujano.

Scotty no había muerto, pero no podía respirar por sí mismo, y la presión en su cerebro había provocado daños considerables.

—Si fuera mi hijo —dijo el médico—, lo dejaría ir. Nunca volverá a ser el Scotty que conocíais.

Así, sin más. No solo fue repentino, sino impensable. Imposible. Susan y Fred, en estado de *shock*, llamaron a Tyler y a Bobby para que fueran al hospital y se reunieron con el cirujano. Sabían lo que les esperaba, pero querían afrontarlo juntos.

—La verdad es que Scotty ya no está con nosotros —dijo el cirujano.

La familia debía decidir si desconectarlo o no del soporte vital. A principios de ese mismo año, cuando Scotty se sacó el carné de conducir, había aceptado con entusiasmo convertirse en donante de órganos. Los médicos explicaron que, dado que Scotty era tan joven y estaba en tan buena forma física, podían aprovechar algunos de sus órganos, pero la decisión debía ser tomada de inmediato.

—¿Cómo saben que Scotty no va a mejorar? ¿Cómo pueden estar seguros? —preguntó Susan.

El médico repasó la lista de criterios que utilizaban para determinarlo: incapacidad para respirar por sí mismo, daños severos en el tronco cerebral, ausencia de respuesta al dolor, ningún reflejo. No había duda: Scotty se había ido.

La familia se tomó unos minutos para procesar lo que habían escuchado. En sus corazones sabían lo que tenían que hacer, pero aun así era una decisión insoportablemente difícil.

Le dijeron al médico que retirara a Scotty del soporte vital. El miércoles 4 de abril de 2012, un equipo médico llevó a Scotty hacia el quirófano para extraer sus órganos. La familia los acompañó durante parte del camino, pero no podía entrar a la sala. En la entrada, los médicos se apartaron de la camilla y los padres y hermanos de Scotty, uno por uno, colocaron sus manos sobre él para despedirse.

—Adiós, hijo mío —dijo su padre entre lágrimas.

—Adiós, Scott —dijo su madre—. Te querremos siempre.

Los médicos empujaron la camilla hacia dentro, y la familia de Scotty permaneció allí mientras las puertas se cerraban.

En pocas horas, varios helicópteros aterrizaron en el hospital para recoger los órganos de Scotty. Sus pulmones, hígado, páncreas y riñones fueron enviados a diferentes lugares, a distintos receptores. El último órgano que se extrajo fue el corazón. El último helicóptero se elevó hacia el cielo y se llevó el corazón de Scotty.

De vuelta en casa, los libros de medicina de Scotty seguían abiertos sobre la mesa del comedor.

En el retiro, la lectura para Fred y Susan duró cuarenta minutos. El joven que apareció era vibrante, decidido y tenía mucho que decir. Me dio una ese para indicarme su nombre y me dijo que había cruzado rápidamente. Había sido un accidente, afirmó, y asumía cierta responsabilidad por ello. Luego ofreció varias pruebas claras, como si comprendiera que sus padres necesitarían convencerse de que realmente estaba allí.

—Me está mostrando algo verde —les dije—. Un disfraz verde. Me pide que se lo mencione a su madre porque ella se reirá.

Al principio Susan parecía sorprendida, pero después, justo como el joven había predicho, se rio.

—Scotty se disfrazó de pies a cabeza de Hulk en Halloween —explicó Susan más tarde—. Me reí porque era muy típico de Scotty sacar eso para hacerme reír.

Después Scotty me pidió que mencionara los pendientes que llevaba su madre. Le pregunté a Susan si había dudado sobre qué pendientes ponerse ese día.

—Scotty dice que le gusta el par que llevas puesto y que te animó a elegir ese par en vez del otro en el que estabas pensando —le dije.

Susan confirmó que había elegido otro par primero, pero en el último minuto cambió de idea y escogió los pendientes que llevaba puestos. Esta era la forma en que Scotty le mostraba a su madre que había estado con ella todo el día.

Luego me dirigí a Fred.

—Bueno, esto es un poco vergonzoso, pero siempre debo transmitir los mensajes tal cual me llegan —le dije—. Scotty quiere que te diga que le gusta tu nueva ropa interior. Dice que es un estilo nuevo. No más calzoncillos ajustados blancos.

Ahora era Fred el que se quedó impactado.

—Scotty siempre se metía conmigo por mis antiguos calzoncillos estilo *slip* —explicó Fred más tarde—. Pero hace unos días me compré ropa interior nueva, más tipo bóxer. Nadie sabía que había hecho eso.

Continué:

—También me dice que te tome el pelo por tus zapatos. Se está riendo porque dice que ahora tienes suficientes zapatos para los próximos diez años.

Susan y Fred se miraron y se echaron a reír.

—Es verdad —dijo Fred—. Hay un modelo concreto de zapatos que me gusta mucho. Mira, los llevo puestos ahora mismo. Y como estaban rebajados, pensé: «¿Por qué no?», y compré un montón por internet.

Entonces Scotty me mostró un jardín, y sentí una oleada abrumadora de amor.

—Scotty me está mostrando un jardín conectado con él y con vosotros dos —les dije—. Dice que os sentáis allí y que él se sienta con vosotros. Es precioso. Es hermoso que paséis tiempo allí, conectando con él. Es un lugar tranquilo donde podéis hacerlo.

—Plantamos un jardín en su memoria —dijo Susan—. Lo llamamos «el jardín de Scotty». Es muy especial para nosotros.

—No me necesitáis para ver, sentir y escuchar a Scotty —les dije—. Ya lo estáis haciendo vosotros mismos. Lo hacéis cuando os sentáis con él en su jardín. Y cuando compras ropa interior y cuando eliges unos pendientes. Él está siempre con vosotros. Sigue formando parte de la familia.

━━━━

Cuando Susan y Fred llegaron al retiro, estaban tan sumidos en su duelo que me preocupaba que no consiguieran encontrar una salida, pero al final Scotty se encargó de todo. Cuando apareció en la lectura fue muy divertido, ¡nos tuvo a todos riendo y sonriendo! Se presentó como el Scotty que su familia tanto quería.

Pero lo más importante que Scotty transmitió fue su entusiasmo.

—Dice que está tremendamente emocionado porque lo que estáis haciendo en su nombre le permite seguir marcando una diferencia aquí en la Tierra —les dije—. Está muy agradecido por poder seguir influyendo aquí, aunque se encuentre en el Otro Lado. Eso le sorprende y le entusiasma. Todos vosotros estáis trabajando juntos como un equipo de luz para ayudar a otros: vosotros dos aquí, y Scotty desde el Otro Lado. Y eso lo hace inmensamente feliz.

En ese momento yo no sabía a qué se refería Scotty, pero después me enteré de que, en el año posterior a su muerte, sus padres organizaron una cena anual en su memoria para recaudar fondos destinados a distintas organizaciones benéficas en nombre de Scott. Programaron el evento para el sábado más próximo a su cumpleaños, en noviembre. En la primera cena, celebrada en un popular restaurante de Thunder Bay, participaron más de cien personas y se recaudaron 36 000 dólares para una organización benéfica que ayuda a alimentar a niños en África Occidental. Desde entonces han recaudado miles de dólares para un grupo llamado Kids in Syria, y más de cincuenta mil dólares para niños que pasan hambre en Mali.

—La llamamos «la cena de Scotty» —me contó Susan—. A Scotty le encantaban los niños y disfrutaba mucho ayudándoles. Constantemente vienen jóvenes a decirme la diferencia que Scotty marcó en sus vidas.

Scotty necesitaba que sus padres supieran lo agradecido que estaba por lo que hacían en su nombre.

Antes de terminar, tenía otro mensaje más para ellos.

—Os está dando las gracias por haber venido a este retiro de duelo —les dije—. Dice que intentó traeros aquí y que casi decidisteis no hacerlo. Está muy feliz de que finalmente hayáis venido. No quiere que viváis vuestro duelo en soledad.

———

Hay una razón por la cual participo encantada en estos retiros de duelo. Al principio veo lo angustiadas que están las personas, y al marcharme veo cómo sus cargas se han aliviado gracias al acto de compartir su pena con otros. Al compartir, reconocemos que, como seres espirituales que somos, todos estamos conectados.

El duelo trae consigo un gran dolor, pero el Otro Lado nos enseña que este dolor no se debe a la ausencia de amor, sino a la continuidad de ese amor. Los brillantes hilos de amor que nos conectan con alguien en esta vida permanecen también en la vida después de la muerte. Cuando sentimos un dolor insoportable por la pérdida de un ser querido, es como si estuviéramos tirando de ese hilo de amor. El dolor es real porque ese hilo es real. Nuestro amor no termina: continúa.

━━━━

Finalmente, la lectura con Fred y Susan volvió a demostrarme lo importante que es lo que hacemos en esta tierra después de perder a un ser querido.

La forma más poderosa en que podemos honrar a alguien que ha cruzado es difundir luz y amor en su nombre. Hacer esto no solo mantiene a esa persona presente en nuestra vida, sino que además permite que nuestro ser querido en el Otro Lado continúe ejerciendo una influencia positiva en nuestro mundo.

¡Todo cuenta! Si corremos una carrera de cinco kilómetros en su honor, esa persona estará corriendo o caminando con nosotros. Si organizamos una cena benéfica, esa persona estará sentada en nuestra mesa. Nuestros seres queridos del Otro Lado siempre saben lo que estamos haciendo, y cuando ven que difundimos luz en su nombre, para ellos significa muchísimo. El Otro Lado quiere que vivamos plenamente, con alegría y sin reservas; que vivamos con la mayor intensidad y brillo posibles. Ellos estarán ahí, con nosotros.

Cuando transformamos una tragedia en esperanza, nuestros seres queridos del Otro Lado no solo lo ven: lo celebran.

━━━━

Esa noche, después de la lectura de Susan y Fred, recibí aún más llamadas fantasma en mi móvil, pero esta vez tenía una idea de quién me estaba gastando esas bromas. A la mañana siguiente me encontré a Fred y a Susan durante el desayuno y les conté lo sucedido con las llamadas fantasma.

—Siento que eran de Scotty —les dije—. Creo que quiere que os diga que sigue cerca, comunicándose con vosotros. Y que no me necesitáis a mí para sentir esa conexión. Creo que se está divirtiendo un poco y mostrando lo que es capaz de hacer.

Más tarde descubriría que aquellas llamadas desde la nada no eran el único intento de Scotty por mantener abiertos los canales de comunicación entre él y sus padres. Resulta que a Scotty le gusta especialmente expresarse por medio de la electricidad.

—Cuando era pequeño, le fascinaba la electricidad —cuenta Susan—, así que no me sorprende que siga siendo así.

Incluso Susan tuvo su propia experiencia extraña con el móvil.

—Estábamos en Florida y vi que tenía un mensaje en el teléfono. Lo reproduje, pero estaba vacío. Entonces dije: «Scotty, si eres tú, tendrás que dejarme algo mejor que un solo mensaje en blanco».

Más tarde ese mismo día Susan encontró 95 mensajes en blanco en su móvil.

En adelante, Fred y Susan continuarán organizando «las cenas de Scotty» y buscarán nuevas formas de honrar la conexión permanente con su hijo.

—Sentimos que nuestra función es mantener viva la luz de Scott en este mundo haciendo cosas buenas en su nombre —dice Susan—. Es una manera de que él pueda seguir influyendo positivamente en la gente. Todavía puede marcar la diferencia en este mundo.

—Esto no significa que no sigamos echándolo muchísimo de menos cada día —añade Fred—. No hace que desaparezca el dolor, pero sí lo hace más llevadero saber que Scotty siempre está ahí con nosotros, que sigue formando parte de nuestro equipo.

27
El fénix

E<small>N EL MISMO RETIRO DE DUELO</small> donde conocí a los padres de Scotty, realicé una serie de lecturas grupales para unos diez o doce participantes. El último día del retiro, al comenzar mi cuarta y última sesión, sentí que un hilo de energía me guiaba hacia un hombre y una mujer que estaban sentados juntos. Al acercarme a ellos apareció una imagen: era oscura y perturbadora. Luego llegaron más imágenes, todas ellas espantosas. Vi escenas de un impacto y de destrucción, llamas y humo.

—Alguien está apareciendo para vosotros —le dije al hombre—. Dice que murió en un accidente de coche.

El hombre levantó la vista y me miró, con los ojos llenos de lágrimas.

=====

Una noche en 1966, Frank McGonagle y su esposa, Charlotte, se subieron a su coche deportivo Triumph TR4 para ir de Boston a Swansea, Massachusetts, a una hora al sur. Acababan de asistir al velatorio del tío de Frank y estaban deseando llegar a casa para estar con sus cuatro hijos pequeños. Cuando faltaban apenas unos kilómetros, en una autopista tranquila,

Frank se acercó a un cruce y frenó al ver que el semáforo cambiaba de amarillo a rojo.

En ese instante, otro coche apareció bruscamente por detrás y golpeó la parte trasera del TR4. El impacto fue devastador. El coche salió despedido hacia el cruce y terminó chocando contra una barrera protectora. El olor a gasolina inundó el aire. Tres adolescentes saltaron de otro vehículo y corrieron hacia el Triumph. A través de la ventanilla destrozada del lado del conductor sacaron a Frank. Justo cuando lo hacían, el depósito de gasolina explotó.

Las llamas envolvieron el coche. Frank también estaba ardiendo. Cayó al suelo y rodó, intentando apagar las llamas. Llevaba un abrigo largo que protegió gran parte de su cuerpo, pero su cabeza quedó expuesta y sufrió quemaduras de tercer grado en la cara, las orejas, el cuero cabelludo y el cuello. Frank no recuerda que lo sacaran del coche ni haber rodado por la carretera. De hecho, apenas recuerda el accidente. Sí que se acuerda de que se despertó en urgencias y que un médico le dijo que su mujer no había sobrevivido.

Charlotte, la hermosa chica texana de pelo rizado de la que se enamoró el día que la conoció —el amor de su vida, la madre de sus hijos, su todo—, se había ido. Charlotte estaba embarazada de siete meses. En un abrir y cerrar de ojos, la vida que habían construido juntos desapareció.

En mi lectura con Frank, el Otro Lado no me reveló todos los detalles sobre su vida después del accidente, pero sí vi que había sido difícil. La realidad es que, cuando Frank despertó en urgencias, se encontraba en una especie de infierno.

Estaba sedado con morfina y le habían realizado una traqueotomía.

—Desde ese mismo momento me sentí responsable de su muerte —me contó Frank—. Sentí que la había abandonado. No podía perdonarme haberla dejado atrás.

Frank pasó los siguientes tres meses en el hospital. Debido a sus quemaduras, su vida corría peligro, pero salió adelante. Sin embargo, mucho peor que el daño físico eran la culpa y el sentimiento de injusticia, que casi lograron destruirlo por completo. Mientras aún estaba en el hospital, un sacerdote fue a visitarlo; él conocía al conductor que había provocado el accidente, un joven llamado Richard, que quería conocer a Frank.

—Quiere pedirte perdón —le dijo el sacerdote.

—Padre, si lo trae a esta habitación, lo mataré —respondió Frank.

Amigos y familiares ayudaron a Frank a recuperarse y a criar a sus cuatro hijos. Pero intentar mantener unida a su familia sin Charlotte resultaba casi insoportable. En algunos momentos Frank llegó a considerar suicidarse. Alrededor de un año y medio después del accidente se casó con una enfermera que trabajaba en el hospital donde había sido tratado, pero ese matrimonio estuvo condenado desde el principio.

—Yo era un desastre —explicó Frank—. No había resuelto ninguno de mis problemas de culpa, rabia y dolor.

Pasaron diez años, luego veinte, luego treinta, y Frank seguía luchando.

Un día asistió a una charla impartida por Fred Luskin, un doctor que hablaba ante un grupo de víctimas de quemaduras. Luskin habló sobre el poder del perdón y de la forma en que el perdón ayuda no solo a quien es perdonado, sino también a quien perdona. Luskin presentó de manera muy convincente cómo el perdón podía transformar las dinámicas de una tragedia.

—Tenía que conocer a Richard —me contó Frank más adelante—. Y tenía que perdonarlo.

Frank supo entonces que Richard había sido condenado por conducción temeraria. Había pagado una multa y había perdido el carné de conducir durante un año.

—Un día hablé con un vecino que conocía a Richard —contó Frank—. Me dijo que Richard no había vuelto a conducir desde el accidente.

Este vecino ayudó a organizar un encuentro ente Frank y Richard en la rectoría de una iglesia local. Frank llegó primero, demasiado nervioso como para sentarse. Miraba por la ventana y vio cómo un coche se detenía afuera. Un hombre bajó por la puerta del copiloto y caminó titubeante hacia la entrada. Frank respiró profundamente. Escuchó unos pasos y vio cómo la puerta se abría despacio.

Al fin los dos hombres estaban en la misma habitación, a tan solo unos metros de distancia. Durante mucho tiempo ninguno dijo una palabra. Frank luchaba contra un torrente de emociones.

Finalmente, Frank habló.

—Gracias por venir —dijo—. Sé que has necesitado mucho valor para estar aquí.

Richard levantó la vista. Tenía los ojos enrojecidos y estaba temblando.

—Lo siento —dijo—. Lo siento muchísimo.

—Escucha —continuó Frank—, sé que no fue tu intención que pasara aquello, pero sucedió. En ocasiones yo mismo he conducido de forma irresponsable. Al fin y al cabo, sé que no lo hiciste a propósito.

Los dos hombres hablaron durante media hora. Frank se dio cuenta de que Richard se había estado castigando a sí mismo más duramente de lo que nadie podría haberlo hecho jamás.

Al final, los dos se secaron las lágrimas, se dieron la mano y se despidieron. Richard salió y Frank lo observó caminar hasta la acera y esperar a que vinieran a buscarlo. Finalmente llegó un coche y Richard subió. Frank comprendió que no era el único atrapado en un mundo de dolor.

Dos días después, Frank habló por teléfono con su hija, Margaret, y le contó su encuentro con Richard y cómo lo había perdonado. Mientras hablaba, una sencilla pregunta surgió en su mente: «Ahora que lo has perdonado a él, ¿por qué no te perdonas a ti mismo?».

===

Después de aquello, la perspectiva de Frank cambió radicalmente.

—Pude ver lo sucedido de manera más objetiva —dijo—. Fue como dejar atrás el ego. Pasé a ser más un observador que un participante. Mi encuentro con Richard fue lo que lo inició todo. Al verlo marcharse sentí una profunda pena por él. Sentí lástima. Podía percibir lo herido y lastimado que estaba, y cómo probablemente seguiría estándolo para siempre. Fue un cambio total respecto a cómo me sentía después del accidente, cuando probablemente lo habría matado. Ahora comenzaba a ver el poder del perdón.

Poco a poco, Frank comenzó a soltar su culpa. Y cuando lo hizo, experimentó el poder sanador del perdón.

Pero superar el duelo era otra historia. Había una pregunta profunda que simplemente no era capaz de responder: ¿qué había sucedido con Charlotte? En un momento estaba con él y al siguiente se había ido. ¿Adónde había ido? ¿Qué le había ocurrido? Desde el punto de vista de Frank, su relación con Charlotte había terminado de forma abrupta aquel día lejano, y el poderoso amor que existía entre ellos simplemente se había extinguido.

Frank recordó el día en que los padres de Charlotte lo visitaron en el hospital después del accidente. Él temía profundamente ese momento. Charlotte había sido su única hija, una diosa solar brillante y hermosa. Pero, cuando la madre de Charlotte entró en la habitación, se sentó en una silla junto a la cama de Frank y le dijo:

—Frank, Charlotte sigue contigo. Charlotte vino a verme a mi dormitorio y quiere que sepas que está bien. No está sufriendo. Está en el cielo con vuestro bebé y es muy feliz. Quiere que te recuperes y que seas un padre fuerte para vuestros cuatro hijos. Quiere que seas feliz.

A través de la bruma provocada por la morfina, una sola cosa cruzó por la mente de Frank mientras escuchaba a la madre de Charlotte: «Está diciendo tonterías. Ha perdido la razón por el dolor».

Pasarían más de cuarenta años hasta que esa percepción cambiara.

———

En 2006, un amigo animó a Frank a asistir a un seminario dirigido por una médium psíquica, pues pensó que podría ayudarle en su camino. Frank se mostró escéptico, pero accedió a ir. Durante el seminario escuchó a varios médiums dar detalles de sus familiares fallecidos. Uno de ellos incluso percibió una señal con las iniciales CC, las iniciales de Charlotte, cuyo apellido de soltera era Carlisle. Eso bastó para que Frank cambiara su forma de pensar sobre el Otro Lado. Ahora creía que era posible reconectar de alguna manera con Charlotte.

Durante mi lectura con Frank, Charlotte apareció con más claridad que en cualquiera de las lecturas previas que Frank había recibido. Me mostró cómo, durante los años siguientes al accidente, ella había velado por Frank y lo había guiado hacia su actual esposa, Arlene, la mujer que lo acompañaba en el retiro.

—Quiere darle las gracias a Arlene por todo lo que ha hecho por ti —le dije a Frank—. Dice que cuentas con muchas personas, muchos guías y seres queridos que te están cuidando desde el Otro Lado.

Charlotte transmitía una profunda sensación de orgullo por todo lo que su marido había hecho desde el accidente. Parecía haber un equipo entero de personas en el Otro Lado felicitando y celebrando a Frank.

—Dicen que te mereces que se pongan de pie para aplaudirte por la labor que has hecho en esta tierra —le dije.

Más tarde me enteré de que Frank había dedicado treinta años a ayudar a otras víctimas de quemaduras a superar sus lesiones y encontrar la manera de llevar una vida normal. Comenzó a colaborar con una organización nacional de apoyo llamada Phoenix Society for Burn Survivors, y después llegó a ser presidente de la junta directiva del grupo. «En verdad, creo que esa es una de las principales razones por las que me salvé —escribió Frank en un boletín informativo—. Sobreviví para ayudar a otras víctimas de quemaduras y a sus familias. No es una obligación para mí; es un privilegio».

Ahora Charlotte se manifestaba para expresar lo orgullosa que estaba de su marido por todo lo que había logrado. Fue una cascada de alegría y cariño, una expresión pura de amor.

—Charlotte ve todo lo que le has dado al mundo, y cómo no permitiste que lo sucedido te convirtiera en alguien amargado —le dije—. Quiere reconocer todo lo que has hecho en su honor.

A Frank se le llenaron los ojos de lágrimas. Creía que Charlotte lo había cuidado y había formado parte de su camino desde el principio. Creía que ella lo había guiado hasta Arlene. Y creía que lo había visto ayudar a cientos de supervivientes, todo en su memoria.

—Todo lo que hice, lo hice para honrar a Charlotte —me contó Frank más tarde—. Era una forma de lograr que ella no desapareciera por completo. Saber que estaba orgullosa de mí, que estaba feliz con lo que hacía, fue increíblemente reconfortante.

Pero Charlotte no fue la única que apareció durante la lectura.

—Frank, veo un espíritu que no llegó a nacer —le dije—. Ese espíritu murió también en el accidente. Frank, es tu hijo.

—Frank me miró incrédulo—. Tu hijo está aquí y quiere que te diga que también está contento al ver que ayudas a otras personas. Está sumamente orgulloso de ti.

Cuando ocurrió el accidente, Frank y Charlotte aún no habían elegido nombre para el bebé que esperaban. Durante todos aquellos años, cada vez que pensaba en el hijo que había perdido, Frank simplemente se refería a él como «mi bebé».

Y ahora, en el retiro de duelo, su bebé ya no era un bebé: era un hermoso espíritu lleno de luz y amor. No había podido llegar hasta Frank en esta vida, pero ahora estaba allí comunicándose con él, expresando amor y orgullo.

Frank se cubrió la cara con las manos y rompió a llorar.

=====

Durante décadas, Frank había guardado cajas con rollos de películas en Super 8 en un armario de su casa. Eran viejas películas caseras con imágenes mudas, rayadas, temblorosas y descoloridas de Frank, Charlotte y sus hijos pequeños. Para Frank eran recuerdos de una vida que le había sido arrebatada. Después de la muerte de Charlotte, no soportaba verlas, pero tras nuestra lectura Frank sacó esas cajas.

—Había unas dos horas de película —me contó después—. Empezaban con los nacimientos de nuestros hijos y llegaban hasta la época del accidente. Las convertí todas a formato digital y las monté. Quería hacerlo por mis hijos. Quería hacerlo por Charlotte.

La breve película cuenta la historia de una familia hermosa y feliz. Charlotte sonríe y saluda a la cámara. Los niños caminan tambaleándose y se caen. Hay alegría y risas y amor, mucho amor. Frank les entregó la película a sus hijos para que recordaran a Charlotte tal y como él lo hacía. También deseaba que sus once nietos vieran la película para que supieran cómo había sido su abuela.

—Fue otra manera más de honrar a Charlotte —dijo Frank.

Cuando terminó el retiro, volví a mi casa en Long Island y pensé mucho en la historia de Frank. Lo que la hacía tan profundamente conmovedora para mí era cómo había encontrado la fuerza y la valentía para convertir la oscuridad de su vida en una hermosa luz brillante. Me di cuenta de que la historia de Frank podía enseñarnos a transformar nuestra perspectiva sobre lo que significa el duelo.

En ciertas culturas existe la tradición de afrontar las tragedias en soledad, como si mantenernos firmes y en silencio fuera la cualidad más admirable. Sin embargo, las investigaciones sobre el duelo demuestran que aislarnos en esos momentos de dolor es perjudicial para nuestra curación.

Al principio, Frank sufrió en soledad su tristeza. Finalmente, se acercó a grupos de apoyo para supervivientes de quemaduras, y entonces realmente comenzó a sanar.

—A los hombres nos enseñan a ser John Wayne —comentó Frank—. Nos enseñan que no debemos llorar ni compartir nuestro dolor. Pero, cuando comencé a contar mi historia a otros supervivientes, pude ver lo mucho que ayudaba.

Cuando perdonó al hombre que había provocado el accidente, Frank pudo aplicarse también a sí mismo ese acto de perdón, lo que le permitió estar disponible para ayudar a otras personas.

El universo está diseñado para que estemos presentes los unos para los otros; no estamos destinados a aislarnos en nuestro propio dolor y pena. Estamos hecho para honrar los vibrantes hilos de luz y amor que nos unen, porque el amor de los demás es la fuerza sanadora más poderosa que existe. ¿Por qué habríamos de apartarnos de una fuerza tan poderosa? Estamos destinados a formar parte de un ciclo amplio e infinito de amor, en el que recibimos amor de los demás y lo transmitimos a su vez.

Compartir nuestro dolor, dar y recibir amor: así sanamos nuestro duelo.

======

Ahora, cada mañana cuando se levanta, Frank entra en la ducha y da las gracias.

—Tengo una larga lista de personas con las que hablo —me contó—. Hablo con Charlotte cada día y le pido que me siga ayudando. Hablo con todos los seres queridos que he perdido, con mis espíritus y guías. Sé que mucha gente se mostraría escéptica al respecto, pero yo he cambiado totalmente mi forma de entender cómo funciona el universo.

Incluso en los días en los que todavía sufre y extraña a Charlotte, le consuela saber que ella realmente no se ha ido.

—Creo que Charlotte sigue conmigo —dice—. Creo que mi hijo está conmigo. Creo que todos mis seres queridos están aquí, enviándome amor. Lo que he aprendido es que todo tiene que ver con el amor. Cuando amas a alguien, lo amas para siempre.

28
El bonsái

A LO LARGO DE MIS LECTURAS, el Otro Lado me ha ayudado a responder muchas de las grandes preguntas con las que llevaba tiempo lidiando.

¿Por qué estamos aquí? Para aprender. Para dar y recibir amor. Para ser los agentes de un cambio positivo en el mundo.

¿Qué sucede cuando morimos? Abandonamos el cuerpo, pero nuestra consciencia perdura.

¿Cuál es nuestro verdadero propósito en esta tierra? Crecer en el amor… y ayudar a otros a hacer lo mismo.

El Otro Lado también me ha ayudado a responder una pregunta que aún desconcierta a muchos pensadores: ¿tenemos libre albedrío para trazar el rumbo de nuestras vidas o nuestro futuro ya está predeterminado? El Otro Lado me ha mostrado un modelo de existencia que es lo bastante generoso como para abarcar tanto el libre albedrío —la capacidad de actuar según nuestra voluntad— como la predestinación, que es la creencia de que todos los acontecimientos y acciones ya están determinados de antemano. Es un modelo bellamente simple que llamo «libre albedrío versus puntos de destino».

Nuestra existencia está trazada por una deslumbrante red de puntos colocados antes de nacer. Estos son los puntos de destino: sucesos cruciales, momentos decisivos y personas significativas, elementos clave que constituyen nuestro tiempo aquí. Imagina estos puntos como estrellas en el cielo nocturno: una colección de faros repartidos por un vasto lienzo. El Otro Lado me ha mostrado que somos nosotros quienes creamos las acciones que nos mueven de un punto de destino al siguiente. Somos nosotros quienes conectamos los puntos. Tomamos las decisiones que nos conducen de un punto al otro y, en el proceso, damos forma y creamos el dibujo de nuestra vida.

Cada uno de nosotros llega a esta existencia con dones únicos y una contribución propia que hacer. Encontrar y honrar nuestro verdadero yo siempre nos ayuda a navegar hacia nuestros puntos de destino.

Debemos aprender a reconocer nuestra propia luz. Debemos permitir siempre que nuestras verdades, nuestros dones y nuestra luz guíen nuestro camino.

No existen caminos «correctos» o «incorrectos», solo diferentes lecciones en distintos recorridos. Sin embargo, sí existen caminos más elevados y caminos más bajos, y elegir el más elevado puede hacer que nuestras lecciones sean más fáciles de aprender. Si honramos nuestras verdades, nuestros dones únicos y nuestra luz, la imagen que creamos es verdaderamente hermosa. Y si hacemos esto de forma constante, acabaremos encontrando nuestro verdadero camino.

Mientras tomamos decisiones sobre qué camino seguir, nuestros seres queridos del Otro Lado esperan que escojamos la mejor opción, e incluso a veces ejercen cierta influencia para ayudarnos a encontrarla. Desean que seamos la mejor versión de nosotros mismos y que alcancemos la felicidad y la plenitud.

Sin embargo, en última instancia, somos nosotros quienes tomamos las decisiones: ahí es donde entra el libre albedrío. A veces tomamos decisiones que nos conducen por un camino de miedo en lugar de por uno de amor. Cuando esto sucede, podemos desviarnos y perdernos.

Pero nunca debemos olvidar que todos poseemos la capacidad innata de escuchar esa llamada interior y volver a nuestro verdadero camino.

———

Durante una lectura para una mujer llamada Nicole, a quien conocía del instituto donde daba clases, surgió una presencia muy fuerte con mensajes urgentes dirigidos a su padre, Mike. Exploré algunos de esos mensajes con Nicole, pero me quedó claro que el Otro Lado quería llegar directamente con Mike. Le pedí a Nicole que le transmitiera los mensajes a su padre, y unos meses después Mike se puso en contacto conmigo para que le realizara una lectura.

Normalmente no sé nada sobre el consultante, pero con Mike ya habían surgido algunos datos durante la sesión con su hija. Sabía que él tenía dos hijos adultos, que vivía en Los Ángeles y que escribía guiones. También tenía cierta idea de lo que el Otro Lado quería comunicarle. Aun así, yo necesitaba que el Otro Lado volviera a manifestarse para que todo cobrara sentido.

Comencé leyendo la energía de Mike. El lado izquierdo de mi pantalla se inundó de naranja brillante.

—El color naranja tiene que ver con la creatividad y el arte —le expliqué—. Tu energía te define como artista. Tus guías me dicen que a los siete años ya sabías que eras artista. Sabías que eso era lo que querías ser. Pero también veo que hacia los once años eso se bloqueó. Durante la mayor parte de tu vida no has honrado la esencia de lo que eres. Tu vida ha sido una lucha por aceptar tus pasiones y por amarte a ti mismo, y la mayor parte del tiempo te has sentido confundido, buscando respuestas desde dentro hacia fuera.

—Sí —respondió Mike en voz baja—. Todo eso es verdad.
—Puedo ver que tuviste una infancia difícil —continué—.
Tu padre arrastraba muchos problemas y se quedó estancado
en ellos, nunca pudo superarlos. Gran parte de tu lucha ha
consistido en encontrar tu propia voz y liberarte de todo lo
que él te impuso. Tu padre fue una presencia muy dominante
en tu infancia.

Mike suspiró y dijo:

—Sí, lo fue.

Personas del Otro Lado empujaban con fuerza para manifestarse, así que las dejé entrar.

—Veo a tu madre y a tu padre en el Otro Lado —le dije a
Mike—. Pero tu padre se está apartando y contiene sus emociones. Está por detrás de tu madre, así que será ella quien
hable primero.

La madre de Mike comenzó con una auténtica cascada de
amor. A veces me siento abrumada por la fuerza y la intensidad del amor de otra persona, y esta fue una de esas veces.

—Mike —le dije—, tu madre está diciendo: «No elegí de-
jarte». Debes saber esto. Dice que nunca habría elegido irse.

Mike me explicó después que su madre murió durante
una cirugía a corazón abierto cuando él tenía diecinueve años.
Pero como su matrimonio con el padre de Mike había sido
tan difícil, él siempre había creído que, en cierto modo, su
madre simplemente se había rendido. Como resultado, Mike
pasó buena parte de su vida sintiéndose abandonado.

Durante la lectura, la madre de Mike fue muy insistente.

—Dice que siente no haberte protegido más de tu padre,
pero necesita que sepas que jamás habría elegido marcharse.
No quería dejaros solos con él.

En ese momento, Mike interrumpió la lectura para contarme una anécdota sobre el día en que murió su madre.

Su padre lo había llamado para decirle que ella estaba
enferma, pero no le dio más detalles, así que Mike se subió a

su Thunderbird de 1957 y condujo desde Boston, a cuatro horas de distancia.

—Mientras iba conduciendo, un destello de luz entró en el coche —dijo Mike—. Y supe que era ella, y pude sentir su alivio, así que yo también me sentí aliviado. Me sentí eufórico. Vino a decirme que estaba bien, que por fin se había liberado de un mal matrimonio y de un cuerpo deteriorado, resultado de un ictus que había sufrido años antes. Esa sensación de felicidad y alegría por su liberación permaneció conmigo el resto del largo viaje. En mi corazón sabía que por fin ella estaba en paz.

En el preciso instante en que la madre de Mike se le apareció en el coche, el reloj del salpicadero se detuvo.

—Nunca volvió a funcionar —dijo Mike.

Cuando llegó a casa, se encontró a su padre llorando. Era la primera vez que lo veía llorar.

—Tu madre ha muerto —le dijo.

Pero Mike ya lo sabía.

—Sí —respondió, y sin pronunciar una palabra más se fue a su habitación.

La relación de Mike con su padre, Mario, se había definido por la falta de afecto y la incapacidad para conectarse. Con una altura de metro noventa y más de ciento diez kilos, Mario imponía físicamente. Era un firme defensor de que los hombres nunca debían mostrar sus emociones.

Mike sabía que no podía compartir con su padre lo que había vivido en el coche, así que ni siquiera lo intentó. De hecho, nunca le contó a nadie aquella experiencia.

Lo significativo de aquel momento, la oportunidad perdida de que Mike y su padre compartieran algo importante, me llenó de tristeza.

—Mike, hay un muro de ladrillo entre tú y tu padre —le dije—. En tu familia, cada uno era una isla. Casi toda tu vida te has sentido fragmentado, incluso te has fragmentado entre ser tú mismo y ser la versión de ti que exigía tu padre.

Empezaba a comprender por qué el Otro Lado se mostraba tan insistente con Mike. Había sido profundamente herido por algo que le sucedió en la infancia, algo relacionado con su padre. Décadas después, seguía luchando con esas heridas. Era como si el universo le hubiera robado algo cuando era niño y ahora se lo quisiera devolver.

Y fue en ese momento cuando el padre de Mike por fin se manifestó.

Al principio lo hizo con timidez, con la cabeza baja, intentando articular una disculpa.

—Todo comenzó cuando tenías tres años —le dije a Mike—. ¿Tu padre… te pegó cuando tenías tres años? Me lo está mostrando con vergüenza. Dice que te maltrató. Y eras tan pequeño…

—Si hacía algo mal, me perseguía por todo el barrio —me contó Mike—. Yo salía corriendo a casa y me escondía en el armario, pero él me encontraba y me pegaba.

—Mike, tu padre está agachando la cabeza, arrastrando los pies y murmurando una disculpa. Le han hecho ver lo que hizo y te pide perdón. Empezó a pegarte cuando tenías tres años, y me duele ver esto, pero debo decirte que no hiciste nada malo. Eras solo un niño indefenso e inocente. Todo estaba en la cabeza de tu padre. Y tienes que saber esto, porque todavía estás luchando con ello. Eras como un niño al que le meten la cabeza bajo el agua hasta que casi se ahoga. Finalmente, tu padre se fue, tú saliste a la superficie y apenas podías respirar, y todavía hoy sigues jadeando. Pero debes saber que no fue culpa tuya. Tu padre está asumiendo la responsabilidad por lo que pasó.

Entonces Mario me mostró una línea de tiempo con un suceso marcado cuando Mike tenía nueve años. Había otra marca a los once. No lograba ver con claridad qué significaban estos eventos, pero sabía que habían desviado a Mike de su camino.

—Elegiste un camino para ti que no era auténtico —le dije—. Seguiste el modelo que tu padre te impuso. Y ahora, tu padre... está llorando en el Otro Lado. Dice que lo que te hizo es imperdonable y está llorando de vergüenza. Está muy avergonzado, triste y arrepentido de lo que hizo.

No pude ver con precisión qué le había pasado a Mike a los nueve y a los once años. Su padre no lo mostraba claramente; estaba demasiado abrumado por el remordimiento.

Pero entonces Mike comenzó a hablar. Me llevó de vuelta a su infancia en Long Island. Tenía una colección de peluches a los que quería mucho: un monito amarillo con una cola muy larga, un osito marrón, en total ocho o nueve animales.

—Eran mis mejores amigos —dijo Mike—. En mi casa no había abrazos ni besos, pero podía abrazar y besar a mis peluches todo lo que quisiera. Me sentía conectado a ellos, así que los colocaba a mi lado en la cama y los abrazaba cada noche.

Un día, cuando tenía nueve años, Mike volvió del colegio y descubrió que los peluches no estaban. Los buscó desesperadamente, pero no los encontró por ninguna parte. Su padre los había tirado a la basura.

—Mi padre decía que solo los maricones juegan con peluches, así que los tiró —contó Mike.

Dos años después, cuando tenía once años, Mike encontró una caja grande de cartón fuera de la casa de un vecino y la arrastró hasta el garaje de su casa. La abrió, la aplanó y la convirtió en un lienzo gigante. Cada día corría a casa desde el colegio para trabajar en su pintura. Era un paisaje con montañas, árboles y arroyos. Era su obra de arte. Pintar le hacía sentirse vivo. En aquella pintura, Mike podía ver el reflejo de su hermosa luz interior. Reconocía sus dones únicos y su verdadero yo.

Una tarde, Mike volvió del colegio, abrió la puerta del garaje y vio que su pintura había desaparecido. Le preguntó a su madre dónde estaba.

—Tu padre la ha tirado —le dijo.

Mike no tuvo que preguntar el motivo. Ya lo sabía. Había escuchado a su padre decirlo muchas veces: solo los maricones pintan.

—Aún hoy recuerdo perfectamente el impacto de abrir la puerta del garaje y no ver mi pintura —me confesó Mike—. Después de eso nunca volví a pintar. Cerré por completo mi lado artístico.

En su lugar, Mike eligió un camino más práctico que lo condujo a ser director de ventas en Johnson & Johnson. Era un buen empleo, pero para Mike era solo eso: un empleo. De vez en cuando, ya de adulto, intentó volver a pintar, pero nunca lo retomaba de verdad. A veces se le ocurría escribir algo, pero luego lo dejaba. Simplemente, había dejado de creer en sí mismo.

El impulso de Mike por crear, así como los dones y habilidades que formaban la esencia misma de su ser, permaneció dormido durante décadas.

———

Sin embargo, el universo no quiere que enterremos nuestros sueños bajo capas de dolor y duda. Mike me contó que, años atrás, después de divorciarse, empezó a acudir a terapia de grupo. Un amigo suyo le había insistido en que fuera. A las pocas semanas, el terapeuta les pidió a los integrantes del grupo que compartieran sus impresiones sobre los demás. Los nueve compañeros le dijeron a Mike que pensaban que era un imbécil.

—Me quedé en *shock* —dijo—. No me había dado cuenta de que la gente me veía así. Aún no sabía cómo expresar mis emociones, así que era muy despectivo con los demás, los apartaba con la mano o usaba un tono de voz desagradable. Mientras conducía de vuelta a casa esa noche, pensé: «Bueno, aquí tienes a un grupo de personas sensibles que dicen todas lo mismo. Supongo que tendrás que mirarte esto».

Aquel pudo haber sido el primer momento de introspección verdadera en la vida de Mike.

A partir de ahí, su vida comenzó a cambiar. Nunca había tenido amigas, pero entonces empezó a abrirse a la posibilidad de tener relaciones de amistad con mujeres, y descubrió que con ellas podía expresarse de formas que antes le habían resultado imposibles.

—Pude tener conversaciones que jamás habría tenido con hombres —me dijo—. Fue entonces cuando la puerta se abrió de par en par para mí.

Mike siempre había sentido una llamada interior a ir hacia el oeste, a California, y finalmente lo hizo. Su intención era quedarse poco tiempo, pero en el último minuto cambió de idea y decidió quedarse para escribir. Mientras conducía por un puente en Sausalito, miró hacia la derecha y sintió una oleada de energía. Era como si el lugar lo estuviera llamando.

—Me dije: «Aquí hay algo para mí. Solo tengo que ir a por ello» —recuerda.

Mike se estableció en un pueblecito llamado Tiburón. Allí comenzó a trabajar en una novela y varios guiones. Era la primera vez en su vida adulta que volvía a conectar con su lado artístico. Fue en esa época cuando tuvimos nuestra lectura.

—Estos próximos años van a ser sumamente importantes para ti —le dije—. Vas a crecer muchísimo. Has estado esperando durante mucho tiempo, y por fin ha llegado tu momento. En tu vida va a producirse una gran sanación. Estás redefiniendo lo que significa para ti ser un hombre.

Aunque Mike había tenido el valor de reconectar con su faceta artística, todavía no estaba seguro de estar haciendo lo correcto.

—Sí, he vuelto a ser artista —me dijo—, pero no he tenido mucho éxito, así que, en cierto modo, mi padre tenía razón…

—¡No! —respondí—. Esto no tiene nada que ver con ganar un millón de dólares. Se trata de abrazar el camino. El éxito está en haber dado ese paso, porque al hacerlo ¡te estás dando poder a ti mismo! Estás diciendo: «¡Mi voz importa! ¡Lo que siento importa! ¡Quien soy importa!». Eso ya es una victoria completa.

En este momento, el Otro Lado me mostró la imagen de un bonsái, y comprendí su simbolismo. Los bonsáis son arbolitos preciosos que crecen en macetas que restringen su crecimiento. Se podan, se recortan y se retuercen para adaptarse al diseño del propietario. El bonsái era Mike.

—Has estado limitado —le dije—. Te podaron y te retorcieron durante tu infancia, fuiste mutilado y no se te permitió crecer. Nunca alcanzaste la plenitud de ser tú mismo. Nunca comprendiste tu propia energía. Nunca te diste el permiso para ser la persona que querías ser. Quiero que imagines un pequeño bonsái —continué—. Ahora imagina que la tierra tiembla y se estremece, y de repente un árbol enorme emerge del suelo con fuerza, y ese árbol grande y hermoso se eleva hasta el cielo, creciendo tan alto como una secuoya. Quiero que sepas que ese árbol eres tú, ese es tu lugar en el universo. Ya no eres el bonsái, ¡estás creciendo sin parar y nada puede detenerte!

———

Mi lectura con Mike duró noventa minutos. Estaba claro que seguía luchando, aprendiendo, intentando superar su prueba del alma. Pero lo más importante era que había encontrado el valor para afrontarla. Por primera vez en su vida adulta, había encontrado la manera de honrar su verdadera esencia, de honrar esa llamada interior.

Y lo mejor de todo es que Mike no iba a estar solo en su camino.

Tenía a alguien de su lado, apoyándolo.

—Tu padre dice que ha actuado de forma cobarde —le dije—. Siente mucho lo que hizo, pero no sabe ni por dónde empezar. Tiene la sensación de que nunca podrá compensarte todo lo que te quitó, pero dice que quiere intentarlo. Quiere ayudarte con tu arte. Ahora está de tu lado.

Cuando terminó la lectura, Mike se sentó en el sofá y pensó en lo que su padre le había ofrecido. ¿Estaba preparado para dejarse ayudar por él? ¿Estaba preparado para perdonarlo? Sintió que una lágrima le resbalaba por la mejilla. Luego otra. Y entonces, de pronto, se empezó a reír. Y luego volvió a llorar. Se quedó largo rato en el sofá, riendo y llorando a la vez. Emociones…, ¡emociones que salían de él como agua a borbotones!

—Estaba casi histérico —me contó después—. Me sentía completamente abrumado al revivir aquellos momentos de mi infancia. Escuchar a mi padre pedir perdón por lo que hizo, escuchar a ese tipo tan duro disculpándose fue increíble. Que mi padre admitiera que se había equivocado fue lo que hizo posible la sanación.

En los días posteriores a mi lectura con Mike sentí que el Otro Lado intentaba contactar de nuevo, con bastante fuerza. No me sorprendió descubrir que era el padre de Mike.

Tenía una petición. De hecho, más bien era una exigencia: sentía que no había hecho lo suficiente durante la lectura para convencer a su hijo de su arrepentimiento. Necesitaba mi ayuda.

Esta fue una situación muy poco habitual para mí. No es frecuente que alguien del Otro Lado se manifieste de forma tan insistente, pidiendo ayuda. Pero mi lectura con Mike todavía estaba muy presente en mi mente y podía sentir la desesperación de su padre, así que atendí su petición.

Unos días después, Mike encontró dos paquetes en su buzón. En uno de ellos había un peluche: un perrito azul sonriente. En el otro, un bloc de dibujo y una caja de lápices de colores. Se quedó un buen rato mirando el contenido de los paquetes, preguntándose de dónde habían salido y qué significaban. Entonces encontró una nota en el fondo de uno de los paquetes que decía lo siguiente:

Querido Mike:
Esto en realidad es de parte de tu padre. Me pidió que te lo enviara. Dice que lo siente mucho, que siempre fuiste un hijo maravilloso, pero que él estaba demasiado cegado por sus propios problemas como para celebrarte y apoyarte en la forma en que debió hacerlo. No sabía amar de la manera adecuada. Lamenta todo lo que te quitó. Te envía su amor y te pide perdón. Está orgulloso de todo lo que has logrado. Con todo el cariño: tu papá.

Mike puso los objetos en una mesa, junto a su escritorio. Y allí siguen, desde entonces, como fuente de inspiración cada vez que se sienta a escribir. Cada vez siente que se acerca más a algo maravilloso que está a punto de suceder —lo siente él y también lo siento yo—, y está más animado que nunca.

Y, después de toda una vida, por fin está preparado para permitir que su padre lo ayude a recorrer su mejor y más elevado camino.

29
El electroencefalograma cuantitativo

DESDE AQUELLOS DÍAS PREVIOS a la muerte de mi abuelo, cuando salí apresuradamente de la piscina impulsada por algo que no podía explicar, había vivido con el temor constante de que algo estuviese mal en mí. Al principio pensaba que tenía alguna clase de maldición. Con el tiempo, fui cuestionando esa idea: busqué respuestas, exploré, investigué. Fui a ver a una médium psíquica y ella me ayudó a desmontar aquel miedo. Consulté a un psiquiatra, que me aseguró que no estaba loca ni defectuosa. Me sometí a dos pruebas científicas sobre mis capacidades y las aprobé. Poco a poco, iba superando aquel miedo.

Sin embargo, quedaba una respuesta que ansiaba responder: ¿había algo diferente en mi cerebro?

Y entonces, para mi sorpresa, conocí a alguien capaz de responder a esa pregunta.

En una conferencia sobre la vida después de la muerte en San Diego en noviembre de 2013, mi amiga y compañera médium Janet Mayer me presentó al doctor Jeff Tarrant.

Jeff es psicólogo licenciado con certificación en *neurofeedback*, una técnica terapéutica que mide y entrena la actividad de las ondas cerebrales. Dio clases sobre neurociencia, *biofeedback* y atención plena en la Universidad de Misuri, además de dirigir un centro de asesoramiento psicológico y bienestar en Columbia, Misuri. Actualmente, da conferencias y ejerce en consultas privadas. Desde el momento en que lo conocí, me encantó su energía.

Cuando Jeff supo que yo era médium psíquica, me preguntó si podía analizar mi cerebro, y acepté. Concertamos una cita para que él trajera su equipo a Nueva York. Nos reunimos en casa de Bob y Phran Ginsberg en Long Island, una mañana nublada de marzo de 2014. Jeff instaló el equipo en el salón y luego se sentó a la mesa frente a mí, mientras sus asistentes tomaban notas.

—Voy a pedirte que hagas varias cosas —dijo Jeff—. Primero, relájate y trata de no pensar en nada con los ojos cerrados, y luego haz lo mismo con los ojos abiertos. Después te pediré que realices actividad psíquica y, finalmente, que ejerzas como médium.

En cada paso, Jeff registraría la actividad eléctrica en diferentes partes de mi cerebro. Los datos permitirían observar qué áreas se activaban en cada momento y comparar mi cerebro con otros cerebros supuestamente normales. El procedimiento se llama prueba QEEG, siglas en inglés de «electroencefalograma cuantitativo», un análisis estadístico de la actividad eléctrica del córtex cerebral, la capa externa del cerebro.

Jeff me ayudó a colocarme un ajustado gorro azul de electrodos (Electro-Cap), una especie de gorra elástica con veinte electrodos metálicos conectados con cintas. Jeff me explicó que los electrodos estaban colocados según el sistema internacional 10-20. A mí me parecía uno de esos gorros antiguos para nadar, tan apretado que parecía que me estaban haciendo un *lifting* facial. Jeff conectó las cintas a un amplificador y luego a su ordenador portátil.

—Bien, ahora quiero que te relajes y que no hagas nada —dijo Jeff.

También podría haberme pedido que aguantara la respiración debajo del agua durante diez minutos. Mientras estaba sentada en silencio, podía sentir mi «puerta psíquica» tratando de abrirse, trayéndome letras, palabras, nombres, imágenes e historias. Cerré esa puerta con fuerza y me quedé mirando una botella de agua sobre la mesa, intentando concentrarme. Empecé a cantar canciones mentalmente —por algún motivo, «Runaround Sue», y luego «This Little Light of Mine»—. Finalmente, Jeff me dijo que esta parte de la prueba había terminado. Me pareció que duró una hora, pero solo habían pasado tres minutos.

Lo siguiente fue una conversación casual. Una vez más, tuve que bloquear la interferencia del Otro Lado. Mientras hablaba del tiempo, podía sentir al abuelo de alguien tratando de entrar, a la madre de otra persona y también a una figura masculina que parecía ser un lingüista o un científico del siglo XIX. Supuse que seguramente intentaba contactar con Jeff.

Finalmente, Jeff me pidió que comenzara con la actividad psíquica.

—Todavía nada de mediumnidad —dijo Jeff—, pero puedes soltarte con lo psíquico.

El abuelo insistente seguía intentando manifestarse, pero mantuve la puerta cerrada. Me concentré al máximo en los fragmentos de información que me llegaban. El primer mensaje claro estaba relacionado con Jeff.

—Vas a mudarte —le dije—. Veo pinos y una chimenea. Hay algo que no va bien con la chimenea, y tienes que pulir los suelos de madera. Además, deberías pedir otra graduación para las gafas.

—Me acabo de hacer unas nuevas —dijo Jeff.

—No te han dado la correcta —le respondí—, vuelve a graduarte.

Me llegaron más imágenes sobre Jeff.

—Abraza a tu hija —añadí—. Va a atravesar un periodo difícil. Y dile a tu madre que no está loca. Estuvo hablando con su madre el otro día en la ducha.

A continuación, llegaron mensajes para otras personas presentes en el salón. Me giré hacia la mujer que estaba haciendo fotos y le dije que se iba a mudar de un piso a una casa. A otro miembro del equipo de Jeff le transmití que debía mejorar su dieta. A otro más le confirmé que había hecho bien al comprar un coche más seguro. Al cabo de un rato, Jeff indicó que la parte psíquica de la prueba había terminado. Esta vez me había parecido que llevaba hablando unos cinco minutos, pero la sesión había durado veintiuno.

Había llegado el momento del trabajo como médium. El abuelo insistente por fin podría hablar.

—Jeff, tu abuelo está aquí —le dije—. Escucho un sonido con jota o con ge. —Jeff asintió. Entonces oí claramente el nombre—: Giuseppe. Me está diciendo el nombre de Giuseppe.

Jeff parecía impresionado.

—Sí… —confirmó—. Se llamaba así.

—Dice que está mucho mejor donde está ahora, porque su mujer está allí con él.

Luego llegó la abuela de Jeff, que había fallecido recientemente.

—Me está mostrando cómo era cuando tenía veintiocho años —le dije—, y dice: «Mírame, era guapísima, ¿verdad?».

Otros familiares también aparecieron, trayendo mensajes para todos los allí presentes. La sesión mediúmnica duró siete minutos, aunque a mí me pareció apenas un instante. Antes de darme cuenta, Jeff ya tenía sus datos y el QEEG había finalizado.

De vuelta en Misuri, Jeff analizó la información y me llamó para darme los resultados.

—Bien —comenzó Jeff—, lo primero que debo preguntarte es si alguna vez has sufrido una lesión cerebral traumática grave. ¿Un accidente de coche o una conmoción cerebral importante?

No, nunca había sufrido ningún tipo de lesión cerebral.

—Pues aquí está lo interesante —prosiguió Jeff—. He introducido tus datos en algo llamado análisis discriminante de lesión cerebral traumática, y ha dado un índice de probabilidad del 97,5 por ciento en tu caso. Eso significa que tus patrones de ondas cerebrales son totalmente idénticos a los de alguien que ha sufrido una lesión cerebral traumática. Laura, algunas zonas de tu cerebro no están funcionando con normalidad.

Así que era eso... Mi cerebro *era* diferente.

Gracias al mapa cerebral, Jeff pudo señalar con precisión las áreas específicas con actividad anormal. Algunas de estas cosas eran demasiado técnicas para que yo pudiera comprenderlas. Por ejemplo, Jeff me informó de que en mi giro cingulado la actividad cerebral era siete desviaciones estándar superior a la actividad normal de 4 Hz, lo cual, según Jeff, se salía totalmente de los parámetros. No era precisamente algo que pondría en mi currículum.

Pero otras revelaciones de aquella prueba sí tenían mucho sentido para mí, y explicaban con claridad por qué yo era como era.

Jeff me mostró un gráfico con la actividad de ondas en diferentes zonas del cerebro. Durante la actividad psíquica, había un grado muy elevado de actividad anormal en la parte trasera derecha del cerebro, donde confluyen los lóbulos parietal y temporal (representado por la segunda línea del gráfico que se muestra más abajo). En lugar de una sucesión constante de pequeñas ondas —lo normal cuando el cerebro está despierto y activo—, Jeff registró ondas más grandes e intermitentes, vistas habitualmente en fases de sueño profundo o cuando una persona está en coma.

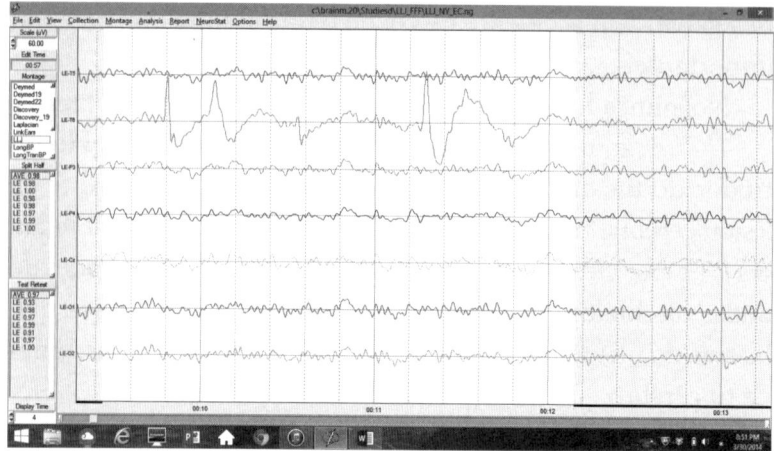

—El voltaje de las ondas cerebrales se mide en microvoltios, y el rango normal es de cero a sesenta —me explicó Jeff—. ¡Pero la actividad en algunas zonas de tu cerebro llegó hasta ciento cincuenta microvoltios! ¡Estabas fuera de escala!

Si le hubieran mostrado la gráfica a un neurocientífico, probablemente hubiera concluido que el sujeto estaba sufriendo una convulsión. ¿Qué provocaba entonces esa actividad anormal en mi cerebro?

Jeff me explicó que la unión temporoparietal del cerebro está relacionada con funciones como almacenar nuevos recuerdos, procesar estímulos sensoriales, derivar significados y regular emociones. En otras palabras, esta área cerebral tiene mucho que ver con definir nuestro sentido del yo. Por ejemplo, cuando alguien medita —es decir, cuando la mente se relaja y se induce un estado de conciencia más sosegado—, está básicamente reduciendo la actividad autorreferencial en su cerebro. Esencialmente, le está dando un descanso a su ego.

Pero yo no estaba meditando: estaba hablando.

Jeff estaba intrigado por la actividad en mi unión temporoparietal. Comentó que la gente que ha sufrido lesiones en esta parte del cerebro tiende a volverse más espiritual, más compasiva y a perdonar con mayor facilidad. Suelen dejar de centrarse tanto en sí mismos y empiezan a centrarse en los demás. La lesión cambia su estado de conciencia, y en ese estado se vuelven más empáticos.

No me sorprendió descubrir que mi actividad cerebral fuera coherente con la de personas altamente empáticas. Lo que yo hacía era empatía llevada al extremo: desconectar toda referencia al yo y usar mi capacidad cerebral para conectar con otra persona.

¿Pero cómo lograba mi cerebro entrar en ese estado alterado?

—No estás dormida, inconsciente ni meditando, pero algunas partes de tu cerebro parecen desconectadas —dijo Jeff—. Es como si conscientemente apartaras tu cerebro del camino para que otras personas y otros mensajes puedan entrar. Cuando actúas como psíquica o médium, algunas partes de tu cerebro básicamente dejan de funcionar, aunque no exista ninguna causa aparente para ello. De alguna manera, tu cerebro es capaz de entrar por sí mismo en este estado alterado.

Esto tenía sentido para mí. Cuando realizo una lectura, mi ego se disuelve y me conecto con algo más grande que yo, algo más allá de mi persona individual. Según los resultados, el portal que lo permite se encuentra en alguna parte de mi cerebro.

El QEEG también reveló que las capacidades psíquicas ocurrían en un lado de mi cerebro, mientras que las actividades mediúmnicas sucedían en otro. Estas dos áreas coincidían perfectamente con los dos lados de la pantalla que visualizo al hacer lecturas. Como mínimo, esto demostraba que mi percepción sobre lo que sucedía cuando actuaba como psíquica o médium no era una realidad que yo me inventaba: realmente se reflejaba en mi cerebro. Sucedían cosas en mi cerebro que yo no podía controlar o inventar.

¿Pero respondía el QEEG a la pregunta de por qué yo era así? ¿Y probaba que estaba recibiendo información del Otro Lado?

—La única forma real de demostrar que recibes lo que dices del Otro Lado es mediante la información que transmites —concluyó Jeff—. ¿Es acertada? ¿Es algo que no habría forma de que supieras? Eso es algo que la gente debe decidir por sí misma. En otras palabras, el mapa cerebral solo demostraba que en mi cerebro sucedía algo anormal. Lo que no hacía era darle un nombre a ese algo.

=====

Quedaba una última información de la sesión de mapeo cerebral que me gustaría compartir.

Jeff concluyó que mi cerebro tiene la capacidad de gestionar y procesar el flujo de información que recibo durante una lectura. Él no podía ver lo que yo veía —nadie podría—, pero estaba seguro de que aquello que yo percibía era procesado por mi cerebro. La misteriosa máquina que es el cerebro humano posee, en mi caso, un sistema, una estructura —un mecanismo totalmente funcional— para procesar los estímulos visuales que experimento cuando actúo como psíquica o médium. Ese mecanismo existe. Es real.

Y dado que mi cerebro es básicamente igual al de todos los demás —no es un cerebro alienígena ni el de un cíborg, sino un cerebro humano normal—, Jeff piensa que es posible que ese mecanismo exista en todos nuestros cerebros.

—Tal vez todos lo tengamos —dijo Jeff—. Quizá en el futuro podamos enseñarle a la gente cómo entrar a ese estado alterado al que tú accedes. Tal vez sea algo que podamos desarrollar por nosotros mismos. Hay muchas cosas sobre el cerebro que todavía no comprendemos.

Personalmente, creo que este mecanismo —este interruptor— existe en cada uno de nosotros. No sé por qué es más pronunciado y funcional en mí, pero sí creo que todos somos capaces de reducir nuestra actividad autorreferencial y permitir que fluya más información procedente de otras fuentes. Creo que todos somos capaces de concentrar más nuestra energía mental fuera de nosotros mismos y dirigirla hacia otras personas, y que de este modo podemos volvernos más empáticos.

Y creo que, al cuestionarnos y explorar cómo encajamos en el universo, podemos superar los miedos y las dudas que nos impiden descubrir nuestro camino más elevado.

30
Entrelazados

E N UNA CONCURRIDA CALLE de Manhattan, la mañana del 20 de noviembre de 2012, un chico complicado llamado Kyle iba montado en su monopatín, avanzando hacia el sur desde Penn Station hasta Greenwich Village.

Kyle había crecido en Long Island. Era un niño extremadamente brillante y hermoso, con una energía y una curiosidad sin límites. También era difícil de controlar, no porque fuera malo, sino porque era muy cabezota. A medida que crecía, Kyle se fue aislando; socializar con otros niños se le hacía complicado. Tenía un puñado de amigos y era un músico con talento: tocaba el clarinete y el saxofón, era muy buen baterista y cantaba en un grupo a capela. Pero como realmente se sentía cómodo era estando solo.

Sus padres lo llevaron a médicos y buscaron respuestas, pero nunca recibieron un diagnóstico definitivo. Depresión, ansiedad, un trastorno del estado de ánimo…, nadie sabía con exactitud qué le pasaba a Kyle. La cuestión era que podía funcionar muy bien; simplemente, él iba por libre, siguiendo su propio ritmo.

Un día, Kyle dejó de intentar encajar en un mundo en el que siempre se sentía fuera de lugar. Había llegado a la conclusión de que nunca sería aceptado, así que dejó de intentarlo.

Como era de esperar, la visión del mundo que tenía Kyle también se volvió más sombría. No lo veía como un lugar bueno y hermoso, sino como hipercrítico y lleno de prejuicios. Muchas personas lo querían, pero a él le costaba creer en la bondad de la gente. Su conexión con el mundo empezó a debilitarse. Se sentía excluido, aislado e ignorado. A pesar de tener unos padres cariñosos y atentos, estaba convencido de que estaba solo.

Aun así, Kyle no se dio por vencido. Siguió intentando que las piezas encajaran. Se matriculó en la Universidad de Nueva York e hizo lo posible por ser un buen estudiante. El 19 de noviembre de 2012 se quedó despierto hasta tarde terminando un trabajo que debía entregar al día siguiente. Esa mañana, cogió el tren hacia Manhattan.

———

Una de las lecciones más importantes que intenta enseñarnos el Otro Lado es la realidad de que todos estamos conectados como seres espirituales. Pero, si eso es cierto, ¿qué lugar ocupa alguien como Kyle?

Kyle no sentía esa conexión. No veía ninguna evidencia de ella en su vida; en cambio, percibía un mundo fragmentado en el que cada uno solo pensaba en sí mismo. Según su experiencia, la gente podía ser mezquina, insensible e hiriente. No veía sentido a crear vínculos que seguramente acabarían causando dolor, así que aceptó que en esta vida estaba solo.

¿Pero realmente lo estaba?

Si en verdad existe una conexión espiritual universal, ¿por qué Kyle quedaba al margen de ella? ¿De qué sirve esa conexión si no incluye a todos, si alguien como Kyle se puede sentir excluido? ¿Y si Kyle tenía razón? ¿Y si en realidad no nos importan tanto la felicidad, el éxito y el crecimiento de los demás? ¿Y si, en nuestro viaje por la vida, realmente estamos solos? El Otro Lado nos enseña que nunca estamos solos.

Los científicos también se plantean esta cuestión: ¿las diferentes facetas de la existencia se desplazan por el espacio y el tiempo de forma aislada, o bien existe alguna fuerza sutil e invisible que las une entre sí? Esto ha llevado a los científicos a explorar un fenómeno conocido como entrelazamiento.

Es su libro *Mentes entrelazadas*, Dean Radin, científico sénior del Instituto de Ciencias Noéticas, escribe sobre un experimento que exploró la relación entre fotones —partículas subatómicas de radiación electromagnética—. El experimento demostró que ciertos fotones están conectados de formas que aún no es posible explicar.

Por ejemplo, las partículas subatómicas, como los electrones o los fotones, que son creadas durante un mismo evento tienen propiedades medibles como el espín o la polarización, que revelan una vinculación íntima entre ellas, sin importar lo alejadas que estén posteriormente. Esta conexión resultante, demostrada mediante experimentos cada vez más refinados a lo largo de las últimas décadas, confirma la asombrosa realidad que Einstein denominó «acción fantasmal a distancia». Esta conexión íntima hace que las partículas permanezcan enlazadas, lo cual viola por completo toda la lógica común y la propia noción de Einstein sobre la velocidad de la luz como límite máximo de la velocidad a la que puede viajar la información (o el efecto de una partícula sobre otra). Al medir una partícula, se afecta inmediatamente a la otra. Las implicaciones para la completa interconexión del universo entero, y para nuestra comprensión fundamental de la naturaleza del espacio y el tiempo, son profundas. Eso es el entrelazamiento.

Dicho de manera sencilla, el entrelazamiento implica que «en niveles muy profundos, la separación que vemos entre objetos comunes y aislados es, en cierto sentido, una ilusión creada por nuestras percepciones limitadas», escribe Radin. «La realidad física está conectada de formas que apenas comenzamos a comprender».

De forma visual, el Otro Lado me ha mostrado un campo inmenso de energía luminosa, no muy distinto del sol. Este campo es una unidad, pero a la vez está compuesto claramente por miles de millones de puntos de luz, como una imagen única que, vista de cerca, está formada por cientos de imágenes más pequeñas. Estos miles de millones de puntos de luz somos nosotros.

Lo que veo es que nosotros formamos ese inmenso campo luminoso —no podría existir sin nosotros—, pero tampoco nosotros podemos existir individualmente fuera de ese campo. Nuestra existencia está definida principalmente por nuestro lugar en esta gran constelación de energía, no por quienes somos individualmente. Puede parecer que existimos separados de los demás, y quizás percibamos los límites que nos describen y sintamos que somos autónomos, pero nuestra energía, nuestra conciencia, está inexorablemente entrelazada con la energía de otros.

Otra analogía sería esta: imagina una mano con cinco dedos. Cada dedo es diferente, pero todos se conectan a la misma fuente: la mano. Los dedos están separados, pero conectados. Los humanos tenemos experiencias muy diversas aquí en la Tierra, pero todas estas experiencias confluyen en una experiencia colectiva enorme: la experiencia misma de nuestra existencia.

Nuestras almas, nuestro ser, nuestras experiencias, nuestra existencia no están aisladas de ninguna manera. El universo no es un lugar de separación, sino de entrelazamiento. Estamos conectados con los demás de formas que no alcanzamos a comprender.

———

El 20 de noviembre, el tren de Kyle hacia Manhattan se canceló debido a un daño en las vías, así que tuvo que coger otro que salía más tarde. Le mandó un mensaje a su padre para informarle del retraso: «Qué rollo… Voy a llegar tarde», pero finalmente llegó a Penn Station sobre las once de la mañana. Luego se subió a su monopatín y comenzó a bajar por Broadway. Al llegar a Union Square Park, giró hacia Union Square West. De pronto, un mensajero en bicicleta apareció dirigiéndose hacia él en dirección contraria, justo cuando pasaba un camión grande por su izquierda. Se produjo una colisión. Kyle se cayó de su monopatín y quedó inmóvil sobre la calle.

Unas horas más tarde, cuando su madre, Nancy, llegó a casa, encontró un mensaje de un policía. Lo único que decía era: «Por favor, llámeme».

Esa noche, la familia de Kyle fue al depósito de cadáveres a reconocer su cuerpo.

—Todo parecía surrealista —dijo Nancy—. Solo tenía veinte años.

———

Unos meses después del funeral de Kyle, Nancy me llamó. Había oído hablar de mí a través de un amigo, el doctor Marc Reitman, el psiquiatra que me había ayudado a aceptar mi don. El doctor Reitman pensó que quizá yo podría ayudar a Nancy.

En nuestra lectura, Kyle apareció de inmediato, con fuerza y claridad. Quería hablar de lo sucedido.

—Me está mostrando un vehículo y un impacto, pero también me enseña que él no estaba dentro del vehículo —le dije—. Además, dice que no fue culpa suya. Me está mostrando a personas que están junto a él en la calle, alguien que le sostiene la mano, que le sujeta la cabeza. Dice que eso fue importante para él porque en sus últimos momentos aquí cruzó rodeado de personas preocupadas por él. No estaba solo. Alguien lo sostuvo mientras cruzaba al Otro Lado.

Al otro lado del teléfono, Nancy lloraba. Me contó cómo había sido el accidente de Kyle.

—Ocurrió justo enfrente de un McDonald's —dijo—. Un joven estaba saliendo de allí y, si hubiera seguido caminando, ya se habría ido cuando ocurrió el accidente, pero se le olvidó algo y tuvo que volver a recogerlo. Justo en ese momento ocurrió el accidente, delante de él.

Nancy logró localizar al joven y se enteró de más detalles de aquellos momentos cruciales.

—Su primer instinto fue echar a correr —explicó—, pero algo lo retuvo allí. Algo lo impulsó hacia la calle. Él fue el primero que se acercó a Kyle.

Nancy me contó que el joven se arrodilló junto a Kyle y lo sostuvo en sus brazos. Vio que alguien trataba de llevarse el monopatín de Kyle y, con un brazo, lo agarró y lo detuvo. Se dio cuenta de que otra persona intentaba hacer una foto de la escena con el móvil y también la detuvo.

—Él sintió que estaba allí para proteger a mi hijo —me dijo Nancy—. Se quedó con él hasta que llegó la ambulancia.

Kyle todavía estaba inconsciente cuando el joven llegó. Por un instante, pudo mirarlo a los ojos, y ese extraño lo abrazó con más fuerza. Luego los ojos de Kyle se pusieron en blanco.

—También había una mujer allí, arrodillada junto a Kyle —continuó Nancy—. Ella también permaneció a su lado hasta que llegó la ambulancia. Muchas personas se quedaron cerca. Formaron una especie de círculo alrededor de él.

—Kyle me está mostrando a ese joven por una razón —le dije a Nancy—: lo hace porque sabe que el joven estaba allí por la bondad de su corazón. Sabe que no quería estar allí, pero aun así se quedó. Se quedó porque es bueno, y Kyle pudo ver esa bondad en él.

Kyle tenía mucho más que decir. Le dijo a su madre que ahora era feliz, que ya no tenía que esforzarse tanto para que todas las piezas encajaran. Dijo que estaba con su abuelo, Pops, a quien adoraba. Y que ahora comprendía cosas que nunca había podido entender en la Tierra.

En las semanas posteriores a la muerte de Kyle, Nancy empezó a ver a su hijo bajo una nueva luz. Todo comenzó cuando una compañera de clase de Kyle —que también había tenido problemas—, la visitó para decirle que él había marcado una enorme diferencia en su vida.

—Ella había tenido problemas familiares que le provocaban miedo —contó Nancy—, y Kyle le hizo sentir que todo iba a salir bien. Le ofreció su amistad. Estuvo allí para ella.

Otros amigos también se acercaron a Nancy y le contaron historias parecidas. Un chico que se peleó con sus padres y acabó expulsado de casa: Kyle lo llevó a su casa para que tuviera dónde dormir. Otro chico que cada vez consumía drogas más duras: Kyle lo había convencido para que evitara las sustancias más peligrosas.

—Muchos chicos, los que no eran populares, los que estaban en la sombra…, fueron quienes vinieron a decirme lo mucho que Kyle había significado para ellos —me dijo Nancy—. Era como si Kyle les diera a otros lo mismo que él siempre había estado buscando.

En el diario de Kyle, Nancy encontró una frase que le pareció particularmente conmovedora: «Quizá para el mundo seas solo una persona, pero para una persona quizá seas el mundo».

—Kyle copió la frase, así que debió creerla en algún nivel, pero era como si no pudiera convencerse a sí mismo de que era una parte importante de muchas vidas —dijo Nancy—. Y luego, en la lectura, por fin se dio cuenta de que no estaba solo, vio su propia bondad y comprendió su lugar en el mundo. Esa es la gran lección de la historia de Kyle: nunca pienses que una sola persona no es capaz de transformar la vida de otra.

———

Mi lectura con Kyle y su madre ha permanecido conmigo de una manera muy poderosa. La lección que Kyle aprendió en los últimos momentos de su vida en la Tierra es profundamente hermosa. Muchas personas atraviesan dificultades y obstáculos, y a veces alejan a aquellos que los aman. Los conflictos de Kyle le hicieron sentirse solo. Y entonces, en las circunstancias más trágicas, aceptó el amor de alguien, y en ese instante supo que en realidad nunca había estado solo.

Nancy me dijo que, cuando habló con el joven que presenció el accidente, se enteró de que él también había tenido una vida difícil, con sus propios problemas. Él también tenía dudas sobre su lugar en el mundo. Pero entonces fue testigo del accidente y sostuvo a Kyle, acompañándolo en su paso de este mundo al siguiente. Y algo en él cambió. Ese extraordinario momento de conexión también comenzó a sanar al joven.

Para mí, eso es una prueba mejor de nuestra conexión existencial que la que ofrezca cualquier experimento científico. Todos estamos conectados. Estamos entrelazados. Todos estamos implicados en el destino y la fortuna de los demás.

Durante mi lectura con Nancy, Kyle mencionó un anillo. Bromeó con ella sobre no haber cambiado las sábanas de su cama —ella dejó intacta la habitación de Kyle durante meses— y le dijo que, cuando al fin la limpiase, buscara el anillo.

Nancy no tenía ni idea de a qué se refería, pero una semana después, al revisar las cosas de Kyle, encontró un anillito de plata con diminutos corazones negros pintados en la cara interior. Se lo puso en el dedo anular y le encajaba perfectamente; desde entonces, no se lo ha vuelto a quitar.

Nancy también creó una beca en nombre de Kyle. Se concede al alumno que mejor ejemplifique lo que significa ser un líder.

—Es para el chico que siempre esté ahí para ayudar a otro —dijo Nancy.

A través de esta beca, y de los muchos amigos cuyas vidas tocó durante su corta vida, Kyle continúa viviendo. En Union Square West, en la acera junto al lugar del accidente, un pequeño jarrón con flores descansa bajo un árbol. Cada domingo, Nancy o su marido visitan el sitio y ponen flores frescas en el jarrón. En diciembre, colocan un arbolito de Navidad. A veces la gente en la calle se para y les pregunta para quién son las flores, y ellos le cuentan la historia de Kyle.

—Y cuando vuelvo a ver a estas personas, se detienen y me saludan —dice Nancy—. Y me dicen: «Cada día, cuando pasamos por este árbol, saludamos a Kyle». Ni siquiera lo conocieron, pero todos los días hablan con él. Saber que el nombre de Kyle sigue vivo ahí fuera, flotando en el aire, es un gran regalo. Porque Kyle no estaba solo entonces y tampoco lo está ahora.

Ninguno de nosotros lo estamos.

31
La piscina

A LAS 7:05 DE LA MAÑANA entré en el aparcamiento del instituto Herricks, donde llevaba dieciséis años dando clases. Aparqué en mi plaza asignada, bajo un árbol que daba sombra cerca de la entrada trasera. Caminé por el pasillo de la primera planta, donde los estudiantes de último curso tienen sus taquillas. Mi vestimenta era absolutamente corriente: pantalones beis, blusa naranja, chaqueta de punto naranja (el naranja es mi color favorito) y una identificación plastificada colgada del cuello con una cinta. Llevaba también un termo con café. Entonces, ¿por qué todo el mundo me miraba?

Algunos alumnos conocidos, otros que no lo eran, un par de profesores… Casi todos interrumpían lo que estaban haciendo y me observaban con sonrisas extrañas, como si supieran algo. Seguí caminando, preguntándome qué estaría pasando.

Me metí en el despacho del Departamento de Inglés y repasé mis notas sobre cómo enseñar estrategias retóricas usando el libro *Narrativa de la vida de Frederick Douglas*. A las 7:25, sonó el primer timbre y me dirigí al aula 207. Normalmente, los estudiantes están medio dormidos, pero ese día estaban atentos, sentados ya en sus sillas, esperándome. Había una energía extraña y electrizante en el ambiente. Ignoré esa extraña atención y seguí con mi plan de clase.

A las 8:14 sonó la campana. Nadie salió corriendo hacia la puerta como de costumbre. Todos se quedaron sentados. Finalmente, uno de los alumnos, un chico inteligente y extrovertido llamado Owen, sentado en la última fila, dijo:

—Señora Jackson, ¿usted es psíquica?

Escuché que alguien jadeaba. Sorprendida, respondí:

—Perdona, ¿qué?

—¿Es usted psíquica? —repitió Owen—. ¿Una médium psíquica?

Me quedé inmóvil, sin poder decir una sola palabra. Ahí estaba, había llegado el momento que tanto temía.

Rápidamente entendí cómo había sucedido: una de las personas a las que suelo hacer lecturas es una famosa cantante pop, una estrella joven y dinámica que tiene muchísimos seguidores en las redes sociales. Unas noches antes me había invitado a su concierto en el Barclays Center de Brooklyn, donde actuaba como telonera de una estrella aún más famosa. Después del espectáculo, en su camerino, me hice una foto con ella.

Y ella había publicado esa foto en Instagram, agradeciéndome y etiquetándome como Laura Lynne Jackson. En el instituto nadie conocía mi nombre completo. Cuando algunos de mis alumnos vieron la foto de esa famosa estrella pop junto a su profesora de lengua, me buscaron en Google y encontraron la web donde se describen mis capacidades como médium psíquica.

—Anoche revolucionó nuestras redes sociales, señora Jackson —así me lo expresó un alumno.

Tras superar el *shock* inicial de que mi secreto hubiera salido a la luz, me preparé para responder a la pregunta de Owen, algo que ya había ensayado con la directora.

—Sí, soy médium psíquica. Investigadores científicos han evaluado mis capacidades y las han verificado, pero esta parte de mi vida está completamente separada de mi trabajo como profesora. Así que, más allá de contestar a tu pregunta, Owen, no vamos a dedicar más tiempo de clase a este tema. No tenéis que preocuparos por si estoy leyéndoos en el aula, y no voy a realizar ninguna lectura para ninguno de vosotros, así que ni lo intentéis. No es apropiado dedicar más tiempo a esto.

—¿Puede saber cuándo alguien copia en un examen? —preguntó un estudiante.

La verdad es que sí podía. El mes anterior, durante un examen, estaba sentada en mi escritorio, dándoles momentáneamente la espalda mientras pasaba rápidamente lista en el ordenador. De repente sentí ese «hilo energético» que me arrastraba hacia el fondo de la clase. Era como si una mano invisible me estuviese obligando a darme la vuelta. Seguí esa sensación y vi a un alumno en la última fila intentando esconder un trozo de papel bajo su mano. Me acerqué a él y le pedí el papel, que en ese momento escondía bajo su pierna.

—Eso es hacer trampa —le dije—. Sabes de sobra que eso está mal.

Aun así, no pensaba compartir aquella anécdota con mis alumnos, así que repetí que no íbamos a dedicar más tiempo al tema, pero seguían preguntando.

—¿Cómo es el cielo?

—¿Mi perro está en el cielo?

—¿Puedo hablar con mi abuela en el cielo?

—¿Puede leer la mente?

—¿Alguna vez ha trabajado en un caso de una persona desaparecida?

Me di cuenta de que mis estudiantes se sentían atraídos por preguntar acerca de mis capacidades porque estaban viviendo vidas abiertas, llenas de preguntas. Había pensado que la mayoría de ellos querrían saber más sobre la cantante de pop, y sin duda era el deseo de muchos, pero lo que más me sorprendió fue su fascinación por mi don.

Me habría encantado responder a todas sus preguntas, pero sabía que no podía hacerlo, así que di por terminada la conversación y les pedí que fueran a su siguiente clase.

Este mismo escenario se repitió durante las seis clases siguientes. En mi última clase del día, la octava, volví a dar mi discurso acerca de mantener mi trabajo como médium separado de mi labor como profesora. Una vez más, me resistí al impulso de compartir con ellos mis opiniones sobre el Otro Lado y responder a sus inquietudes, así que hice mi declaración y los envié a su siguiente clase. Pero una estudiante se negó a salir.

Tenía quince años y era guapa y muy inteligente, aunque también tímida y callada. Cuando todos se fueron, permaneció de pie junto a su pupitre cubriéndose la cara con las manos, pero pude ver que estaba llorando. Luego avanzó lentamente hacia el frente del aula.

—Señora Jackson —me dijo con un susurro casi inaudible—, necesito su ayuda.

Unos meses antes, su madre se había vuelto a casar después de estar muchos años sola. Su nuevo padrastro era un hombre cariñoso y comprensivo que las trataba maravillosamente a su madre y a ella y que les había aportado mucha alegría y felicidad a ambas. Pero entonces, tan solo tres semanas después de la boda, él se había metido en la piscina del jardín para nadar cuando, de pronto, ella escuchó a su madre gritar.

La chica corrió al jardín y vio a su padrastro flotando bocabajo en la parte profunda de la piscina. Su madre no sabía nadar y le estaba gritando a su hija que saltara al agua para salvarlo.

—Pero me quedé paralizada —me explicó la chica, llorando más fuerte—. No pude moverme. Me bloqueé. Tenía mucho miedo de meterme en la piscina, así que no lo hice.

Para cuando llegaron los servicios de emergencias, su padrastro ya había muerto.

Sentí muy dentro de mi alma el dolor, la culpa y el tormento de aquella joven. Era desgarrador. Ella esperaba que yo dijera algo, lo que fuera, pero no sabía qué decir. No debía hacer lecturas a mis alumnos. Acababa de explicarles que nunca cruzaría esa línea. Pero la carga que llevaba esta chica era insoportable. Yo sabía que, si la llevaba consigo para siempre, esa culpa podría llegar a definir toda su vida.

—¿Podría decirle, por favor, que lo lamento? —dijo—. Por favor…

¿Qué podía hacer yo?

De hecho, ya estaba recibiendo información sobre ella. La puerta se había abierto y su padrastro había entrado con mucha fuerza. Él me dejó muy claro que no había sido culpa de ella. «Por favor, dile que no fue culpa suya».

Vacilé. Llevaba dos décadas manteniendo mis dos caminos separados. Había cuidado muchísimo mi doble vida. Y ahora el muro que había construido se estaba desmoronando. ¿Sería capaz de volver a levantarlo?

— Simplemente, era su momento —dije finalmente—. No habrías podido salvarlo aunque te hubieras metido en la piscina. Siento que su corazón se detuvo y que por eso no logró sobrevivir. No habrías podido hacer nada por salvarlo. Era su momento. Nunca fue culpa tuya.

La chica dejó de llorar y me miró, conteniendo la respiración. Tenía los ojos muy abiertos y le temblaban los labios.

—Hay algo más que tu padrastro quiere decirte, y esto es muy importante —continué—. Quiere que sepas que su regalo más grande, el regalo más grande que recibió en toda su vida, fue haber conocido a tu madre, haberte conocido a ti y haber podido pasar tiempo con vosotras. Y quiere darte las gracias por eso. Dice que tú le diste un regalo maravilloso.

La chica rompió a llorar. Le puse la mano en el hombro. Mis dos mundos estaban chocando, y yo no era capaz de impedirlo.

Ya ni siquiera estaba segura de si debía seguir intentándolo.

32
El camino del ángel

Iba conduciendo para visitar a mi amiga Bobbi Allison en Long Island, y eché un vistazo a la pantalla del navegador justo cuando me indicaba que tomase la siguiente salida. «Vaya, esa salida ha aparecido más pronto de lo que esperaba», pensé. El trayecto completo había durado solo diecisiete minutos; había asumido que me llevaría mucho más tiempo. Aun así, seguí las indicaciones del GPS y tomé la siguiente salida.

Bobbi es una de mis amigas médiums psíquicas más cercanas, e iba a comer con ella en su nuevo apartamento. Tenía muchas ganas de experimentar la energía que había creado en su nuevo hogar. El navegador me dijo que llegaría en tan solo cinco minutos. Luego me indicó que girara bruscamente a la derecha, luego bruscamente a la izquierda y después que hiciera otros dos giros más a la derecha. Era raro. Parecía que estaba dando vueltas por las afueras de un barrio que estaba justo al lado de la autopista.

—Ha llegado a su destino —me anunció la voz del navegador.

Pero ¿cómo iba a ser eso posible? ¡No había ni una sola casa a la vista!

—Ha llegado a su destino —repitió el navegador con firmeza.

Cogí el móvil y llamé a Bobbi.

—Eh… Estoy confundida —le dije—. El navegador me ha hecho dar mil vueltas y me ha dejado en una calle justo al final de una salida de la autopista. ¿Vives por aquí?

—¿Cómo se llama la calle? —preguntó Bobbi.

Miré el cartel.

—Camino del ángel —respondí.

Bobbi se echó a reír.

—¿Estás de broma? —dijo—. No, no vivo ahí, pero sé dónde está. Estás como a veinte minutos. ¡Pero, Laura, es muy gracioso! Los espíritus deben de estar divirtiéndose un poco con nosotras. ¡Camino del ángel! ¡Qué bueno!

Yo también me reí. Al parecer, el Otro Lado tiene sentido del humor. Llevaba mucho tiempo sabiendo que el Otro Lado puede manipular objetos que funcionan con electricidad para enviarnos mensajes o, en este caso, para divertirse un poco con nosotros. Y ahora había aprendido que no debía confiar demasiado en el navegador del coche.

Siempre pasan cosas extrañas y maravillosas cuando me reúno con mis amigas médiums. Hay una energía intensa que vibra entre nosotras, pero lo mejor es que nos entendemos: todas sabemos lo que es ser «raras» y percibir las cosas de formas poco convencionales, y comprendemos la gran responsabilidad que conlleva tener estas habilidades tan desarrolladas. Compartimos lo agotador que resulta hacer lecturas y comparamos los límites que establecemos entre nuestras vidas «normales» y nuestras vidas psíquicas. Juntas encontramos un nivel de comodidad, apoyo y comprensión que no tenemos en ninguna otra parte.

Hace años comenzamos a reunirnos aproximadamente una vez al mes para hacer una salida nocturna de chicas psíquicas, o como solemos llamarla en broma, «una reunión de brujas». A veces aparece toda la pandilla: Bobbi, Kim Russo, Bethe Altman, Diana Cinquemani, todas médiums psíquicas; Pat Longo, una sanadora y maestra espiritual, y la fabulosa Dorene Bair, una intuitiva «agente de cambio», como pone en su tarjeta de presentación. Nuestras reuniones son algo digno de ver. Digamos simplemente que nuestros espíritus vuelan alto. El alcohol, como ya he mencionado, parece abrir más nuestras capacidades. Y desde ahí la energía solo crece.

Una de nuestras reuniones recientes —con Kim, Bobbi y yo— fue en Fanatico, un restaurante italiano que está en Hicksville, Long Island, de mis favoritos. Nos sentamos en una mesa cerca de la entrada y pedimos pasta con coles de Bruselas y aceitunas, espaguetis de calabaza con salsa marinara y dos raciones del plato favorito del grupo: brócoli tostado. Kim y Bobbi pidieron vino, y yo, un cosmopolitan con vodka Grey Goose.

La conversación, como siempre, fue fluida, divertida y relajada, y tratamos básicamente los mismos temas que tres amigas cualesquiera comentarían. Bobbi nos habló de la nueva casa de su hija en Carolina del Sur y de que había sido una ganga.

—¿Cuánto dices que le costó? —preguntó Kim con incredulidad—. Hay bolsos que cuestan más que eso.

Hablamos de que nuestro trabajo era sumamente gratificante, pero también bastante agotador. Dijimos que debíamos tener cuidado de no estar siempre «conectadas» porque, si no, terminaríamos enfermando. Mencioné que había realizado varias lecturas individuales y luego una gran lectura grupal, y que terminé con gripe y tos ferina, por lo que estuve fuera de combate durante tres meses. Bobbi comentó que ella acababa de recuperarse de una bronquitis muy fuerte por haber trabajado de más.

Nos dimos cuenta de que, aunque todas funcionábamos en la misma vibración, como lo definió Kim, también teníamos técnicas distintas.

—Yo veo espíritus tangibles frente a mí —explicó Kim.

—Yo también —dijo Bobbi.

—A mí nunca me ha pasado eso —comenté yo.

Entonces mencioné la forma en que recibo la información del Otro Lado a través de una pantalla interna dividida en secciones específicas. Ni Kim ni Bobbi habían usado nunca una pantalla.

—Yo uso la escritura automática —dijo Bobbi, y habló de su habilidad para escribir pensamientos y percepciones del Otro Lado sin ser consciente de lo que escribe. Eso también era nuevo para mí.

Habíamos llegado a nuestra profesión por caminos diferentes. Kim y Bobbi habían tenido maestras que las habían guiado, mientras que yo me había desarrollado por mi cuenta. Eso hizo que Bobbi recordara la primera clase de sanación física que recibió.

—Me daba miedo ir —contó—. Me asustaba lo que podría encontrarme allí. Pensé que iba a ver gallinas corriendo con la cabeza cortada.

Por supuesto, no había gallinas decapitadas. Y a Bobbi le encantó la clase.

Kim recordó cómo ella y su hermana asistieron a una presentación de una médium llamada Holly. Esta mujer invitó a Kim a participar en su clase, que consistía en los principios básicos para desarrollar la intuición, y le dijo que ya era una médium psíquica avanzada. Le recomendó aprender lo esencial sobre cómo arraigarse y protegerse, y le informó de que sus guías espirituales le enseñarían el resto.

—¿Médium? —nos contó Kim que le había preguntado—, ¿cómo lo sabes?

—Cielo, recuerda que soy psíquica —respondió Holly.
Durante nuestras cenas hacemos lecturas unas para otras,
ya que todas estamos muy conectadas con la energía de las
demás. Y cuando hacemos las lecturas, inevitablemente alguna dice: «¿Cómo lo has sabido?», antes de empezar a reírnos
por lo absurdo de la pregunta.

—Algo ha pasado hoy con tu coche, ¿verdad? —dice
Bobbi.

—¿Cómo lo sabes? —pregunta Kim.

—Cielo, soy psíquica…

También nos damos consejos basados en lo que percibi-
mos desde el Otro Lado.

—Cuando una de vosotras me hace una lectura, me sirve
muchísimo como confirmación —dijo Bobbi—. Normalmente se trata de algo que yo ya estaba pensando, pero sobre lo
que tenía dudas.

—Eso es porque es difícil obtener información sobre nosotras mismas —comentó Kim—. Como ahora, que sé que
algo sucede en mi vida, pero no me muestran nada. ¡Nada! Y
lo respeto, porque no quiero comportarme como una niña
caprichosa y decir: «¡Vamos, quiero saberlo ya!».

—Cuando hago lecturas para vosotras, voy hacia el lado
izquierdo de mi pantalla, que es donde veo a los guías espirituales —dije—. Ahí es donde siempre están los guías de una
persona. Y esos guías me transmiten mensajes para vosotras.

—Es como si nuestros guías espirituales estuvieran en esto
juntos —respondió Bobbi.

Los guías espirituales son almas que han vivido antes en
la Tierra (pero no durante nuestra vida actual) y ahora continúan su camino en el Otro Lado. Como parte de su viaje,
tienen tareas que cumplir, igual que nosotros aquí en la Tierra. Estas tareas tienen como objetivo ayudarles a aprender
las lecciones que necesitan para avanzar en su evolución. Es-

tas almas se convierten en guías espirituales, y serlo les ayuda a crecer. Son nuestros protectores, maestros, mentores y animadores. Colocan pensamientos en nuestra mente y nos envían ánimo, señales, afirmaciones, impulsos creativos, ideas brillantes, instintos e intuiciones. Cuando hablamos de honrar nuestro llamado, son ellos quienes están tirando de nosotros. Siempre quieren ayudarnos a encontrar nuestro mejor camino.

Bobbi tenía razón. Nuestros guías espirituales trabajaban juntos.

—Todos se conocen entre ellos —dije—. Nuestros guías espirituales forman parte del mismo equipo.

Aquella noche en Fanatico empezamos a recibir información unas para otras.

—Estoy recibiendo muchas cosas para ti —le dije a Kim—. Cosas muy buenas.

—Los guías me dicen que están resolviendo las cosas entre bastidores, pero eso es lo único que sé —dijo Kim, que estaba a punto de tomar una decisión importante respecto a su carrera profesional.

—Me están mostrando que tienes que dejar de esforzarte y soltar —dije—. Este último año pasado has tratado de forzar demasiado las cosas, y necesitas dejarlo fluir. Ellos controlan cómo suceden las cosas, y hay una razón para ello, existe un plan. Al principio será difícil soltarlo, pero debes hacerlo para permitir que tu mejor camino se despliegue ante ti.

—Pues mientras voy por mi camino no me están dando ninguna pista —dijo Kim.

—Aquí hay una pista que sí me están dejando ver —respondí—. Estoy viendo Los Ángeles. Claramente es Los Ángeles. Sentirás una fuerte atracción hacia Los Ángeles, y habrá un programa del que formarás parte y que se desarrollará exactamente como lo tienen planeado. Simplemente haz caso a lo que sientes y preséntate allí. Ellos harán que suceda.

—Para mí, tiene que ver con manifestar —respondió Kim, refiriéndose a la práctica de visualizar tus objetivos y, mediante la energía de tu convicción, lograr que sucedan—. Actuamos como si ya hubiera sucedido. Le damos las gracias al universo por lo que legítimamente es nuestro.

Les expliqué cómo manifiesto yo las cosas: escribiendo una carta al universo al inicio de cada año. En la carta, le agradezco al universo por haberme ayudado a alcanzar varios objetivos específicos, aunque todavía no hayan sucedido.

—Se lo debo a Pat Longo, que me enseñó a hacerlo así de claro —expliqué—. Ella fue quien me dijo que debía escribirlo. Antes pensaba que bastaba con proyectar mentalmente tus pensamientos, pero ella insistió en que no, que escribir tiene un poder propio muy importante. Y tenía razón.

—Yo se lo demuestro a mi marido constantemente —dijo Kim—. Me dice: «No puedes conseguir que todo eso suceda», y yo le respondo: «Ya verás que sí». Y cuando sucede, él solo sacude la cabeza.

Nos reímos comentando cómo nuestros maridos también tienen su propia complicidad. Cuando salimos todos juntos, ellos esperan pacientemente a que encontremos una mesa cuya energía nos guste y se intercambian miradas cómplices, porque entienden que necesitamos sentarnos en un lugar que nos dé «buena sensación».

Esa noche fuimos las últimas en salir de Fanatico. Nos marchamos justo cuando empezaba a trabajar el personal de limpieza. Siempre que nos reunimos pasa lo mismo: las horas se nos van volando y parecen minutos.

De regreso a casa, me fue bajando la espectacular energía de la cena y di las gracias al universo por haber puesto en mi camino a unas amigas tan especiales. Como siempre ocurre, la cena volvió a recordarme lo conectadas que estamos entre nosotras y cuánto necesitamos mantener esas conexiones. Todos tenemos un equipo enorme que nos respalda y nos ayuda a mantenernos en el camino correcto, impulsándonos a mejorar. Tenemos a nuestros seres queridos que han cruzado y a nuestros guías espirituales.

Pero también contamos con las personas que nos quieren y que nos necesitan aquí, en la Tierra. Y a veces su apoyo es el más importante de todos. Esto no solo es así para mis amigas médiums y para mí, sino para todos nosotros.

33
La luz al final del camino

CUANDO NO ESTOY TRATANDO con el Otro Lado, mi vida es bastante corriente. En esencia, todo gira en torno a mi familia. Para ellos soy simplemente mamá, Sis* o Rubia (así es como me llama Garret). Lo curioso es que, aunque el Otro Lado me transmite información increíblemente concreta sobre completos desconocidos, no puedo leer con fiabilidad para los miembros de mi familia. Los conozco demasiado bien y los quiero tanto… Como siempre deseo que todo en sus vidas sea feliz y fluido, no siempre confío en que interpretaré «limpiamente» la información que recibo del Otro Lado, sin añadir mis propios sentimientos. Esta es una de las peculiaridades de mi don: no siempre puedo utilizarlo para ayudar a mi familia o a mí misma, y probablemente sea lo mejor.

Mi hermana mayor, Christine, que tiene cuatro hijos pequeños maravillosos, se toma mi don con naturalidad. Cuando nos vemos, mis capacidades no salen a colación demasiado a menudo, pero a veces el Otro Lado se abre paso con pequeños fragmentos de información. Por ejemplo, Christine menciona a una amiga y yo de pronto digo: «¿Tu amiga tiene un hermano

_____
* Sis, diminutivo de sister, 'hermana' en inglés. (N. de la T.)

294 LA LUZ ENTRE NOSOTROS

que se llama Ted?». Entonces ella detiene la conversación y me pregunta: «¿Esto es una conversación o una lectura?».

Aun así, mi hermana me dice que lo que hago ha transformado su forma de ver el mundo. Siempre había creído que existía un cielo, pero ahora dice que piensa que está mucho más cerca que el lejano cielo azul: cree que está aquí mismo, con nosotros. Cree que nos rodea la energía de personas que ya no están.

Mi hermano, John, no ha estado tan abierto a esa forma de pensar. Dice que cree que poseo un don intuitivo, pero no acaba de aceptar la idea de que el Otro Lado exista realmente. John está casado y tiene tres hijos. Cuando ocurre algo importante en sus vidas, su mujer le dice: «¡Llama a tu hermana! ¡Pregúntale sobre esto!». John nunca pone impedimentos a que intente conectar a su familia con el Otro Lado, y curiosamente parece que siempre recibo información clara para él. Por ejemplo, una vez le dije que en tres meses se le presentaría una gran oportunidad en Asia. John, que es inteligentísimo y trabaja en el sector tecnológico, no tenía ningún contacto en Asia, pero, cuando llegó el momento, surgió la oportunidad y John se vio subido en un avión rumbo a Corea.

En casa, mis habilidades no salen tan a menudo, pero recuerdo una vez, hace un par de años, que estaba viendo la Super Bowl con Garret y los niños. Me fijé en que Garret estaba distraído por algo y solté sin pensar:

—Oye, mira la pantalla, no querrás perderte el *touchdown* que están a punto de anotar.

Tres segundos después, un jugador interceptó un pase y corrió para anotar un *touchdown* espectacular.

—Más te vale que la mafia no se entere de que existes —me dijo Garret.

A menudo me preguntan si alguno de mis hijos comparte mi don. Mi hija mayor, Ashley, una de las almas más bondadosas que he conocido, parece tener claras capacidades psíquicas. Percibe cosas y lee la energía de la gente bastante bien. A veces parece saber lo que aún no ha sucedido. Un Día de la Madre hace unos años, Ashley y Garret volvían a casa en coche después de hacer unos recados cuando Ashley dijo de repente: «Mamá va a llamar en diez, nueve, ocho, siete…», y contó hacia atrás hasta llegar a uno. Justo cuando lo dijo, sonó el móvil de Garret. Era yo.

Hayden, mi hijo mediano, es un chico cariñoso y lleno de energía. A él le pasa algo diferente: es capaz de encontrar objetos perdidos. Su don resulta muy práctico.

—Hayden, ¿sabes dónde está el mando de la tele? —le pregunta alguno de nosotros.

Él se queda en silencio unos segundos y luego dice: «En el sillón» o «Debajo de la cama».

También funciona con las zapatillas de *ballet*. La primavera pasada le dije:

—Hayden, es una emergencia: ¡tenemos que irnos al recital de Juliet en cinco minutos y no encontramos su otra zapatilla de *ballet*! ¡Sintonízate! ¡Encuéntrala!

—Vale, dame un minuto —respondió él, mirando hacia arriba y a la derecha.

Unos segundos después se puso de pie, abrió el armario del pasillo y se puso a buscar en una esquina oscura.

—Hayden, ahí no está —dije, justo cuando sacaba la zapatilla de detrás de una caja y la agitaba en el aire.

El inconveniente es que la búsqueda de huevos de Pascua nunca es justa cuando Hayden está cerca. Y tampoco jugar a Hundir la flota.

Mi hija menor, Juliet, es una niña llena de luz y un espíritu libre como yo lo era de niña. Parece que allá donde vamos la gente se siente atraída por su energía y, sin excepción, se acercan y le regalan cosas. Se ha convertido en una broma recurrente en nuestra familia: ¿qué conseguirá hoy Juliet?

Un día, cuando solo tenía tres años, se acercó a mí y me dijo:

—Mami, hay un niño rubio que se junta conmigo.

Por un instante me quedé paralizada. ¿Se trataba solo de un amigo imaginario o era… otra cosa?

—Anda —le dije—, ¿y ese niño es bueno o malo?

—Es muy bueno —respondió Juliet.

—Vale —dije—, entonces supongo que puede quedarse.

Juliet sonrió y se fue dando saltitos para seguir disfrutando de su preciosa e inocente vida.

———

Roscoe, nuestro fiel y cariñoso schnauzer miniatura blanco, era otro querido miembro de la familia. Cuando nacieron nuestros dos hijos menores y los trajimos a casa, Roscoe se tumbaba al pie de nuestra cama y permanecía despierto toda la noche vigilando al bebé. En una ocasión, incluso ahuyentó a unos ladrones con sus ladridos. Era un amigo increíble y parte fundamental de nuestra familia.

Cuando tenía diez años, Roscoe de pronto tuvo un ataque epiléptico. Lo llevé corriendo al veterinario, que me dijo que había sido algo puntual, que no había que preocuparse, y nos mandó a casa. Pero algo en mí me decía que aquello no estaba bien, así que una hora después lo llevé a otro veterinario para pedir una segunda opinión; este sí se preocupó y decidió hacerle algunas pruebas.

Mientras estaba en la sala de espera con Roscoe en la consulta, de pronto percibí la presencia de otro animal en la pantalla donde veo el Otro Lado. Yo no estaba intentando leer ni contactar con nadie, el animal simplemente apareció. La reconocí al instante: era Thunder, la querida labradora negra de mi madre, que había cruzado dos años antes. Ella y Roscoe habían sido grandes amigos. Thunder apareció saltando hasta el velo —esa frontera diáfana que separa este mundo del Otro Lado en mi pantalla—, como si estuviera entusiasmada por algo, y supe de inmediato lo que significaba. Ya lo había visto antes. Roscoe iba a cruzar de forma inminente, y Thunder había venido a recibirlo.

La verdad es que, por muy angustiada que estuviera por el repentino cambio en la salud de Roscoe, la idea de que fuera a cruzar no me sorprendió del todo. Unos meses antes, el Otro Lado ya me había mostrado que Roscoe iba a partir pronto. El periodo de tiempo que vi fue de tres meses. Había deseado desesperadamente estar equivocada, haber malinterpretado el mensaje. Después de todo, Roscoe había salido perfectamente sano en su última revisión. Aun así, en aquel momento se lo conté a Garret y empecé a prepararme emocionalmente para la muerte de Roscoe. Garret y yo lo hablamos y decidimos preparar poco a poco a los niños. «Tal vez Roscoe solo esté unos meses más con nosotros —les dijimos—, así que valoremos cada momento con él». Tres meses después, Roscoe tuvo el ataque.

Las radiografías mostraron que Roscoe tenía un tumor en el estómago y estaba sufriendo una hemorragia interna. El veterinario lo trasladó inmediatamente a urgencias, y nosotros valoramos las opciones. Una era operarlo, pero estaba claro que se encontraba en muy mal estado, y parecía que lo someteríamos a un gran riesgo sin ninguna garantía de que eso pudiera ayudarle. Su cuerpo había entrado en *shock*, y nos dijeron que era muy probable que falleciera durante la cirugía, sin que nosotros estuviéramos ahí para acompañarlo. Recordé lo que me había dicho el Otro Lado. Habían pasado tres meses. Y yo sabía que Thunder estaba allí para acompañarlo a cruzar, así que lo comprendí claramente: había llegado su momento. Tomamos juntos una decisión: dormiríamos a Roscoe.

Garret, los niños y yo estuvimos con él cuando cruzó. Cada uno tenía una mano sobre su pelaje. Le dijimos cuánto lo queríamos y le dimos las gracias por haber sido una parte tan tan bonita de nuestras vidas. Sus dulces ojos marrones nos miraron fijamente. Luego los cerró y cruzó, rodeado de amor.

Aunque el Otro Lado había intentado prepararme para la muerte de Roscoe, fue algo devastador. Yo sabía que su partida formaba parte del plan que el universo tenía para él, pero aun así me sentía invadida por el dolor. A pesar de todo lo que sé sobre el Otro Lado, echaba de menos a mi querido perro y me preguntaba si estaba bien.

El veterinario nos dijo que podíamos llevarnos la huella de Roscoe, y a todos nos gustó la idea. Mientras esperábamos a que la hicieran, me senté aturdida, mirando fijamente la pared frente a mí. Al fin enfoqué la vista en un póster que había allí colgado y solté un grito de sorpresa: era la imagen de un oso hormiguero.

¿Qué tiene de especial un póster de un oso hormiguero en una clínica veterinaria?

Hace tiempo, le pedí al Otro Lado que me enviara señales de mis seres queridos ya fallecidos. Solía pedir mariposas monarca, pero después decidí subir el nivel y empecé a pedir específicamente tres señales bastante inusuales: si el universo quería enviarme un mensaje, pedí que me mostrara un armadillo, un cerdo hormiguero o un oso hormiguero.

¿Por qué un veterinario tendría una foto enorme de un oso hormiguero en su consulta? No tenía ni idea, pero sé que debía verlo, y también sé el motivo: era la señal de que Roscoe había llegado bien al Otro Lado, que seguía conmigo y que nos unía el amor.

Momentos después, Juliet y Hayden tuvieron que ir al baño. Los acompañé y esperé fuera. Giré la cabeza hacia la izquierda y justo ahí, a la altura de mis ojos, había una pequeña estatua de cerámica de un perro: un schnauzer miniatura blanco, idéntico a Roscoe. El perro estaba sonriendo, parecía contento. Y en su espalda tenía un par de alas de ángel.

Vale, algunos dirán que solo es una coincidencia, pero yo sé que no lo fue.

Al día siguiente tuve el atrevimiento de pedirle otra señal a Roscoe.

«Solo quiero saber si estás bien ahí arriba —le dije en voz alta mientras conducía—. Haz que escuche la palabra *ángel*».

En cuanto lo pedí, encendí la radio del coche. Sonaba una balada, y la primera frase que escuché fue: «… debió haber sido un ángel».

Aun así, a pesar de todo, no me sentí mucho mejor. Al fin y al cabo, hay millones de canciones con la palabra *ángel*, ¿no?

Más tarde llamé al veterinario para revisar la factura. La mujer que contestó fue muy paciente y amable mientras me explicaba cada concepto. Me dijo lo mucho que sentía que Roscoe hubiera fallecido, y consiguió que me sintiera un poco mejor. Al terminar nuestra conversación, le di las gracias y le pregunté cómo se llamaba.

«Me llamo Ángela», me respondió.

Sonreí. Dejé en manos de Roscoe enviarme otra señal cuando más lo necesitara.

Fue nuestro amor profundo y poderoso por Roscoe lo que mantuvo abierto ese canal de comunicación entre nosotros. También fue ese amor lo que me trajo la premonición de su muerte y la visita de Thunder. Muchos años atrás, cuando una fuerza poderosa me sacó de la piscina para ver a ver a Pop Pop solo una semanas antes de que cruzara, yo no comprendía lo que era una premonición. Y cuando Pop Pop falleció, odié haberlo sabido de antemano. Pero con Roscoe acepté la premonición. Sabía de dónde venía el mensaje y entendía que lo movía el amor. El Otro Lado solo actúa por amor. Con Roscoe, el Otro Lado nos dio la gran bendición de poder valorar y celebrar nuestro infinito amor por él.

Y entiendo, tan claramente como entiendo cualquier otra cosa, que Roscoe no nos ha dejado. Nuestro querido y precioso Roscoe sigue aquí.

No fuimos los únicos en la familia que tuvieron una experiencia profunda con el Otro Lado relacionada con un perro. No hace mucho, mi hermano John se enteró de que su querida Boo Radley, una pitbull adoptada, estaba enferma. En el pasado la habían tratado por un cáncer en la mandíbula, pero ahora el cáncer había vuelto y se había extendido. No podían hacer nada para detenerlo, iban a tener que dormirla.

Boo tenía un lugar muy especial en el corazón de mi hermano. La adoptó cuando se mudó a California tras romper con su novia y estuvo con él cuando conoció a su mujer, Natasha, y también cuando nacieron sus tres hijos: Maya, Zoey y el pequeño Johnny. Y a todos les regaló muchísimo amor.

Mi hermano no sabía cómo contárselo a Maya, que solo tenía seis años. Sabía que ella preguntaría adónde se había ido Boo. Quería prepararla para la pérdida y ayudarla a superarla, pero ¿cómo podía decirle que Boo se había ido al cielo si él mismo no lo creía?

Decidió pedirle consejo a nuestra madre. Ella sí cree en el cielo, pero entendía que mi hermano tuviera sus dudas, así que sugirió que le dijera a Maya que «algunas personas» creen que existe un cielo que es hermoso y feliz, donde todos, incluso los perros, son queridos allí, y que cuando vayamos volveremos a reunirnos con nuestros perros.

John siguió su consejo. Cuando le dijo esto a Maya, ella preguntó:

—Papi, ¿tú eres una de esas personas que creen eso?

—No lo sé de seguro —respondió John—, pero espero que sea verdad.

Durmieron a Boo la semana anterior a Navidad. John la sostuvo en sus brazos mientras cruzaba. A mi hermano le dolió mucho perderla y comenzó a cuestionarse su propia forma de pensar.

—Si todo esto es verdad —le dijo a Boo—, si en verdad existe un cielo, necesito que me envíes una señal. Pero solo puede venir a través de una persona: Laura Lynne. —Entonces pensó en el collar de Boo y dijo—: Boo, quiero que la señal sea una estrella con un círculo a su alrededor. Mándamela a través de Laura Lynne y lo creeré.

John no le contó aquello a nadie.

Unos días más tarde mi hermano y su familia volaron a Nueva York para pasar la Navidad con nosotros. En Nochebuena, mi madre llegó a mi casa con una botella de vino envuelta con esmero, como siempre hace con sus regalos. El papel tenía dibujados copos de nieve y había añadido un cortador de galletas con forma de otro copo de nieve en la parte superior.

Al día siguiente, Navidad, íbamos todos a casa de mi madre, y decidí preparar un queso brie al horno. Mi madre me dijo que ya había suficiente comida, pero por alguna razón sentí la necesidad de hacerlo igualmente. Metí en una bolsa los ingredientes: el queso brie, mermelada de albaricoque, nueces y masa de hojaldre, y me dispuse a salir. Entonces vi el cortador de galletas con forma de copo de nieve sobre la encimera y se me ocurrió algo: «Me va a sobrar masa de hojaldre, así que ¿por qué no recorto un copo de nieve con ella y lo pongo sobre el queso para que sea más festivo?».

Una vez que estuve en casa de mi madre, extendí la masa y recorté la forma con el cortador, pero algo debí hacer mal, porque el resultado parecía más una estrella de David que un copo de nieve. ¡Me encantó!

—¡Mirad esto! —exclamé llamando a mis hermanos—. ¡Tenemos un brie navideño con una estrella de David!

Cogí la masa sobrante y la enrollé formando una tira larga para hacer un círculo alrededor del queso. Entonces noté que mi hermano me observaba con mucha atención.

—¿Qué estás haciendo con esa tira de masa? —preguntó casi acusadoramente.

—Estoy haciendo un círculo alrededor de la estrella —contesté—. Ya sé que no es muy creativo, pero me ha apetecido hacerlo. Mira.

Mi hermano negó con la cabeza y salió de la cocina. Un momento después, me llamó desde otra habitación.

—Laura, ¿puedes venir un segundo? —Su voz sonaba urgente, casi imperativa.

—¡Voy! —contesté.

Cuando llegué junto a él, con las manos todavía llenas de masa, John intentó hablar, pero rompió a llorar.

—¿Qué sucede? ¿Qué pasa? —le pregunté.

—Cuando Boo cruzó, le dije que, si esto era real, si el Otro Lado era real, me enviara una señal —dijo—. Y le dije que tenía que venir de ti. La señal que pedí —sollozó, apenas consiguiendo articular las palabras— era una estrella con un círculo alrededor.

Ahora ya llorábamos los dos.

Me di cuenta de que si le hubiera dicho directamente a John que sentía la presencia de Boo Radley cerca de nosotros, no me hubiera creído. El Otro Lado también lo sabía, así que se las arregló para que la señal de Boo apareciera claramente. Me impulsó a crear algo, involucrando incluso a nuestra madre. John le había pedido a Boo algo bastante difícil, ¡pero ella lo había conseguido! ¡Qué maravilloso regalo de Navidad para John!

Le pregunté a mi hermano:

—¿Entonces ahora ya sí crees, por fin?

Mi querido hermano, el eterno escéptico, se quedó pensativo unos instante.

—No me queda más remedio —respondió.

———

Todos somos capaces de reconocer estas asombrosas conexiones con el Otro Lado. Todos estamos conectados con aquellos que amamos, tanto aquí como al Otro Lado. Más allá de estas conexiones, creo que todos poseemos la capacidad de contactar con el Otro Lado. Tal vez no todos podamos encontrar zapatillas de *ballet* perdidas, aunque quién sabe, quizá sí podamos hacerlo.

Con mis hijos hago lo mismo que con mis alumnos, lo mismo que con las personas a quienes realizo lecturas y lo mismo que espero haber hecho con quienes leéis este libro: los animo a abrir sus mentes y sus corazones a la idea de que el universo es mucho más grande y más mágico de lo que podemos imaginar.

Es también lo que me digo a mí misma todos los días. Así es como he aprendido a vivir.

———

Y ahora viene lo más bonito: nada en nuestras vidas tiene que cambiar, salvo nuestra percepción.

Todos tenemos experiencias psíquicas que nos conectan con otras personas y con nuestros seres queridos en el Otro Lado. No solo a veces, sino todo el tiempo. Mi deseo es que reconozcamos y celebremos el don que llevamos dentro, y

que comprendamos que abrir nuestra mente y nuestro corazón a ello puede transformar por completo nuestra vida.
No habrá rayos de luz ni relámpagos. Todo lo que sucederá es que empezaremos a ver nuestra vida de otra manera.
Pero ese pequeño cambio puede transformar tu vida. Puede
transformar el mundo. Puede sacudir el universo. Y la luz que
hay entre todos nosotros brillará aún con más fuerza.

Agradecimientos

Este libro existe gracias a la luz y la influencia de muchas personas, tanto en este mundo como en el Otro Lado.

Alex Tresniowski: has formado parte del viaje de este libro desde el primer día en que lo recibí como una descarga. En menos de veinticuatro horas apareciste para ayudarme a darle forma y traerlo al mundo. No habría podido pedir un colaborador mejor. Gracias por toda la luz que has aportado. Eres una de las personas más humildes que he conocido y un regalo para el mundo.

Jennifer Rudolph Walsh: transformas vidas y llevas luz allá donde vas, sin olvidar que eres la agente —y amiga— más solidaria y maravillosa que se puede tener. Tu visión y tu pasión son imparables y deslumbrantes. Sea cual sea la gran fuerza luminosa que te puso en mi camino, le estaré siempre agradecida. Me inspiras y me ayudas a mantener los pies en la tierra. Sencillamente, transformas el mundo. Qué afortunada me siento de estar en este viaje contigo y de estar dentro de tu luz. ¡Sigue brillando!

Julie Grau: sé que fuiste elegida por el Otro Lado para ser editora de este libro y que formas parte del equipo de la luz. Tu intuición, tu inteligencia y tu visión ha sido esenciales para el viaje de este libro; gracias por guiarlo hasta su destino. Gracias por tu paciencia, tu amabilidad y tu amistad. Sé que tengo mucha suerte por haberte encontrado en mi camino, y estoy profundamente agradecida.

Linda Osvald, mi madre: mi primera y más grande maestra. Me enseñaste a amar, a esforzarme, a dar a los demás, a ser bondadosa y a seguir siempre mi corazón. Eres una gran fuerza de amor en el mundo y has marcado toda la diferencia en mi vida. Hiciste que el paisaje de mi infancia fuera más que hermoso. Y cada momento, cada sacrificio, cada vez que me animaste a seguir, que me dijiste que era fuerte y hermosa, que creíste en mí, que me inspiraste y que me amaste de forma incondicional…, todo eso fue importante; mi camino de luz se forjó gracias a tu amor. Este libro es tanto un reflejo tuyo como mío. No sé qué hice en una vida pasada para merecerte como madre en esta, pero estaré eternamente agradecida. Me tocó la lotería de las madres.

John Osvald, papá: por todas aquellas noches cantando en el sótano y por todas las veces que lo intentaste, gracias. Te quiero.

Marianna Entrup, TT: por estar siempre ahí, ya fuera para rescatarnos en Brant Lake o para darnos consejos médicos, formas parte de nuestra familia. Te quiero.

Ann Wood: gracias por todo el cariño y el amor que siempre me has demostrado. Eres una mujer con mucha clase.

Christine Osvald-Mruz: nací en un mundo lleno de amor al ser tu hermana. Gracias por todas nuestras aventuras de la infancia; algunos de los recuerdos más felices que guarda mi corazón son los que compartí contigo. Siempre has sido un increíble ejemplo y una inspiración para mí. Me siento bendecida y agradecida por tener una hermana —y amiga— tan inteligente, compasiva y generosa.

John William Osvald: eres una de las personas más amorosas, magnánimas, valientes y compasivas que he conocido

—sin mencionar que eres el mejor cocinero que conozco—. Tenerte como hermano y amigo es una de las mayores bendiciones de mi vida. Me inspiras y me ayudas a crecer y a transformarme de múltiples maneras. El día que naciste fue uno de los días más felices de mi vida. Seguro que mi alma lo sabía...

Garrett Jackson: muchas de las cosas hermosas y llenas de luz que han llegado a mi vida han sido gracias a ti. Siento que tu corazón y el mío son viejos amigos, y encontrarte ha sido uno de los mayores tesoros de mi vida. La vida que hemos construido juntos es todo lo que soñé y más. Me inspiras, me haces crecer y me has ayudado a evolucionar de formas que no puedo medir. Eres un hombre con una gran integridad, y es un honor recorrer contigo este camino de vida —y de paternidad— y todo lo demás. Te quiero con todo mi corazón.

Ashley Jackson: mi primogénita, mi hija luminosa. Me convertiste en madre y cambiaste mi mundo para siempre, llenándolo de más amor del que jamás habría imaginado. Tu belleza, tu inteligencia, tu talento artístico y tu luz iluminan hasta los rincones más oscuros de mi vida.

Hayden Jackson: mi dulce Bubba, que se parece tanto a mí que da miedo. Llegaste a este mundo con tu corona de pelo brillante y llenaste mi vida con más amor todavía. Todos los días me enseñas cosas nuevas, ya sea sobre ciencia y edición genética o sobre el lenguaje y la profundidad de mi corazón. Me siento profundamente bendecida por ser tu madre, y muy agradecida de que me hayas escogido.

Juliet Jackson: eres sol embotellado en forma humana, llevas luz, alegría y amor a dondequiera que vas. Tu corazón bondadoso y tu entusiasmo por la vida me inspiran y me recuerdan que hay que vivir con plenitud y pasión. Eres un regalo para todos los que te conocen, pero sobre todo para mí. Estoy inmensamente agradecida de ser tu madre.

Laura Schroff: el hilo invisible que nos unió sin duda era parte del plan del Otro Lado. El papel que has jugado para ayudar a que este libro viera la luz es incalculable. Eres una gran fuerza de luz en el mundo, y es un privilegio no solo disfrutar de tu brillo, sino también poder llamarte amiga. Gracias por tu guía constante y tu amor en este viaje. Me inspiras.

Gina Centrello y Gail Rebuck: gracias por creer en el poder de esta historia desde el principio y darle alas. Estoy segura de que formáis parte del equipo de luz.

Stephanie Nelson: sin duda utilicé mis habilidades hace ya más de quince años cuando nos conocimos, y te dije —entonces una profesora en prácticas— que tendrías que aceptar el puesto fijo en el instituto para convertirte en mi mejor amiga y que trabajáramos juntas. No podría haber pedido una amiga más leal. Gracias por estar ahí en lo bueno y en lo malo, y por ser una luz constante en mi mundo y en mi corazón. ¡Y qué generoso el universo al hacer que nuestros maridos también se hicieran amigos! ¡Gracias también a Christopher Nelson!

Dorene Bair: eres una catalizadora de cambios y una gran conectora de todo lo bueno que hay en mi vida. Tu energía burbujeante y positiva es contagiosa, y me encanta estar cerca de tu luz. Gracias por ser una amiga increíble y solidaria. Todo lo que haces lo haces con gracia, clase y amabilidad. Me inspiras en una infinidad de formas. ¡Tú sí que brillas! Y a tu maravilloso marido, Tom Bair: gracias por el increíble papel que desempeñaste para que este libro encontrara su lugar en el mundo.

Gwen Jordan: desde octavo curso has estado ahí para incontables aventuras, llamadas y escapadas. Nuestra amistad ha sido un hilo constante a través de los cambios y las décadas. Estoy muy agradecida por el regalo de tu ser y espero que nos queden muchas más aventuras por vivir. Gracias por ser una amiga tan maravillosa.

Marris Goldberg: estar cerca de ti o simplemente hablar contigo siempre me levanta el ánimo. Vives la vida con pasión y alegría e inspiras a quienes están a tu alrededor. Gracias por ser una luz tan brillante en mi mundo y una amiga tan increíble.

Danielle Lash: ya sea en viajes al extranjero o aventuras aquí, siempre me divierto y me río contigo. Eres un regalo para el mundo e iluminas todos los lugares adonde vas. Pish, estoy muy agradecida por tu amistad y por tenerte en mi vida.

Rachel Rosenberg: hay amigas que una simplemente sabe que estarán para siempre. Tú eres una de ellas.

Danielle Hain: ¡pequeña, tengo mucha suerte por tener tu energía positiva en mi vida! ¡Brillas con luz propia!

Jennifer Schulefand: mi antigua compañera de cuarto y de casa, me alegra mucho que sigamos en contacto después de tantos años.

Drew Katz: aunque me hubiera gustado que nos conociéramos en otras circunstancias, me alegra que el Otro Lado nos haya conectado. Eres una persona con una enorme integridad, generosidad y fuerza de espíritu, y sé que tu padre y tu madre están muy orgullosos del hombre que eres. Aceptas el mundo con bondad y compasión. Siento como si conociera a tu alma desde hace mucho tiempo, y me alegra enormemente estar bajo la luz de tu amistad. Mi amor y gratitud para ti y tu maravillosa esposa, Rachel, siempre.

Litany Burns y Ron Elgas: gracias por ayudarme a ver y a comprender mi camino, y por toda la luz que aportáis al mundo.

Bob y Phran Ginsberg: gran parte del trabajo que realizo en este mundo está ligado a vosotros. Sois dos de las personas más generosas, inspiradoras y entregadas que he conocido. La labor que hacéis ayudando a los demás, sanando las pérdidas y transmitiendo el mensaje del Otro Lado es inconmensurable. Sé que formáis parte de ese increíble equipo de luz. No puedo dejar de dar las gracias y mencionar a vuestra hija Bailey, que ha estado detrás de todo esto desde el principio y que, estoy convencida, fue quien me llevó hasta vuestra puerta. Sois una fuerza de luz inmensa.

Dra. Julie Beischel: tu compromiso con la investigación científica sobre la vida después de la muerte significa más para nuestro mundo de lo que puedas imaginar. Estoy muy agradecida por el papel que tú y Windbridge habéis desempeñado en mi vida.

John Audette: tu fe y compromiso con este trabajo de luz son admirables. Sé que el Otro Lado trabaja contigo y a través de ti para transmitir al mundo su mensaje de amor y continuidad de la conciencia. Eres parte de un gran equipo de luz. Tu amistad ha sido invaluable en mi camino. Gracias por ayudarme a iluminarlo.

Eben Alexander: tu disposición para compartir tu historia con el mundo es inspiradora. Gracias por todo lo que nos has enseñado. Me enorgullece considerarme tu amiga.

Dr. Mark Epstein: es un gran regalo que nuestros caminos se hayan cruzado. Me honra profundamente estar conectada contigo. Tu luz sana e inspira a nuestro mundo.

Dr. Brian Weiss: eres un faro para muchas personas aquí, ayudándonos a comprender que nuestro mayor don es el amor y que todos somos seres eternos. Me inspiras de muchas maneras. Gracias por contribuir a iluminar mi camino.

Dr. Gary Schwartz: tu compromiso con explorar y ayudar a otros a comprender los poderosos mensajes que el Otro Lado tiene para compartir es una fuente de inspiración. Me alegra mucho que nuestros caminos se hayan cruzado y las sincronicidades entre nosotros. Has sido una parte importante de mi viaje, y honro la luz que compartimos.

Los profesores desempeñan un papel crucial a la hora de iluminarnos el camino. Estoy agradecida a todos los que me han enseñado a lo largo de los años, pero en especial a quienes me ayudaron a ver y a comprender mi conexión con los demás, a canalizar la luz y a creer en mí misma: mi profesora de tercero de primaria, la señora Nolan; mi profesora de cuarto, la señora Margaret McMorrow; mi profesor de lengua en el último curso, el señor Kevin Dineen, y mi profesor de literatura en la universidad, el fallecido señor David Bosnick. Decir «gracias» se queda corto. Honro la luz que compartimos. Cada uno de vosotros forma parte de mí y siempre estaréis en mi corazón.

Michelle Goldstein: una profesora que ha transformado las vidas de mis hijos. ¡Qué persona tan increíble eres!

Dra. Jane Modoono Philport: desde que llegaste al instituto Herricks irradiabas una luz enorme. He aprendido mucho de ti. Te agradezco tu apoyo, tus ánimos, tu amor y tu amistad. Ojalá todos los profesores tuvieran una directora como tú. Generas grandeza adonde quiera que vas.

Nicole Cestari Clark: agradezco profundamente que el universo me haya conectado contigo, una mujer y una amiga extraordinaria. Tu energía y tu pasión son contagiosas, y la labor que realizas en el mundo está llena de luz. Tiene suerte quien te conozca y te llame amiga.

Laura Castillo: estoy muy agradecida contigo por ser la canguro más increíble, cariñosa y divertida que han tenido mis hijos, y por ser una persona con la que siempre puedo contar. ¡Tienes mucha luz!

Henry Bastos: gracias por la belleza y la amistad que aportas a mi vida.

Lisa Capparelli: adoro tu energía y me encantan tus cenas. Gracias por el regalo de tu amistad. No existe un solo momento aburrido cuando está Dave, ¡y estoy deseando vivir nuestras futuras aventuras!

Paul y Pam Cain: sois una pareja rebosante de luz. Todo lo que hacéis en este mundo está impregnado de vuestra compasión y bondad. Estoy muy orgullosa de conoceros.

Trina y Adam Venit: ¡me alegro tanto de que mi camino me haya llevado a conocer a dos personas tan maravillosas! ¡Seguid brillando con vuestra hermosa luz!

Starr Porter: ¡qué luz tan brillante regalas al mundo! Soy muy afortunada por haberme cruzado contigo —y con Chris Wagner— y por estar conectados por hilos de luz.

Sky Ferreira: has abierto un camino de luz a través de la oscuridad. Sé que tu equipo en el Otro Lado está orgulloso de ti por compartir tu talento artístico con el mundo. Siempre te animaré, y me honra tu amistad.

A todos mis sobrinos, sobrinas, cuñados, cuñadas y familia extensa: cada uno de vosotros aporta una hermosa luz al mundo, y estoy muy agradecida por caminar en esta vida como parte de vuestra familia: John, Matt, Willy, Henry y Peter Mruz, John y Laurie Mruz, Cyndi y Alan Switzer, Natasha Khokhar, Maya, Zoey y John Osvald, Aliya y Priya Khokhar, Anika Bashir, Angela y Angela G. F. Jackson, Jimmy, Kerry, Joey, Brian, Kevin y Danny Jackson, John, Emily, Jay y Johnny Jackson, Lucille Weintraub, Brett, Elyse, Gregg, Karen, Jarrett y Carol Weintraub, Jimmy, Ted, Maddy, Teddy y Kenny Wood. Y a mis seres queridos en el Otro Lado: Omi y Pop Pop, Dundee Yette, Nani y Apa, Vicki, y mis cuñados Gary y Alan. Cada uno de vosotros ha ocupado un lugar esencial en mi corazón y en mi mundo. Gracias.

A la familia extendida de mi infancia: Nancy, Lee, Damon y Derrick Smith, Ellie y Nick Pucciarello. Guardo muchos recuerdos felices ligados a vosotros.

A todas las personas que han compartido sus historias en este libro: qué regalo tan maravilloso nos habéis hecho. Una de las mayores bendiciones de este trabajo es conocer y conectar con personas increíbles que, al final, se sienten más como familia que como amigos. Esta lista incluye a Susan Newton Poulter y Fred Poulter, Maria Ingrassia, Kenneth Ring, Nancy Larson, Jim Calzia, RoseAnn DeRupo y Charlie Schwartz, Joe y Maryanne Pierzga, Mary Steffey, Frank McGonagle y Mike Cestari. Y a todos los familiares conectados desde el Otro Lado: Scotty Poulter, Kyle Larson, Kathy Calzia, Jessie Pierzga, Charlotte, Elizabeth y todos los demás: os honramos y os damos las gracias por habernos unido y por compartir vuestra historia y vuestra luz con el mundo.

Bobbi Allison: una de mis hermanas del alma y una gran luz en mi vida. Gracias por tu amor y apoyo constantes e inquebrantables. Que el universo te bendiga infinitamente por toda la bondad y la luz que das a los demás.

Dr. Marc Reitman: constante e inquebrantable en mi camino. Eres un sanador y portador de luz en este mundo. Es un honor conocerte.

Dr. Jeff Tarrant: ¡gracias por analizar mi cerebro, ayudarme a encontrar respuestas y ser un amigo maravilloso! Tu entusiasmo por la vida se siente en cuanto alguien entra en contacto con tu energía, y agradezco mucho contarme entre esas personas.

Amy Lewin: por ser un ángel y una guía en mi camino en la Tierra. Te estaré siempre agradecida por el papel que has desempeñado en mi vida. Eres una de mis personas favoritas.

Melissa y Tom Gould: uno de los mejores regalos de esta labor es conocer gente tan maravillosa e increíble como vosotros. Me siento bendecida por conoceros y que seáis mis amigos.

Angie Walker, Danielle Perretty, Lynne Ruane, Laura Swan, Rainey Stundis y Anthony Grace Avellin: lo mejor de este trabajo es conocer a personas maravillosas que se convierten en grandes amigos. Os cuento entre ellos.

Bill, Angela y B. J. Artuso: por vuestro compromiso con la exploración del Otro Lado y por la luz de vuestra amistad. Me alegra mucho que nuestros caminos se hayan cruzado. A mi grupo de amigas psíquicas: ¿qué haría yo sin vosotras? Me mantenéis con los pies en la tierra y me hacéis reír. Es un regalo cada vez que estamos juntas: Kim Russo, Janet Mayer, Bethe Altman, Diana Cinquemani, Pat Longo y todas las demás.

Y a mi primera promoción de estudiantes de desarrollo psíquico y espiritual: no habría podido pedir un mejor grupo para explorar nuestra conexión entre nosotros y con el Otro Lado. Gracias por hacer que las noches de los miércoles fueran puntos de luz brillante en mi semana: Amanda Muldowney, Janine Martorano, Amy Lederer, Marilyn Pilo, Mary Kennedy, Lisa Johnson, Cathleen Costello, Rosemary McNamara y Linda Pawlak.

Laura Van der Veer, Katie Giarla y Maggie Shapiro: gracias por toda la ayuda que me disteis para sacar este libro a la luz, ¡y por responder todas mis preguntas técnicas a cualquier hora del día o de la noche!

A mi equipo de luz en Random House: Sally Marvin, Nicole Morano, Theresa Zoro, Sanyu Dillon, Leigh Marchant, Andrea DeWerd, Greg Mollica y Nancy Delia... Gracias por cuidar tan bien de mí y de mi trabajo. Y al equipo de Arrow en el Reino Unido: gracias a Susan Sandon, Jenny Geras, Gillian Holmes y Jess Gulliver.

A todo mi equipo de luz en WME, Rafaella De Angelis, Alicia Gordon, Kathleen Nishimoto y Scott Wachs, estoy muy agradecida por todo lo que hacéis y por el papel tan valioso que habéis desempeñado.

Un enorme agradecimiento al profesorado y al personal del instituto Herricks High School, y a todos aquellos que fueron mis alumnos (quienes me enseñaron mucho más a mí que yo a ellos). Un cariño especial para los miembros actuales y anteriores del Departamento de Inglés, que es mi familia fuera de casa: Jane Burstein, Nancy Rajkowski, Barbara Hoffman, Ed Desmond, Steph Nelson, Alan Semerdjian, Jessica Lagnado, Tom Baier, Tom Mattson, Sonia Dainoff, Kelly Scardina, Sarah Kammerdener, Denise Barnard, Lauren Graboski, David Gordon, Mike Imondi, Mike Stein, Karen Meier y Victor Jaccarino. Y también Chris Brogan, Louise O'Hanlon, Claudia Carter, Joanne Asaro, Trish Basile, Jane Morales, Michele Pasquier, Joanie Keegan, Andrew Frisone, Bryan Hodge, Gail Cosgrove, Jane Modoono, Suzanne Faeth, Sharon Morando, Danielle Yoo, Tania DeSimone, Rich Gaines, Caryn Krutcher, Nicole Cestari y Deirdre Hayes.

A todas las personas maravillosas que me han permitido entrar en su energía para hacerles una lectura: agradezco cada experiencia y cada conexión.

Al equipo de luz del Otro Lado: nada de esto habría sido posible sin vosotros. Gracias por permitirme ser la mensajera y formar parte de vuestra grandiosa luz.

Y a ti, lector: me siento profundamente agradecida de poder recorrer contigo este camino de luz.

SEÑALES
El lenguaje secreto del universo
LAURA LYNNE JACKSON

Laura Lynne Jackson es médium y disfruta de un don especial: puede comunicarse con personas ya fallecidas y transmitir mensajes de amor y sanación provenientes del Otro Lado. Tal como afirma la autora, todos podemos pedir y aprender a reconocer las señales que nos envían nuestros seres queridos, y también a interpretar sus mensajes: ellos encierran las claves que nos ayudarán a tomar nuevos caminos y a abrazar la vida y el amor de un modo completamente nuevo.

EL DESTINO DE LAS ALMAS
Un eterno crecimiento espiritual
DR. MICHAEL NEWTON

Destino de las Almas nos presenta los resultados impactantes de las investigaciones realizadas por el reconocido psicólogo e hipnoterapeuta Dr. Michael Newton, quien a través de su innovador método de hipnoterapia presenta el estudio de 55 casos de personas que recuerdan en detalle sus vidas anteriores.

LA PRUEBA DE LA VIDA DESPUÉS DE LA VIDA
7 Razones para creer en el más allá
DR. RAYMOND A. MOODY y PAUL PERRY

El Dr. Raymond Moody, psiquiatra y autor del bestseller *Vida después de la vida*, y Paul Perry, autor de éxito y coautor de varias obras junto con Moody, presentan este libro innovador que combina casi cincuenta años de investigación sobre la vida después de la muerte y las ECM (experiencias cercanas a la muerte), para dar respuesta a la pregunta más acuciante de la humanidad: qué pasa cuando fallecemos.

GRUPO GAIA

Para más información
sobre otros títulos de
ARKANO BOOKS

visita
www.grupogaia.es
Email: grupogaia@grupogaia.es
Tel.: (+34) 91 617 08 67